《都市人叢書－北京人》
作者：肖復興
Copyright ⓒ 1995 by 浙江人民出版社
All rights reserved.
Korean Translation Copyright ⓒ 2011 by DASAN MEDIA
Korean edition is published by arrangement with 浙江人民出版社
through EntersKorea Co., Ltd. Seoul.

이 책의 한국어판 저작권은 (주)엔터스코리아를 통한
중국의 浙江人民出版社와의 계약으로
도서출판 다산미디어가 소유합니다.
신 저작권법에 의하여 한국 내에서 보호를 받는 저작물이므로
무단전재와 무단복제를 금합니다.

베이징의 사람과 문화읽기

샤오푸싱(消復興) 저·남종진 역

다산미디어

수백년 동안 황성의 백성으로 살아온 베이징인은 늘 거드름을 피웠다.(p.28)

옌사상청은 1993년 중국 정부의 승인을 받아 중외합작으로 설립한 쇼핑몰이다.(p.33)

베이징인이 즐겨 먹는 아침 식사메뉴인 여우빙과 더우장.(p.40)

1990년 방영된 「갈망」은 전국적인 열풍을 일으키며 중국 TV 드라마의 역사적 이정표가 되었다.(p.44)

베이징을 연고지로 하는 프로축구팀 궈안(國安)의 서포터들.(p.57)

청춘의 성장에는 시간이 필요하다. 우리는 그들을 이해하고 도와야 한다.(p.86)

베이징과 거리와 골목을 누비던 멘디는 한 때 베이징의 3대 유행 가운데 하나였다.(p.95)

예전에 베이징의 다관은 온갖 부류가 모여서 한담을 나누고 정보를 교류하던 작은 사회였다.(p.112)

베이징인은 차를 마실 적에 덮개가 있는 찻잔인 '개완'을 즐겨 사용한다.(p.111)

라오서다관은 이제 차를 마시기 위한 곳이라기보다는 소비를 하기 위한 곳으로 바뀌었다.(p.113)

목로주점은 서민들의 안식처이자 노인들의 지팡이와도 같은 곳이지만 고급 술집에 밀려 설 자리를 잃어가고 있다.(p.116)

왕즈허의 처우더우푸는 이제 네모난 유리병에 담아 판매된다.(p.125)

두부를 발효시켜 만든 처우더우푸는 고약한 냄새가 나지만 맛있는 간식거리이다.(p.125)

광고는 도시의 목에 걸린 목걸이이고, 말없는 정을 품고 사람의 마음을 뒤흔드는 도시의 추파이다.(p.129)

베이징에 네온사인과 광고판이 없던 그 시절에 표어는 유일한 장식이자 빛깔이었다.(p.133)

기녀(妓女)의 사회 적응 과정을 다룬 지난 날의 이야기가 큰 인기를 누리는 것은 옛날을 그리워하는 회고의 정서 때문이다.(p.147)

문화대혁명 당시의 표어는 마치 칼에 베인 깊은 상처처럼 베이징의 몸통에 새겨져 있다.(p.136)

청나라 자희태후가 해군 군비를 전용해 조성한 이화원은 베이징 교외에서 가장 아름다운 공원이다.(p.150)

도시의 가로수는 도시의 홍보대사이다. 베이징은 원나라 이래로 명나라와 청나라를 거치며 모두 회화나무를 가로수로 선택했다.(p.154)

새가 없는 도시는 유감이지만 도시의 새는 비애이다. 도시가 없던 시절에 새가 비상하던 세상은 얼마나 드넓었을까.(p.158)

물이 없는 도시는 여인이 없는 집과도 같고 꽃이 없는 화단과도 같다. 베이징은 물이 부족하고 특히 도시를 가로 지르는 아름답고 넓은 강이 없다. 사진은 베이징의 호성하.(p.162)

베이징 거리의 명품점은 거리의 심리학자이며, 베이징이라는 도시의 온도계이다.(p.169)

신발수선점이 늘어나는 이면에는 들쑥날쑥한 구두의 품질 문제가 있다.(p.172)

베이징인은 돈벌이에 있어서도 우표시장처럼 문화적 색채가 있는 벌이를 원한다.(p.176)

「전국산하일편홍(全國山河一片紅)」은 시트당 거래가격이 한 때 4,500달러나 되었다.(p.177)

후표.(p.177)

문화대혁명 기념우표.(p.177)

베이징이 자랑하는 담가채의 하나. 궁중의
어선요리에서 나온 것이라고 한다.(p.187)

사랑에는 여러 가지가 있지만 베이징에서는 유행하는 사랑만
이 홀로 사랑의 꽃을 피운다.(p.200)

호동은 베이징의 역사와 문화의 상징이지만 고층빌딩이 늘어나면서 점차 설 자리를 잃어서 고유한 문화의 정화를 잃어버릴까 염려스럽다.(p.208)

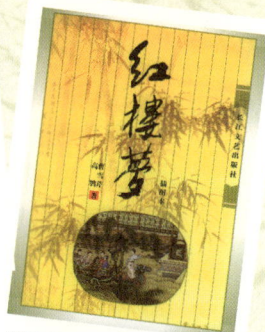

베이징어로 쓴 「홍루몽(紅樓夢)」은 전국적으로 언어의 새로운 물결을 이끌었다.(p.215)

정양러우반장(正陽樓飯莊)은 옛 상호를 내걸었지만 예전과는 다른 모습이다. 역사를 되돌리기는 불가능하고, 역사도 사람에게 다시 미소짓지 않는다.(p.223)

베이징의 오래된 간식거리의 하나인 워터우는 자희태후의 피란에 얽힌 일화로 유명해졌다.(p.225)

쏸메이탕.(p.230)

매실에 설탕을 넣어 만든 새콤달콤한 쏸메이탕.(p.230)

첸먼 바깥 거리의 옛 모습.(p.242)

명나라 때에 처음 문을 연 광허러우는 오랜 세월 풍상을 거쳤지만 변함없이 유명 배우들이 출연한 경극 공연이 펼쳐졌다.(p.259)

잡원은 마당을 공유하며 여러 가구가 함께 모여 살던 살림집이다.(p.264)

광동회관은 청나라 가정 45년에 광동 출신의 동향인들이 비용을 모아 지었다고 한다.(p.265)

머리말

'베이징인北京人'은 자부심을 갖게 하는 말이다. 베이징인과 어깨를 나란히 하거나 맞설 수 있는 사람은 중국에서는 상하이인上海人뿐이고, 중국 밖에서는 파리·베를린·뉴욕·도쿄 같은 대도시의 시민밖에는 없을 것이다. 수도라는 베이징의 지위가 그렇게 만드는 것이고, 베이징이 지닌 문화와 역사가 그렇게 만드는 것이다.

사실 베이징인이 특별히 자부심을 가질 만한 구석은 없다. 스스로 베이징인이라고 말하거나 남들이 그렇게 부르는 사람들이 결코 진정한 의미의 베이징인은 아니며, 진정한 베이징인은 4, 50만 년 전의 저우커우뎬周口店 원인猿人[1]뿐이다. 라오서老舍[2]가 그려낸 베이징인이나 차오위曹禺[3]의 희곡 「베이징인北京人」도 결코 순수한 혈통은 아니다. 지금 베이징 호구戶口를 갖고 있는 베이징인조차도 4

---

1) 베이징의 저우커우뎬에 있는 선사시대 유적에서 1929년에 발견된 직립인류의 화석. 중국 원인베이징종(中國猿人北京種: Homo erectus pekinensis).
2) 1899~1966. 본명은 수칭춘(舒慶春). 중국의 소설가, 극작가. 대표작으로 「낙타상자(駱駝祥子)」, 「다관(茶館)」 등이 있다.
3) 1910~1996. 본명은 완자바오(萬家寶). 중국의 극작가. 중국 최초의 근대극을 만들었고, 대표작으로 「뇌우(雷雨)」, 「일출(日出)」, 「원야(原野)」 등이 있다.

분의 3은 외지에서 들어온 사람이다.

그렇다면 나는 베이징인인가? 나는 베이징에서 평생을 살았다. 삽대揷隊[4]하여 베이다황北大荒[5]에서 지낸 6년을 빼고는 내내 베이징에서 살았으니, 베이징인이라고 하는 것이 당연할까? 하지만 나는 순수한 혈통을 지닌 베이징인이라고는 말할 수 없다. 나는 허난성河南省 신양信陽에서 태어났고, 생후 달포쯤부터 이리저리 떠돌다가 장자커우張家口로 갔고, 그곳에서 다시 기차를 타고 베이징으로 들어왔다. 우습게도 당시 어머니는 나를 안고서 차표를 구입한 기차에 올라타지 못하고, 그만 베이징행 통근열차에 올라타고 말았다. 만약 당초 타려던 기차를 탔더라면, 지금 내게는 베이징인의 그림자조차 없을 것이다. 어쩌면 이것은 하나의 상징일지도 모른다. 베이징인은 자부심을 가질 만한 칭호이지만, 베이징인이라는 것은 그다지 감당하기에 좋지 않은 것이다.

이제 내 차례가 되어서 이 책을 쓰려니, 일순간에 묘한 기분이 든다. 이 오래되고 묵직한 역사를 지닌 경도京都에서, 사합원四合院,[6] 호동胡同,[7] 주택단지, 입체교차로에 뒤얽히고 잘린 도시에서, 다양하게 뒤섞여 살아가는 베이징인을 내가 한마디로 모두 말하기는 어렵다. 늘 보아서 전혀 낯설지 않던 것들이 막상 지면에 붙들어놓자, 갑자기 낯선 느낌이 든다. 애증이 교차하고, 애증보다도 더 복잡한 심정이 마음 깊은 곳에서 알 수 없이 자라난다.

---

[4] 중국의 문화대혁명(文化大革命: 1966~1976) 기간에 도시의 간부와 학생들이 농촌의 생산대(生産隊)에 들어가 노동하며 생활한 일.
[5] 원래는 헤이룽장성(黑龍江省) 넌장(嫩江) 유역과 싼장(三江) 평원 일대의 드넓은 황무지를 가리키던 말.
[6] 베이징을 비롯한 중국 북방의 전통 가옥 양식. 가운데 마당을 중심으로 사방이 집채로 둘러싸여 있음.
[7] 베이징에서 골목을 이르는 말. 본래 몽골어에서 유래한 말이라고 함.

베이징인은 황성皇城에서 살아가며 역사를 만들었고, 마치 빛과 그림자가 섞이고, 음陰과 양陽이 서로 어울리는 것처럼, 다복多福하고 장수하면서도 또한 숱한 재난을 겪었는데, 그것은 베이징인의 특별한 자산이 되었다. 최근 1백년 역사를 돌아보면, 수많은 희비가 엇갈렸고, 분열하고 통합하는 정치와 시대의 풍운이 베이징과 베이징인 사이에서 소용돌이치고 부침하였는데, 그 어떤 도시도 견줄 수 없는 것이었다. 역사의 거대한 압력 아래에서 만들어진 어려운 생존 환경에서 베이징인이 감당한 격동과 고난은 혹심하고 지루하였을 것이다. 생각이 여기에 미치자, 베이징인의 숱한 약점과 단점이 용서가 되고, 또 내가 베이징인이 되었기 때문에 남보다 유리한 조건을 가졌다는 위안을 느끼게 된다. 마음은 복잡하고 무겁지만 또한 넉넉해진다.

한 개인이 청춘·권력·재산을 가질 수는 있어도, 이처럼 남다른 조건을 갖기는 어렵다. 이런 경력은 천부적이고 숙명적이어서 거부할 수도 선택할 수도 없는 것이다. 베이징은 이제껏 차분한 도시가 아니었다. 늘 분주하고 조급하고 욕망하고 유혹하는 곳이었다. 베이징인 역시 언제나 조급했고, 온갖 욕망과 유혹에 사로잡혀서, 도시의 역사를 답습하였고, 또 이 도시와 자신의 모습을 바꾸어 왔다.

이 때문에 편집장이 내게 전화를 걸어 이 책을 쓸 의향이 있는지를 물었을 때, 나는 그럴 생각이 있다고 대답한 것이다. 나는 미력하나마 베이징인을 묘사하는 것은 사실 나 자신을 그리는 것이다. 나는 나 자신을 자세히 살피는 동시에 베이징인과 베이징이라는 도시의 궁성과 황성 배후의 역사와 옛것과 새것이 교체하는 갖가지 경관을 자세히 살필 것이다.

이 책의 편집장 장눙韋儂 여사에게 감사드린다. 그녀의 창의와 독촉 그리고 남의 생각에 대한 너그러운 이해가 있었기에, 나는 이 책을 완성할 수 있었고, 또 나 자신과 주변의 베이징인을 새롭게 대할 수 있었다.

탈고하고 나서 하루는 저녁에 베이징 거리를 한가롭게 거닌 적이 있었다. 조금만 머뭇거려도 금세 봄이 떠나버리는 베이징의 4월은 버드나무에 푸른 물이 한껏 올랐고 개나리는 찬란한 금빛을 가득 머금고 있었다. 그리고 짙은 야경은 얼굴을 향해 달려들었다. 나는 이 도시와 이 도시의 사람들을 조금은 이해한 것 같은 친밀감과 친근감을 느꼈고, 밤바람은 매연과 먼지 때문에 평소에는 맡을 수 없던 꽃향기를 선사했다. 그리고 야시장의 과일 노점에는 갓 나온 베이징의 빨간 딸기가 잔뜩 쌓여 있었다.

베이징에서

샤오푸싱 肖復興

차 례

01 자만심과 자신감 • 24
02 이름 짓기 • 28
03 베이징인의 음주 • 32
04 베이징인의 아침 식사 • 36
05 「얼채」를 보다 • 40
06 안절부절못하는 여성 • 43
07 여성화된 남성 • 48
08 경성의 축구팬 • 53

09 매표원의 얼굴 • 57
10 화이트칼라 • 61
11 지하철에서 신문 보기 • 65
12 베이징의 작가 • 68
13 유년기가 없는 아이 • 74
14 노인의 풍경화 • 78
15 실성한 것 같은 오빠부대 • 82
16 외지인 • 86
17 멘디 기사 • 91
18 샤리와의 만남 • 100
19 맛이 상한 다관 • 107
20 목로주점 • 112
21 패스트푸드 심리 • 116
22 포장과 사람 • 121
23 광고를 말함 • 125
24 표어를 회고함 • 129
25 핫라인 이야기 • 133
26 소음을 피함 • 136
27 조용함을 찾아서 • 140
28 회고의 정서 • 143
29 공원의 꿈 • 146
30 나무의 정분 • 150
31 새의 수필 • 154

32 베이징에 하천이 많아지기를 • 158
33 나이트클럽 풍경 • 161
34 명품점에 들어서니 • 165
35 발은 신발수선가게를 그리워하고 • 168
36 우표시장과 문화 • 172
37 베이징의 리듬 • 179
38 베이징의 먹을거리 • 183
39 베이징에서 두려운 것 • 188
40 베이징의 사랑 • 193
41 베이징의 가짜 • 196
42 유행 패션 • 200
43 호동과 인정 • 204
44 베이징의 언어 • 210
45 베이징의 오래된 음식점 • 215
46 베이징의 간식거리 • 221
47 쏸메이탕 • 226
48 워터우 • 230
49 타오샹춘을 말하다 • 234
50 첸먼 바깥 • 238
51 톈차오의 꿈 • 249
52 광허러우 • 255
53 대원에서의 추억 • 260

01 자만심과 자신감

황제의 무릎 아래에서 황성皇城을 끌어안고 저우커우뎬周口店의 조상을 앞에 두고 롄산連山 산맥을 머리에 베고 화베이華北 평원을 밟고 사는 베이징인은 늘 거드름을 피웠다.

한 지역을 맡아서 다스리는 관리들이야 거들먹거리게 마련이지만, 평범한 백성조차도 마치 거드름이 골수에 박힌 것처럼, 세대를 이어 내려오면서 좀체 사라지지 않는다.

돌이켜보면, 베이징에 들이닥쳐 원명원圓明園을 잿더미로 만들고 향불각香佛閣 꼭대기에서 금조각상을 훔쳐간 8국 연합군[8]은 위엄과 기세가 대단했지만, 그들은 결국 어떻게 되었던가? 늘 그랬던 것처럼 베이징에서 물러나지 않았던가? 베이징은 8국 연합군의 공격을 받았지만, 건재하지 않았던가?

일본군이 베이징을 침공했을 때는 또 어땠던가? 베이징인은 8국 연합군도 베이징을 어떻게 하지 못했는데, 작은 섬나라 일본에 빼앗길 것이라고 생각했던가? 베이징인은 물동이에 물을 채우고 밀가루 항아리에 양식을 가득 담고 장아찌 항아리에 장아찌를 가득 채우고, 버티고 앉아 작은 일본과 맞섰다. 베이징인은 중국이라는 대국이 결코 일본 같은 소국에게 패배하지 않으리라고 굳게 믿었다. '경도京都'는 설령 죽더라도 위세는 꺾이지 않는 법이기에 '경도'라고 불리는 것이다.

베이징인의 자만심과 자신감은

---

[8] 1900년에 영국, 프랑스, 독일, 러시아, 미국, 일본, 이탈리아, 오스만 제국 등 8개국의 연합군이 중국을 침략하여 베이징을 점령한 사건.

베이징인에게 사랑스러운 구석이 있다는 것을 느끼게 하고, 또 베이징인이 다소 맹목적이라는 사실을 깨닫게 한다. 8국 연합군은 베이징을 차지하지는 않았지만, 대신 홍콩을 비롯한 다른 도시를 집어삼켰고, 일본 침략자들도 베이징인을 내쫓지는 않았다.

하지만 베이징인은 맹목적이든 아니든 대국의 고도古都라는 자만심과 자신감이 잠재되어 있기 때문에, 고달픈 가운데서도 즐거움을 찾았고, 또 달콤할 때에는 흥분하고 자만하여 모든 것을 잊어버렸다.

1950년대에 참새를 퇴치하던 일을 돌아보자. 모든 베이징인이 출동하여, 지붕에 올라가고 거리를 돌면서, 세숫대야를 두드려 참새를 사방으로 쫓았다. 베이징인은 이제 참새는 공룡처럼 베이징에서 자취를 감추었다며 큰소리쳤다. 그런데 어떤가? 참새는 여전히 베이징의 하늘을 날아다닌다. 참새는 베이징인의 자만심을 일깨워준 교훈이었다.

하지만 베이징인은 그런 교훈을 오래 기억하지 못하고, 다시 자만심과 자신감을 새의 날개깃처럼 한껏 펼쳤다. 문화대혁명文化大革命[9]은 베이징인에게 다시 기회를 주었고, 베이징인의 자만심과 자신감은 또 한 번 부풀어 올랐다. 베이징인은 베이징이 세계 혁명의 심장이 되었으며, 고통받는 세계 인민의 3분의 2를 자신들이 해방시켜야 한다고 생각했다. 이에 베이징인은 베이징에서 혁명의 불씨를 지펴 전국으로 번지게 하고, 나아가 온 세계로 퍼뜨려야 한다고 생각했다. 그리고 그것은 하늘이 자신들에게 내린 책무라며 열정을 불태웠다.

[9] 1966년부터 1976년까지 10년에 걸쳐 당시 중국의 최고지도자인 마오쩌둥(毛澤東)에 의해 주도된 극좌 사회주의 정치운동.

모스크바의 붉은 등불을 다시 켜고
붉은 깃발을 백악관 꼭대기에 꽂자.

이는 그 시절에 베이징인이 우렁차게 외치던 주선율이었다. 베이징인은 곳곳에서 서로 연계하여 아무 열차나 공짜로 집어탔다. 베이징의 홍위병紅衛兵[10]은 아무런 저지도 받지 않고 어디든지 갈 수 있었고, 그들의 신분은 당당한 여권이자 신용카드가 되어, 어디서든 공짜로 먹고 공짜로 잘 수 있었으며, 남의 집 담벼락에 붉은 바다와도 같은 대자보를 마음대로 붙일 수도 있었다.

하지만 또 어떻게 되었는가? 참새를 쫓아낸 것과 마찬가지가 아니었던가? 베이징은 세계 혁명의 심장부도 아니었고, 고통받는 세계 인민의 3분의 2는 남이 아니라 바로 우리 자신이었다. 베이징인의 맹목적 자만심과 자신감은 또 다시 치명적 타격을 받고 말았다. 베이징인은 이번에는 자신을 반성하고 또 반성했던가?

반성하지 않았다고 한다면 객관적이지 않다. 거듭 난관에 부딪친 베이징인은 경험을 쌓았고 교훈을 얻었다. 그렇지만 때가 되면 봄바람에 눈이 녹듯이, 베이징인의 자만심과 자신감은 다시 맹목적으로 자라났다. 한 예를 들어보자. 베이징이 2000년 올림픽 개최를 신청하자, 베이징인은 금세 풍선처럼 부풀어올랐다. 그러나 결국 한 표 차이로 호주의 시드니에 개최권이 돌아가자, 베이징인은 누군가 농간을 부렸다며 불평을 늘어놓았다. 그들은 자신들이 어떤 점에서 시드니에 뒤졌는지는 반성하려고 하지 않았다.

---
10) 문화대혁명 당시에 준(準)군사조직을 만들어 투쟁한 대학생 및 고교생 집단.

베이징인은 패배해도 당당하게 여기고, 맹목적인 자만심과 자부심으로 자신을 위로하여 심리적 안정을 찾고 빠져나갈 구멍을 찾는다.

베이징인의 자만심과 자신감은 좌절을 겪더라도 꺾이지 않는다. 이는 베이징인의 강인함을 보여주는 것이자 배짱이 두둑하다는 것을 의미한다.

베이징에는 국내외 많은 관광객을 끌어들이는 자금성, 만리장성, 황실 원림園林이 있고, 또 현대적 입체교차로, 고층 건물, 순환도로가 있기에, 그것을 바라보는 베이징인은 자만심과 자신감을 갖기 쉽다. 마치 고무공을 물속에 억지로 밀어넣어도 금세 수면으로 떠오르는 것처럼 말이다.

02 이름 짓기

베이징인은 이름을 대단히 중요하게 여긴다. 사람 이름에서부터 거리, 다리, 건물, 점포 이름까지 모두 깊이 궁리한다. 아마도 경도京都에서 살다 보니, 문화와 역사의 숨결에 투철해져서 곳곳에서 명분을 따지기 때문일 것이다.

아이가 태어나면 상서로운 이름을 지어야 하는 것은 베이징 구세대의 전통이지만 지금 신세대들도 결코 그에 못지않다. 아이가 태어나기도 전에 엄마는 불룩한 배를 어루만지며, 기쁘고 우아하고 근사한 의미를 지닌 낱말과 소리가 비슷한 좋은 이름을 찾는다. 예를 들면, '바오제鮑捷'라는 이름은 '바오제(報捷:승전보를 알린다는 뜻)'의 소리와 의미를 땄고, '류촨劉船'은 '류촨(流傳:대대로 전해 내려오거나 세상에 널리 퍼진다는 뜻)'의 소리와 의미를 땄으며, '우웨이吳畏'는 '우웨이(無畏:두려움을 모른다는 뜻)'의 소리와 의미를 딴 것이다. 그런데 누구든지 좋은 의미를 지닌 글자로 이름을 지으려고 하고, 또 사람들은 생각이 비슷하게 마련이기 때문에, 서로 중복될 확률이 상당히 높다.

듣기로는, 베이징의 신세대 아이들은 같은 이름이 점점 많아져서, 한 교실에 '왕펑王鵬'이라는 이름을 가진 아이가 적어도 두 명씩은 있기 때문에 '큰 왕펑', '작은 왕펑' 하는 식으로 구분하는 수밖에 없다고 한다.

베이징의 신문과 잡지에서 아이의 이름을 짓는 것이 갖는 의미에 대해 논쟁이 벌어진 적이 있었다. 그런데 부모가 요한, 바오로, 마리 같은 외국에서 들여온 서양식 이름을 아이에게 붙여준 사례를 놓고 비판 여론이 비등했다. 어떤 사람은 민족적 자긍심을 해치는 작태라며 개탄했다. 그는 신문에 투고한 글에서, 사람들 마음이 예전 같지 않다고 지적하면서, 이렇게 한다면 중국의 유구한 전통은 어떻게 될 것이며, 이것이 맹목적으로 외국을 숭배하는 것이 아니면 무엇이냐고 질타했다. 하지만 세월이 얼마쯤 지나면 서양식 이름을 가진 아이는 페르시아 고양이처럼 눈동자가 푸르게 바뀔 것이라는 우려는 현실로 나타나지 않았다.

서구적 맛을 절충한 이름은 아이 이름보다는 비즈니스 빌딩, 호텔, 패션숍의 경우가 훨씬 많다. 베이징의 비즈니스 빌딩, 호텔, 패션숍은 대부호나 귀족이 남겨놓은 봉건적 색채를 지닌 이름을 전혀 숭상하지 않는다. 수백 년이나 되는 황조皇朝의 역사를 지닌 도성에서 곰팡내 나는 그런 이름은 전혀 신선하지 않기 때문에, 서구적 분위기를 지닌 이름이 베이징인에게는 훨씬 매력적이다. '옌사(燕莎:Lufthansa)', '사이터(賽特:Scitech)', '뤄만(羅曼:Roman)' 같은 것이 그런 사례이다. 베이징인은 봉건적인 것을 경멸하고 자본주의를 받아들이는, 개방적이고 발전적인 자세와 마음을 보여준다. 세계와의 연계를 베이징인은 가장 먼저 이름에서, 그리고 큰 걸음걸이로 만들었다.

그런데 이런 사실을 근거로 베이징인은 외국을 숭배한다고 말한다면 그것은 분명 지나친 것이다. 베이징인은 서구적 분위기를 지닌 이름이 모든 면에서 흠잡을 데가 없다고 생각하는 것은 결코 아니다. 만약 겉만 그럴듯하고 실속은 없는 이름과, 실속은 있지만 화려하지 않은 이름이 있다면 현명한 베이징인은 그래도 후자를 선택할 것이다. 그런데 여기에서 말한 '실속'은 돈을 가리킨다. 베이징에는 입체교차로가 전국에서 가장 많은데, 베이징의 간선도로들을 마치 무지개다리처럼 이어준다. 입체교차로에는 이름을 붙여야 하는데, 어느 기업이 거금을 출연하면, 해당 입체교차로에는 그 기업의 이름을 붙여주었다. '쓰퉁교四通橋'가 그런 사례이다.[11] 이런 까닭으로 베이징의 숱한 입체교차로에는 모두 기업의 이름이 큼지막하게 붙어 있어서 마치 회사를 교차로로 옮겨서 업무를 보는 것 같은 착각이 들 지경이다.

이런 사례는 사실 운치를 해치는 일이다. 베이징인은 본래 이름을 지을 적에 명분과 의미를 중요하게 여긴다. 그래서 누군가 이런 방식은 세계적으로도 전례가 없다며 문제를 제기하자 더 이상 교차로에 기업이나 개인의 이름을 붙이지 않게 되었다. 베이징은 너무 돈을 밝혀서 입체교차로를 몽땅 팔아치워서는 아니 될 것이다. 앞으로 어떻게 하는 것이 좋을지 그 방법을 찾는 것도 쉽지 않다. 입체교차로에 기업의 이름을 붙이는 문제를 언론에서 문제 삼은 것은 아이에게 서구식 이름을 지어주는 것이 뜨거운 논쟁을 불러일으킨 것과 다르지 않다. 베이징인은 이름이 갖는 정당한 의미와 가치를 지키기 위하여 값비싼 대가를 치른 셈이다.

베이징인은 조상이 남긴 교훈을 믿는다. "이름이 바르지 않으면 말이 순조롭지 못하고, 말이 순조롭지 못하면 일이 이루어지지 않는다." 이름에 대한 베이징인의 집요함과 진지함은 사람을 숙연하게 만들 뿐 아니라 고지식하다는 느낌마저 들게 한다. 어느 도시에서도 사람이나 사물의 이름을 짓는 일이 걸핏하면 신문지상에 오르내리는 경우는 없을 것이다.

나는 베이징인이어서 명분을 생명처럼 소중하게 여긴다. 집은 사방

---

11) 쓰퉁그룹은 1984년에 설립된 전자정보산업 중심의 기업집단이다.

의 벽밖에 없이 허름해도 상관없지만 그럴듯한 서재명書齋名이나 당호堂號는 있어야 한다. 이름을 잘못 지으면, 마치 비뚤게 길을 걷는 것과 같아서 견딜 수가 없다.

베이징인의 이런 심리는 작명作名을 전문 직업의 하나로 자리매김하고 나아가 번창하는 사업거리가 되게 하였다. 언론매체에 보도되기도 한 베이징의 '정밍루正名盧'는 바로 그런 경우인데, 아이·상점·기업 등에 전문적으로 이름을 지어주는 작명소이다. '정밍루'는 개업하자마자 호황을 누렸는데, "시장경제의 경쟁이 갈수록 치열해지는 지금, 사람들은 더욱 고급문화에 의존하게 된다."고 피력했다. 베이징인에게서 이름을 짓는 것이 순식간에 '고급문화'로 격상된 것이다. 전문 작명소가 두각을 보인 것은 때를 잘 만났기 때문이다.

'문화'라는 말을 대단히 좋아하는 베이징인이기에 '고급문화'라는 말은 말할 필요도 없는 것이다. 베이징인은 총명하지만 때로는 안개비가 부슬부슬 내리는 날씨처럼 흐리멍덩한 구석이 있다. 그들은 자신의 혈맥을 제대로 파악하지 못하고, 또 이름이라는 것이 일개 부호에 지나지 않는다는 사실을 명확하게 깨닫지 못한다. 쥐새끼에게 아무리 멋진 이름을 붙여주더라도 고양이가 될 수는 없는 것 아닌가?

베이징인은 자신과 타인에게 이름을 지어주기를 너무 좋아하기 때문에 '이름'의 수렁에서 헤어나기 어렵다.

03 베이징인의 음주

베이징인은 술을 즐긴다. 손님을 맞이하거나 떠나보내는 성대한 술자리는 고급 호텔이나 인민대회당人民大會堂에서 갖는다. 비즈니스를 하는 사람들은 돈을 벌 생각에서, 웃음 띤 얼굴로 술잔을 부딪치면서, 마음속으로는 요모조모 계산한다.

노인들은 신용 있고 오래된 브랜드의 술을 즐겨 마시는데, 과거를 신뢰하기 때문에 '이과두二鍋頭'[12]만을 마신다. 젊은이들은 겉치레를 중시하고 새로운 유행을 좇기 때문에 레미 마르땡Remy Martin을 좋아한다. 여성들은 우아한 것을 좋아하기 때문에 난화지蘭花指[13]에 모어Moer 담배를 끼우고, 장성長城 백포도주를 한 모금씩 홀짝거린다. 사내들은 격식을 따지지 않아서 병나발을 불어대고, 권하는 술은 마다하지 않으며, 무슨 술이든지 시원스럽게 들이켜서, 열에 예닐곱은 이백李白의 달빛을 빚어내고, 서넛은 두보杜甫의 검광劍光을 울부짖는다.

여름이 되면 남녀노소 모두 맥주를 즐겨 마신다. 베이징인은 맥주를 마실 적이면 엄청나게 큰 맥주잔을 '끌어안고' 벌컥벌컥 마신다. 기세를 마시는 것이다. 베이징인은 성대한 맥주페스티발을 준비하고 맥주마시기 대회를 여는데, 참가자들은 배가 터질 것처럼 부풀어올라도, 입가에 허연 거품을 묻히면서 잔을 내려놓지 않는다.

베이징인의 음주는 대적하기 어

---

12) 주정을 처음 증류하여 나오는 75도 이상의 술을 '과두(鍋頭)'라고 하고, 두 번째로 증류한 가장 순정하고 잡미(雜味)가 없고 도수가 적당한 술을 '이과두'라고 한다.
13) 중국 전통 희곡(戲曲)에서 여주인공이 공연할 때 내보이는 손놀림으로, 엄지와 중지를 안으로 구부리고 나머지 손가락은 위로 치켜드는 자세이다.

렵다. 그들은 술을 단순히 마시기 위해서 마시는 것이 아니라 자신의 기질과 성격을 내보이기 위해서 마신다.

베이징의 평범한 사람들은 여럿이서 집에 모여 술을 마시기를 좋아한다. 이런 점은 다른 지방, 특히 남방, 특히 상하이와는 다르다. 상하이인은 벗을 초대하여 술을 마실 경우에 음식점을 찾는다. 그렇게 하는 것이 상대에게 인색하게 굴지 않고 상대를 존중하는 것이라고 생각하기 때문이다. 하지만 베이징인은 소중한 벗을 음식점으로 초대한다면 오히려 서먹서먹하고, 집으로 초대해야만 가족처럼 여기는 것이라고 생각한다. 돈을 아끼려는 것이 아니라 친근하고 진실한 감정을 내보이는 것이라고 생각하기 때문이다. 집을 가장 신성한 곳으로 여기는 베이징인으로서는 소중한 벗에게 꺼내 보이는 마지막 조커인 셈이다.

베이징인이 반드시 상하이인보다 집이 넓은 것은 아니다. 설사 상하이인의 다락방보다 비좁더라도, 기어코 벗을 집으로 초대하여 함께 마시고 즐기려고 한다. 집으로 초대하느냐 음식점으로 초대하느냐는 베이징인에게는 벗에 대한 열정과 신임의 정도를 나누는 분수령이다.

베이징인은 벗을 집으로 초대하여 먹고 마실 적이면 대개 주부가 주방에서 직접 몇 가지 술안주를 만든다. 음식의 모양, 향기, 맛이 음식점만 못하더라도 반드시 필요한 호의이다. 그리고 음식은 충분하게 만들어야 한다. 다 먹지 못하고 남기더라도 그릇이 비어서는 안 된다. 또 술은 여러 종류를 넉넉하게 준비하여 같은 술을 계속 내놓아서 체면을 구기는 일이 없도록 주도면밀하게 준비한다. 백주(白酒:고량주)·과일주·맥주는 물론 아이가 마실 음료수까지 준비하여, 마치 집속탄集束彈처럼 식탁과 바닥에 한

줄로 늘어놓아 기선을 제압하고, 또 여벌을 한 줄 늘어놓아 한바탕 코가 비뚤어지게 마실 태세를 내보인다. 거실이 너무 좁으면, 침실에 술상을 펼치고 침대를 의자로 삼는다. 주인은 프라이버시를 전혀 거리낌 없이 내보인다. 술에 취하면 마치 자기 집처럼 침대에 아무렇게나 드러누워 쿨쿨 잔다. 그래야만 베이징인은 마음이 편안하고 개운하다.

베이징인은 술을 마실 적에 남에게 권하기를 좋아한다. 한잔 가득 채워주고 나서 잔이 비면, 곧바로 또 한잔을 따른다. 게다가 자신이 먼저 목덜미를 젖히고 술잔을 비운 다음에 열정적으로 권하기 때문에 받아 마실 수밖에 없다. 베이징인은 언제나 이런 시원스러움을 마신다. 집에서 술을 마시는 경우에는 이해관계나 비즈니스에 관한 이야기는 좀체 하지 않는다. 만약 이해관계나 비즈니스를 이야기하는 경우에는 술자리를 집안에서 갖지 않는다.

따라서 베이징인이 집안에서 갖는 술자리에는 그들의 순박하고 오래된 풍속이 담겼음을 엿볼 수 있다. 함께 술을 마심으로써, 담박해지고 사라져버릴 것만 같은 진실한 감정과 우정 그리고 순정한 아름다움을 지키는 것이다. 메마른 마음을 촉촉하게 만들고 오그라든 정신에 불을 지펴주기에, 그들은 기꺼이 마시고 취한다. 몇몇이 취해서 나자빠지기 전까지는 결코 술자리를 끝내지 않는다. 카펫이나 침대커버에 오물을 토하더라도, 주인은 오히려 속이 후련하다.

"잘 마셨도다! 이제는 나를 남으로 생각하지 않으리라!"

베이징인의 음주는 호방하고 시원한 가운데 교활함이 배어 있다. 술을 권할 적에는 온갖 솔깃한 말로 비위를 맞추거나 그럴듯하게 꾸며낸 말로 자극할 줄 알고, 자신의 감정을 호기롭고 자신 있게 펼칠 줄 안다. 모두들 취해서 정신이 혼미해지게 마시고, 혼잣말을 중얼거리다 끝내 취해서 모두 쓰러져 잠들 때까지 마신다. 베이징인은 이런 감언이설甘言利說, 교언편사(巧言偏辭 : 번지르르하고 내용은 없는 말), 호언장담豪言壯談, 자문자답自問自答, 묵묵불언默默不言을 술자리의 다섯 경지라고 일컫는다.

베이징인은 "세상길은 좁지만 술잔은 넓다."고 생각하며 술을 마신다. 그들은 "공명功名은 천리 밖에 있지만 근심은 한 잔 속에 있다."고 생각한다. 베이징인은 "차가운 술은 위를 해치고, 더운 술은 간을 해치지만, 술이 없으면 마음을 해친다."는 사실을 중요하게 여긴다. 마지막 말이 특히 중요하다. 무슨 술이라도 상관없다. 설령 가짜 술이라도 괜찮다. 하지만 술이 없어서는 아니 된다.

04 베이징인의 아침 식사

베이징인의 간단한 아침 식사를 말하려니 낯이 뜨거워진다.

우선 종류가 단순하기 짝이 없다. 더우장(豆漿 : 두유)과 여우빙油餅[14]은 수십 년 동안 변함없이 내려온 것이다. 중화인민공화국이 건국되기 이전이나 이후에나 이런 몇 가지뿐이고 별다른 변화가 없었지만, 베이징인은 이것을 즐겨 먹는다. 더우장이 없으면 훈툰餛飩[15]이나 우유로 대신할 수도 있지만, 그래도 더우장만은 못하다. 우유는 노인과 아이들을 위한 것이다. 베이징인은 더우장은 영양이 우유에 못지않으며, 우유보다 낫다고 생각한다. 여우빙은 여우탸오油條, 자오취안焦圈, 탕여우빙糖油餅, 보추이博脆 등 다양한 모양으로 만들지만, 아무리 바뀌어도 원조에서 벗어나지는 않는다. 베이징인은 기름에 튀긴 음식을 좋아하지만, 자몐바오취안炸麵包圈[16]은 맛이 좀 떨어진다.

베이징인은 수십 년 내지 1백년 넘는 동안 이처럼 단조로운 메뉴로 아침 식사를 고수해 왔다. 왕조가 바뀌고 세상풍파가 달라져도 주견을 바꾸지 않는 것은 베이징인의 능력이다. 어떤 것은 지키는 것이 버리는 것보다 더 어렵다. 지키는 것은 전통이고 마음가짐이며, 인습되거나 유전된 성격이다.

베이징에서 아침 식사를 파는 노점은 대부분 거리에 들어선다. 예전에는 거리와 골목에서도 그럴듯한 점포를 찾아볼 수 있었지만, 지금은 베이징 어디에서도 그런 집을 찾아보기 어렵다. 이유는 간단하다. 더우장

---

14) 발효시킨 밀가루 반죽을 빚어서 기름에 튀겨낸 푸석푸석한 식품.
15) 밀가루로 만든 얇은 피에 고기로 만든 소 따위를 넣어 끓여 먹는 물만두 비슷한 음식.
16) 도넛 모양의 튀겨낸 음식.

과 여우빙을 팔아서는 큰 돈을 벌수 없기 때문이다. 그래서 이런 푼돈이라도 벌려는 사람들은 거리에 부뚜막을 설치하고 반죽판을 펼치고 탁자 몇 개를 펼쳐놓는다. 솥에는 기름이 부글부글 끓고, 작은 탁자에는 기름기가 반들반들하다. 맛은 언제나 똑같지만 먹는 느낌은 날마다 새롭다.

노점을 펼치는 사람들은 모두 외지인이다. 그들은 베이징인이 아니면서도 베이징인의 맥박을 정확하게 짚어낸다. 그들은 구세대의 유산을 물려받은 베이징인은 여우빙과 더우장에 길들여진 입맛을 좀체 바꾸지 못한다는 사실을 잘 알고 있다.

베이징인의 아침 식사는 너무 바빠서 장터로 내달리는 것 같다. 아침 식사를 파는 노점에 앉은 사람들은 유명 브랜드를 걸친 사내이든, 손톱에 매니큐어를 바른 멋쟁이 여성이든, 자동차가 일으키는 먼지와 매연에 아랑곳하기는커녕 오히려 그것을 조미료 삼아서 함께 삼켜버린다. 붐비는 시내버스에서도 여우빙을 깨물거나 여우탸오를 먹는 사람을 볼 수 있다. 그들의 아침 식사는 버스가 정류장에 도착하면 끝나는데, 아침 식사와 식사시간을 모두 버스 안에서 해결하는 것이다. 자전거를 탄 사람은 차량이 꼬리를 무는 대로가 자전거를 타기에 얼마나 위험한지 아랑곳하지 않고, 한 손은 핸들을 잡고 한손은 종이에 싼 여우빙이나 여우탸오를 들고 달리다가 신호를 기다리면서 천편일률적인 아침의 노래를 깨문다. '위생을 중시하는' 베이징인이 아침 식사를 하면서는 그것을 소홀하게 여기거나 잊어버리는 것인가! 이제 베이징인은 '처쒀(廁所 : 변소, 뒷간)'에 가는 것을 일러 '웨이성젠(衛生間 : 화장실)'에 간다고 말할 줄도 알고, 백화점에서 물건을 사는 것을 '쇼핑한다'고 말할 줄도 안다. 그렇지만 대로변에서 아침 식사를 사 들고 복잡한 시내버스 안이나 자전거를 타고 가면서 먹는 습관은 전혀 달라지지 않았다. 그러므로 베이징인의 아침 식사는 애당초 품위와는 거리가 멀고, 위생을 고려하기도 글러 먹었다.

베이징인의 아침 식사는 베이징인의 생활 태도를 잘 보여준다. 그들은 원하는 대로 하고, 남과 원만하게 지내고, 아쉬운 대로 하고, 절약할 줄 아는데, 이는 베이징인에게 대대로 전해 내려온 미덕이다. 베이징인은 화려한 것을 좋아하고 겉모습을 꾸미고 돈을 펑펑 쓸 줄 모르는 것은 아니지만, 힘들더라도 낙천적으로 살아갈 줄을 안다.

베이징인의 아침 식사는 시간에 대한 그들의 태도를 보여준다. 먼저 서두르고 나중에 여유를 갖는 것인데, 여기에는 절제와 무절제, 절약과 낭비가 공존한다. 베이징인은 조금 일찍 먹을지언정 시간에 쫓기며 허겁지겁 먹지는 못한다. 또 저녁에 미리 짬을 내서 아침 식사를 준비하거나, 조금 일찍 자는 대신 조금 일찍 일어나려고 하지 않는다. 저녁 시간에는 이런저런 잡담을 나누고, 마작이나 카드놀이를 하고, TV 화면에 '안녕히 주무십시오!'라는 글귀가 나오기 전까지는 TV를 끄려고 하지 않는다.

베이징인의 아침 식사는 외래의 사물과 이면의 세계에 대한 그들의 마음을 이야기한다. 베이징의 역사와 문화는 수백 년이나 되었고, 게다가 베이징인은 황궁皇宮의 붉은 담장 모퉁이에 바짝 붙어서 살아왔기에, 마음 깊이 '정통'이라는 생각이 자리 잡고 있어서, 자신이 가진 것이 가장 좋은 것이라고 생각한다. 비록 베이징인의 아침 식사는 약간의 변화가 생겨서, 우유가 더우장과 자웅을 겨루지만, 그런 변화는 제한적일 뿐이다. 그것은 광둥廣東 스타일의 조차早茶에 대한 베이징인의 태도에서도 알 수 있는데,

그런 마음가짐은 실로 뿌리가 깊다.

징산景山 공원 인근에 있는 다산위안주가大三元酒家, 쳰먼대가前門大街의 라오정싱반장老正興飯莊 같은 곳에서는 조차를 먹을 수 있지만, 광저우廣州에서처럼 수많은 사람이 주루酒樓로 달려가 조차를 먹는 그런 장관은 연출되기 어렵다. 베이징인은 그런 식으로 아침 식사를 하는 것은 지나친 낭비라고 생각한다. 시간을 낭비하고 비용을 낭비하는 것일 뿐 가치 있는 것이라고는 생각하지 않는다. 조차가 단순히 다양한 미식美食을 즐기는 것만이 아니라 비즈니스를 촉진하고 친목을 다지고 정보를 교환하는 기능이 있다고 하더라도, 베이징인은 고개를 내저을 것이다. 조차에서 오가는 것은 큼직한 비즈니스는 아니고, 비즈니스에 관한 이야기는 정식 자리가 낫고, 감정이라는 것은 자연스럽게 가까워지는 것이므로 만찬이 조차보다 한결 분위기가 나으며, 조차를 마시면서 정보를 교류한다지만 그것은 대부분 자잘한 가십거리에 지나지 않는다고 말할 것이다. 베이징인은 언제 어디서나 정통의 자세를 견지하는데, 그런 마음에는 얼마간의 집착과 보수성이 있다. 또 호주머니에는 돈도 좀 있지만 광저우인처럼 그렇게 많지는 못하기 때문에 체면을 좀 접을 수밖에 없다.

쯧쯧! 베이징인의 아침 식사여!

05 「얼채」를 보다

상하이인은 TV 연속극 「얼채孽債」[17]를 보면서 눈물을 줄줄 흘렸고, 엄청난 화제를 불러일으켰다.

그런데 「얼채」가 베이징에서 방송되자, 시청자들의 반응은 무덤덤했다. 그토록 동정심 많고 그토록 뜨거운 눈물을 뿌리는 베이징인이 냉담했다는 사실은 아주 의외의 반응이었다. 영화 「꽃 파는 처녀賣花姑娘」[18]와 연속극 「갈망渴望」[19]에서 보인 뜨거운 반응은 다시 나타나지 않았다.

「얼채」를 본 베이징인은 부모를 찾는 윈난雲南의 아이들에게 이렇게 말할 것이다.

"너희 부모가 어떻게 된 것 아니야? 미친 것 아닌가? 15, 6년 동안이나 너희들을 내팽개쳐 갖은 고생을 다하게 하면서 기별조차 없었다고? 베이징 사람이라면 절대로 그렇게는 못한다. 너희들이 친자식이 아니더란 말이냐? 부득이해서 너희을 남에게 맡겼더라도, 십수 년 세월 동안 기별을 보내 혈육의 정을 전하지 못할 것이 무엇이란 말인가? 아무리 형편이 어려워도, 아무리 말 못

---

17) 1994년 제작된 상하이어판 TV 드라마로, 처음 상하이에서 방송되었을 당시에 무려 42.62%라는 시청률을 기록했으며, 지금도 전국 곳곳에서 방영되고 있다. 중국에서는 보기 드문 한국스타일의 드라마로 꼽히며, 1995년 '비천장(飛天獎)' 3위와 '오개일공정장(五個一工程獎)'을 수상했다. '얼채'라는 제목은 '아직 씻지 못한 죄업(罪業)'이라는 뜻이다. 문화대혁명 당시에 윈난(雲南)으로 간 지청(知靑)이 서로 사랑하여 다섯 명의 자녀를 두지만, 부모는 아이들을 버리고 도시로 돌아온다. 세월이 흘러 아이들은 상하이로 부모를 찾아가지만, 이미 각자 새로운 가정을 꾸민 부모는 아이들을 만나지 못하고, 가정에는 엄청난 풍파가 일어난다는 내용이다.
18) 북한의 5대 혁명가극의 하나인 「꽃 파는 처녀」를 영화화한 홍영희(洪英姬) 주연의 북한 영화로, 1970년대에 중국에서 큰 반향을 불러일으켰다.
19) 1990년 베이징전시예술중심이 제작한 50부작 TV 드라마. 전국적으로 열풍을 일으켜 중국 TV 드라마의 역사적 이정표가 된 작품이다. 2009년에는 「중국 가정의 새로운 갈망」(中國家庭之新渴望)이라는 속편이 만들어졌다.

할 사정이 있어도, 자식에게 연락을 취해서 부모자식 사이에 감정을 이어 나갈 수는 있지 않은가? 베이징인은 키우는 고양이나 강아지가 없어져도 사방으로 찾아 헤매고 다니는데, 하물며 사람을, 그것도 자기 친자식을!"

또 아이들의 부모에게는 이렇게 말할 것이다.

"당신들 어떻게 된 거요? 정말로 미쳤소? 어째서 꽁꽁 숨는단 말이오? 저 아이들이 당신네가 낳은 아이가 아니오? 자신을 쏙 빼닮은 아이들 때문에 속을 태운 적도 없었소? 자식들이 자라서 제 발로 찾아왔는데, 어째서 만나지 않으려는 것이오? 베이징 사람이라면 절대로 그렇게 하지는 않아요. 기뻐 어쩔 줄 몰라 하며 아이들을 반길 것이오."

베이징인이라면 아이들과 아무 관계가 없고, 비로소 내막을 알게 된 가장이더라도, 상하이 사람인 메이윈칭梅雲淸이나 링산산凌杉杉처럼 통곡하고 말다툼하고 친정으로 달려가지는 않을 것이다. 베이징인이라면 결코 아이에게 화풀이하지는 않을 것이다. 그들은 아이를 일단 안심시킬 것이다. 스님의 얼굴을 보는 것이 아니라 부처의 얼굴을 보기 때문이다. 아이를 보아서 지난 허물은 덮을 것이며, 부모를 찾아 천리 먼 길을 달려온 가없은 아이들을 성심껏 도울 것이다.

물론 모든 베이징인이 아무런 갈등도 없이 역사가 만든 비극을 현실에서 희극으로 만들 수 있는 것은 아니다. 그렇지만 베이징인은 결코 상하이인처럼 '소라껍질 속에서 불사佛事를 하면서'[20] 호들갑을 피우고 슬픔과 번민을 떨쳐내지 못하여 스스로 목숨을 끊으려고 하는 지경에 이르지는 않을 것이다.

[20] 상하이인의 타산적 사고와 행동을 빗대는 말로, 운신하기 어려울 정도로 공간이 좁아서 큰일을 도모하지 못한다는 의미이다.

베이징인이 보기에는 간단한 일이다. 아이가 자라서 찾아온다면, 어른은 그간에 겪은 우여곡절은 내색도 하지 않고, 일단 아이를 받아들인다. 어디에 간들 이렇게 장성한 자식을 얻겠는가? 모두 외아들이거나 외동딸이기에, 집안에 자식을 더 들이는 것은 가문의 번창을 상징하는 셈이다. 폭우가 쏟아져도 비가 그치면 푸른 하늘이 다시 모습을 드러내는 것처럼, 베이징인은 결코 다섯 아이가 객지를 떠돌게 만들지는 않을 것이다. 베이징인은 결코 세 아이를 원난으로 되돌아가게 만들고, 남은 두 아이를 다리가 잘리거나 공안국(公安局:경찰서)에 잡혀 들어가게 하는 그런 식의 결말은 내놓지 않는다. 그것은 베이징인의 체면을 몹시 구기기 때문이다.

「얼채」에 대한 베이징인의 반응에서 베이징인의 성격, 도량, 마음씨를 읽을 수 있다. 베이징인은 상하이인이 너무 옹졸하다고 생각할 것이다. 자기가 낳은 자식에게 이처럼 인색한데 다른 사람이야 말한들 무엇하겠는가! 베이징인은 상하이인이 너무 이기적이라고 생각할 것이다. 자기가 낳은 자식에게도 이처럼 이기적인데 다른 사람이야 말한들 무엇하겠는가!

포용력과 뜨거운 혈육의 정은 베이징인의 자랑이다. 「얼채」는 상하이인에게는 마음껏 눈물을 흘릴 기회를 주었고, 베이징인에게는 너그러운 도량을 펼칠 장소를 제공했다.

06 안절부절못하는 여성

타지, 특히 시골 여성과 비교하면, 베이징 여성은 순박함과 천진함은 부족하고 고상함과 교만함은 넘친다. 그녀들의 인조 쌍꺼풀은 언제나 위로 치켜져 있다.

베이징에 여행 온 외국 여성과 비교하면, 베이징 여성은 그다지 피로한 기색이 없다. 항상 땀이 흐르기 때문에 화장에 소홀하지 않아서, 베이징 여성이 얼굴에 바른 볼터치와 파운데이션은 언제나 고르고 적당해 보인다. 베이징 여성은 화장품의 브랜드를 무척 중요하게 생각한다. 또 화장에는 전혀 빈틈이 없어서, 아이섀도를 하고 입술선을 긋는 따위의 절차를 하나도 빼놓지 않는다. 저녁모임은 물론이고 한낮의 작렬하는 태양 아래서도 매무새를 잘 다듬지만 때로는 화장이 너무 짙어서 튀기도 한다.

외지인, 그것도 특히 시골 여성이 길을 묻는다면, 그녀들은 귀찮아할 것이 뻔하다. 또 외국 여성이 길을 묻는다면, 대체로 시치미를 뗄 것인데, 그녀들의 외국어 수준이 대부분 '바이 바이' 한 마디밖에 하지 못하기 때문일 것이다. 하지만 외국 남성이 길을 묻는다면, 그녀들은 자신을 은근히 내보이고 싶어할 것이다. 베이징의 모든 여성이 외국으로 시집가고 싶어한다고 말할 수는 없지만 가슴이 요동치는 여성들이 적지 않을 것이다.

베이징 여성은 차림새에 있어서 영원히 새로운 유행을 추구하여, 혁명 역량의 선봉을 차지한다. 1950년대의 레닌복, 1960년대의 '남마의藍螞蟻',[21]

[21] 1955년에 프랑스 기자가 「남마의(藍螞蟻)—붉은 깃발 아래의 6억 중국인」이라는 책을 출간한 이후로 서구의 언론에서 중국인을 비유적으로 일컫던 말로, 당시 중국인들이 남녀노소 모두 남색옷을 입던 모습을 풍자한 말이다.

문화대혁명 시기에 군복을 입고 장교용 혁대를 매던 패션은 모두 베이징 여성이 유행시킨 것이다. 그녀들은 상하이인의 차림새나 광둥廣東에서 전해진 홍콩과 타이완 스타일은 달가워하지 않는다. 상하이 여성은 몸매가 너무 가냘파서 가슴이 빈약하고, 광저우廣州 여성은 키가 너무 작아서 롱다리가 없다고 생각한다. 그녀들은 자신의 패션을 스스로 디자인한다. 치마는 길어졌다 짧아졌다 하고, 바지는 넓어졌다 좁아졌다 하고, 겉옷을 속옷처럼 입었다가 속옷을 겉옷처럼 입었다가 한다. 그녀들은 의식적·무의식적으로 전국 도시의 패션 트렌드와 유행 컬러를 영원토록 리드하고 싶어한다.

베이징 여성은 늘 안절부절못한다. 겉보기에는 말라붙은 우물처럼 고요할지라도 말이다. 흔히 여성은 물과 같다고 말하지만, 사실은 불처럼 꺼지지 않는 욕망을 불사르는데, 함부로 사방으로 번지지 못할 뿐이다. TV에서 애정드라마를 보면, 그녀들은 아주 쉽게 눈물을 글썽이고, 불공평한 것을 보면 분노하지만, 과감하게 행동으로 옮기지는 못한다. TV에서처럼 죽기 살기로 한바탕 사랑하는, '스릴과 짜릿함'도 좋지만, 아이를 생각하고 남편을 생각하고 주위 사람을 생각하면, 그런 마음은 금세 쪼그라든다. 입가에 흐르는 침을 꿀꺽 삼키며 물에 떠오른 고무공을 얼른 눌러서 다시 물에 집어넣는다. 그리고는 몇 마디 넋두리를 늘어놓고, 죽어야 마땅한 사내와 사람을 속이는 사랑에 몇 마디 욕설을 퍼붓는다. 젊은 시절에는 눈물을 찔끔 흘려도 숱한 사내들이 손을 내밀었지만 이제는 줄줄 눈물을 흘려도 사내들은, 심지어 남편조차도 등을 돌리고 본체만체하는 것에 만감이 교차한다.

베이징 여성은 늘 현상에 만족하지 못하고 향상하려고 노력한다. 일찍이 사내들이 잘하는 것은 우리 여자들도 잘할 수 있다며 세상을 놀라게 하기도 했다. 그녀들은 정해진 궤도를 따라서 앞으로 달려가며, 자신의 여성스러운 마음을 부풀려 마치 수탉과도 같은 울음을 그치지 않는다. 그리하여 뚱뚱한 여성은 날씬해지려고 하고, 날씬한 여성은 키가 훤칠하고 에너지가 넘치기를 바란다. 수시로 자기 허리를 줄자로 재고, 항상 다른 사람의 가슴, 허리, 히프 사이즈를 곁눈질로 가늠한다. 젊은이는 젊음을 영원히 유지하려고 애쓰고, 늙은이는 매화가 다시 피기를 꿈꾸며, 어린이는 어서 부모의 품에서 벗어나게 되기를 고대한다.

아무리 형편없는 화장품이라도 베이징에서는 판매부진이라는 것이 없고, "오늘은 스무 살, 내일은 열여덟 살"이라는 과장 광고도 누군가는 신뢰하고 또 보배처럼 여긴다.

그리하여 사랑이 없는 사람은 사랑이 찾아오기를 꿈꾸고, 사랑을 하는 사람은 결코 꿈꾸던 사랑이 아니라는 것을 늘 느낀다. 꿈이 깨지는 속에서 청춘은 흘러가고, 오랜 세월 규방閨房에서 임을 기다리느라, TV나 신문의 구혼광고에는 나이 든 여성이 늘어난다. 아이가 없는 사람은 아이가 생기기를 바라고, 아이가 있는 사람은 아이를 귀찮아한다. 아이가 어릴 적에는 어서 자라기를 바라고, 아이가 자라면 그래도 어릴 적에는 말을 잘 들었다고 생각한다. 아이가 말을 잘 들을 적에는 너무 고분고분해서 장차 남에게 무시당할까 염려하고, 아이가 말을 듣지 않으면 고분고분하지 않아서 발전성이 없다며 나무란다. 기쁠 적에는 아이를 노리개로 여기고, 화가 날 적에는 아이를 화풀이 대상으로 삼는다.

베이징 여성은 자신, 사랑, 아이를 연결한 하나의 원을 만들어 지칠 줄 모르고 순환한다. 신명이 나면 해와 달처럼 둥글다고 생각하고, 신명이 나지 않으면 둥근 것이 어째서 늙도록 둥글게 그려지지 않느냐며 저주를 퍼붓는다.

베이징 여성은 시선은 항상 시공을 초월하지만 마음은 항상 갈등으로 가득하다. 대학졸업장이 없는 사람은 직장대학이나 야간대학에서 때늦은 졸업장을 받지만, 막상 졸업장을 손에 들면 마음이 편하지 않다. 외국에 나갈 여권이 없는 사람은 여권을 손에 넣으려고 애쓰지만, 막상 여권을 손에 넣으면 이상하게도 아쉬워서 발길을 떼지 못하고, 눈에 익은 산천이 그립고 아버지도 새삼 살가워진다. 다른 여성이 부자에게 시집가는 것을 보면서 경망스럽고 천박하다고 욕설을 퍼붓지만, 이내 자기 남편은 능력이 없고 돈주머니는 너무 쪼그라들었다며 원망한다. 다른 여성이 젊은 나이에 강제로 해고되어 어렵게 살아가는 것을 보면 사회가 공평하지 못하다고 욕설을 퍼부으며 동정하지만, 하루에 여덟 시간씩 근무하고 게다가 복잡한 버스를 몇 번씩이나 바꿔 타야 하는 자신은 여유로운 날을 보내지 못한다며 투덜댄다.

베이징 여성은 이처럼 늘 두 가지 눈병을 앓는다. 원시 아니면 근시이다. 그런 그녀들이 가장 우러러 받드는 것은 변색變色 선글라스이다.

물론 베이징 여성이 모두 이런 것은 아니다. 그렇다고 소수의 여성만이 이런 길을 가는 것도 아니다. 이 모두가 사람들에게 결점으로 받아들여지지 않는 것도 아니다. 사랑스러운 구석은 작은 새처럼 사람들에게 호감을 주고 마음을 뒤흔든다. 가장 꼴불견인 여성은 다음과 같은 몇 가지 유형이다. 아무 것도 없으면서 겉만 화려하게 꾸미는 여성, 늙었는데도 갓 사랑에 눈을 뜬 소녀처럼 억지로 꾸미는 여성, 이제 막 청춘 소녀에서 벗어났는데 지나치게 화장이 짙고 차림새가 요염하여 세상풍파를 모두 경험한 것 같은 어린 기혼 여성이다. 젖을 빠는 갓난아이의 연약한 입에서 매정하게 젖꼭지를 뽑아내고 갓난아이를 내동댕이쳐 머리통이 깨지게 만드는 맥베스 부인 같은 악랄한 여성은 치마를 입은 사탄이기에, 여기에는 포함되지 않는다.

    베이징 여성은 수수께끼이다.

07 여성화된 남성

지금 베이징 남성은 아주 쉽게 '자화雌化'와 '자화奁化'라는 두 가지 질병에 걸린다.

'자화雌化'는 남성이 지녀야 할 기개와 풍골을 상실하고 여성화되는 것이다. '촹터우구이牀頭詭'[22]니 '치관옌妻管嚴'[23]이니 하는 것은 이를 반영한 말이다.

'음성양쇠陰盛陽衰', 즉 "음기가 성하고 양기가 쇠하였다."는 말처럼 남성이 진취적 면모를 잃어버린다는 것은 자랑이 아니지만, 전적으로 남성에게만 허물을 돌릴 수는 없다. 결혼하기 이전에 여성에게 환심을 사려고 백방으로 애쓰느라 남성은 뼛골이 빠진다. 사회는 분업을 하는 것이 마땅하지만 여성은 가정에서 해방되면서 자신들이 해야 하거나 두 사람이 함께 해야 할 일을 모조리 남성에게 떠넘긴다. 남성은 퇴근하기 무섭게 서둘러 시장을 보고, 아이를 넘겨받고, 앞치마를 두르고 주방에 들어가 밥그릇 행진곡을 연주한다. 더 심한 경우에는 갓난아이가 한밤중에 젖을 달라고 보채면, 사실 여성이 해야 할 일임에도, 많은 여성들은 나 몰라라 하고, 운수 사나운 남성들이 하는 수없이 일어나 분유를 타서 아이에게 우유병을 물릴 수밖에 없다. 이처럼 본말이 전도되었기에 남성이 여성화되지 않는다면 오히려 이상한 일이다.

남성의 여성화는 여성의 남성화를 전제로 한다. 상당수 여성들은 이런 현상을 즐거움으로 삼고, 여성의

---

22) 침대머리에서 무릎을 꿇는다는 뜻으로, 공처가를 이르는 말이다.
23) 아내에게 쥐여서 산다는 뜻으로, 역시 공처가를 이르는 말이다.

지위 상승을 구현한 것이라고 생각한다. 그러나 사실 남성의 여성화는 남성만이 희생되는 것이 아니라 여성도 함께 희생된다. 만약 이것이 극히 개별적인 문제라면, 여성을 가정과 사회에서 모두 성공하게 만들 수 있지만 대다수는 남성이 가정을 향하게만 만들 뿐 여성은 사회로 나서지 않고 여전히 가정을 맴돈다. 앞치마를 두르고 음식을 만드는 대신 잠옷을 입고 말린 과일씨를 까먹고 껌을 씹으면서, 붓대처럼 뻣뻣해진 자신의 남자가 자신이 지휘하는 대로 자신과 아이를 에워싸고 마치 팽이처럼 맴도는 것을 수수방관할 뿐이다.

남성이 가정을 향하면 사회와 멀어지고 이상이 엷어지고 책임감이 옅어진다. 옛날에는 남성은 공명功名에 뜻을 두어 여성을 멀리했다지만, 지금은 여성이 짝이 되어주지도 않으면서 남성을 가정으로 끌어들인다. 따라서 남성은 향기로운 둥지를 만들 수밖에 없고, 외부 세계에 대해서는 적극적으로 대처하기 어려워진다. 남성은 직장에서 사소한 물건을 몰래 집으로 가져오고, 근무 중에는 개인적인 일을 슬그머니 처리하고, 집에서는 침대머릿장을 만들고 물통을 때우고 새장 따위를 만들며 하찮은 재주에나 익숙해진다. 그렇지만 이런 남성은 여성을 만족시키지 못한다. 여성은 공명을 이루었거나 돈을 잘 버는 남자를 들먹이며, "남들을 좀 봐! 당신은 겨우 이런 자질구레한 일이나 할 줄 안다구!"라며 남편을 구박한다.

'자화瓷化'는 베이징 남성들, 특히 젊은 남성들이 고생을 경험하지 않아서, 갈수록 자기瓷器로 만든 고급 나기茶器처럼 깨지기 쉬워지는 것이다. 이런 남성은 껍질을 벗긴 삶은 달걀처럼 뽀얗고 부드러워서 보기에는 좋지만 써먹기에는 좋지 않다. 울룩불룩한 근육과 수레 굴대처럼 굵은 팔뚝을 기대하기도 어렵다. 이런 남성은 대로에서 자객·도둑·강도를 보아도 멀찍이서 수수방관하거나 일찌감치 줄행랑칠 뿐, 팔을 걷어붙이고 달려들어 돕지는 않는다. 이런 남성은 자기로 만든 고급 다기처럼 빤질빤질해서 말재주는 좋기 때문에 허풍쟁이가 되기 십상이다. 위로는 천문天文과 지리地理를 알고, 아래로는 닭털이나 마늘 껍질까지[24] 줄줄 꿰고 있어서, 축구 이야기가 나오면 축구에 대해서 허풍을 떨고, 주식 이야기가 나오면 주식에 대해서 허풍을 떤다. 하지만 그것은 대부분 종이 위에서 군사전략을 논하고 행차 뒤에 나팔을 부는 것으로, 신문이나 TV에서 오래 전에 본 것을 옮겨놓는 것에 지나지 않는다.

이렇게 베이징 남성을 말한다면 공정하지 않은 것 같다. 다른 도시 남성들과 비교하면, 베이징 남성은 장사에는 관심이 적고 공명에는 힘을 쏟는 편이다. 그들은 어느 지방의 남성들보다도 정치 문제에 관심이 많다. 작게는 물가 문제에서 크게는 부패 문제에 이르고, 작게는 직장의 문제에서 크게는 나라의 문제에 이른다. 또 세계의 문제로 뻗어나가 미국 정부가 어떻고 UN 다국적군이 어떻고 등을 포괄하여 그들이 관심을 두지 않거나 끼어들지 않는 것은 없다. 한 사람 한 사람이 모두 정치가로, 뻔질나게 국무원國務院을 드나들고, 수시로 UN 사무총장과 오찬을 함께 하기라도 하는 것만 같다. 그들은 자기 주견을 고집하며 얼굴을 붉히고 목에 핏대를 세우며 소란스럽게 다툰다. 단지 입술만 움직일 뿐이지만 자신을 잊을 정도로 몰입하고 즐긴다.

갈수록 입만 놀리는 남성들이 많아지면서 베이징에서는 만담과 콩트

---

[24] 아주 사소한 일이나 전혀 쓸모없는 물건을 이르는 말.

가 큰 인기를 누리는데, 이런 남성들을 충실한 관객으로 거느린다. 뛰어난 말솜씨는 베이징 남성이 대대로 물려받은 비장의 무기이다. 베이징에는 "광저우인은 무엇이든 먹고, 상하이인은 무엇이든 입고, 베이징인은 무엇이든 말한다."는 속담이 있다. 어떤 자리에서도 입은 질 수 없다. 많은 남성들은 큰일은 감당하지 못하고, 작은 일은 하려고 않고, 남에게는 지지 않으려 하고, 하는 일에는 저력이 없다. 그들은 흔히 술집에 모여서 취하도록 마시거나, 날이 저물도록 마작 탁자에 모여 앉아 있거나, 침을 튀기면서 아리송한 말을 지껄여 근질근질한 입을 달래기 일쑤이다.

갈수록 입만 놀리는 남성들은 손에 잡은 솜씨는 갈수록 퇴화한다. 이런 남자는 끌어안고 있는 자기 다구를 내려놓으려고 하지 않지만, 차호에 든 찻잎과 찻물은 거의 바닥을 보인다. 식당에 가면 고급식당에 가야만 하고, 담배를 피우면 양담배를 피워야만 하고, 외출할 적이면 거들먹대며 손을 들어 택시를 타야만 하고, 겉치레를 위해 명사를 사귀고, 문화행사에 참가해 구입한 몇 질의 도서는 조립식 옷장에 처박아둔다.

이런 남성의 솜씨는 입에서만 구현될 뿐이다. 먹고 마시고 피우고 소리치는 가라오케일 뿐이다. 작은 금고를 몰래 숨겨두었대도 꼬불쳐둔 돈은 얼마 되지 않은 것이다. 수입보다 지출이 많아 보이고, 주머니 사정이 곤란하면 분배가 고르지 못하다고 투덜댄다. 세상을 욕하고, 투기꾼을 욕하고, 부자를 욕하고, 매춘부를 욕하고, 외지에서 온 민공民工을 욕하고, 오직 자신만 욕하지 않는다. 왜 그들은 논리를 다투지 않는가? 왜 그들은 욕을 퍼붓는 그런 시간과 정력으로 달려가 한판 겨루지 않는가? 그들은 한바탕 욕을 쏟아내고는 이내 잠자리에 든다. 이튿날 일어나면 여전히 입이 통쾌할 거리를 찾는다.

외국의 남성은 '3S'의 갈망이 있다고 한다. Sex, Sun, Sea-beach가 그것인데, 대도시의 삶에 익숙한 사람들의 자연에 대한 동경이다. 베이징의 허풍선이들은 빵빵한 지갑이 없다는 사실을 알고 있기에, 바닷가에서 일광욕을 즐기는 근사한 꿈은 꾸지 못한다. 어쩌다 가더라도 공금을 쓴다. 하지만 Sex 이야기가 나오면 눈이 번쩍 뜨인다. 량스추梁實秋[25]는 "남자들의 이야기는 여체에 이르지 않으면 끝나지 않는다."고 말했는데, 그저 이야기하는 것일 뿐이다. 정신을 만족시키는 만찬은 여전히 입에서 '풀어내는 것'이다.

[25] 1903~1987. 중국의 문필가, 학자, 비평가, 번역가.

08 경성의 축구팬

베이징의 축구팬은 경기장에 있지 않고 집안의 TV 앞에 있다.

베이징의 축구팬은 눈이 너무 높아서 평범한 축구경기에는 돈을 쓰지 않는다. 입장권을 공짜로 쥐어주어도 경기장을 찾으려고 하지 않는다. 국제경기, 특히 AC 밀란[26]이나 삼프도리아[27]가 베이징의 축구장을 방문하는 경우가 아니라면, 베이징의 축구팬은 집에 틀어박혀서 나오지 않는다. 일반적으로 멀쩡고 맛이 없는 축구경기는 베이징 축구팬의 마음을 움직이기 어렵다.

베이징의 축구팬은 누구나 잘 떠벌인다. 심지어 여성들도 이런저런 것을 줄줄 꿰고 있다고 한다. 그들은 축구 이야기가 나오면 마치 시인이 시를 이야기하고 가수가 노래를 이야기하고 군인이 전쟁을 이야기하고 화가가 발묵潑墨[28]과 사의寫意[29]를 이야기하는 것과 다르지 않다. 그들을 TV 앞에 끌어다 놓으면 쑹스슝宋世雄[30]과 한 치 양보도 없이 설전을 벌일 것이다. 그들은 마치 호주머니에 축구백과사전을 넣어두고 있는 것만 같다.

그런데 지금 베이징의 축구팬은 어디로 가버렸는가? 시험에 낙방하기라도 한 것처럼, 열광하던 모습은 더 이상 보이지 않고 조소하거나 학식을 뽐내는 소리만 들릴 뿐이다. 어째서 비행기를 전세 내어 태국으로 날아가 중국축구대표팀을 응원하는

[26] Associazione Calcio Milan. 이탈리아 세리에 A에 속한 밀라노 연고의 명문 클럽.
[27] Unione Calcio Sampdoria SpA. 이탈리아 세리에 A에 속한 제노바 연고의 명문 클럽.
[28] 먹물이 퍼지게 하여 사물을 묘사하는 산수화의 전통 화법.
[29] 간단한 선이나 묵색(墨色) 또는 채색으로 사물을 묘사하는 동양화의 전통 기법.
[30] 1939~. 중국중앙TV 체육부 기자, 스포츠 해설자. 40여 년에 걸친 스포츠 평론과 다양한 종목의 해설로 명성을 떨쳤다.

것은 쓰촨四川의 축구팬이지 베이징의 축구팬은 아닌가? 어째서 원단元旦의 월항粵港 축구 클래식 경기를 보느라 거리를 비우는 사람은 광둥의 축구팬이지 베이징의 축구팬은 아닌가? 어째서 상하이에서는 광분하여 난리가 벌어지는 것에도 베이징의 축구팬은 미동조차 없는 것인가? 베이징의 축구팬은 불같은 성미마저 잃어버린 것인가?

사실 이는 베이징의 축구팬에 대한 오해이다. 베이징의 축구팬은 마음에 깊은 상처를 입었다. 그러니까 1985년 5월 19일 밤, 사람들을 공포에 떨게 만든, 초라하기 그지없고 뼈에 사무치는 그 경기 때문에, 사람들은 혹독한 대가를 치렀다.[31] 경기장의 선수만이 아니라 축구팬도 그랬다. 축구팬들은 경기장 전체를 뒤엎었다. 많은 베이징의 축구팬이 혼란에 휩쓸렸고, 경찰의 닭장차에 갇혔다. 어느 도시의 축구팬이 베이징의 축구팬처럼 비싼 대가를 치른 적이 있던가?

베이징의 축구팬은 축구를 위해 피를 바쳤다. 그리고 피를 흘린 마음에는 아무리 쓰다듬어도 아물지 않는 흉터가 남았다. 축구는 베이징 축구팬의 말할 수 없는 아픔이다. 베이징의 축구팬이 축구를 애써 외면하는 것은 자신의 묵은 흉터를 다시 들추기를 원치 않는 것이다.

사실 베이징의 축구팬은 큰 자부심을 느낀다. 그들은 '수도'라는 중심의 신분으로 축구경기에 참가했고, 축구에 천하의 대임大任을 부여했으며, 자신을 국가대표팀의 새도 진용으로 생각하여, 경기장에서는 열두 번째 선수였다. 지금 그들은 잠시 경기장을 등졌을 뿐이고, 잠시 조소로 감추

---

[31] 1985년 5월 19일에 베이징 공인(工人) 스타디움에서 열린 미국 월드컵 아시아지역예선에서 무승부만 거두면 최종예선에 진출할 수 있던 중국팀이 홍콩팀에 2대 1로 어이없이 패하자 분노한 관중들이 난동을 부렸다.

고 있을 뿐이다. 그들 한 사람 한 사람의 마음에는 축구에 대해 자세하게 기록한 장부가 있고, 경기·가사·나랏일·세상사를 하나로 연결한, 풀려고 할수록 더욱 단단하게 조여지는 매듭이 있다.

베이징의 축구팬은 세상을 비판하려는 생각이 마음 깊이 자리 잡고 있다. 중국국가대표팀과 중국프로축구 1부 리그 경기를 비판하고, 이탈리아 세리에A 내지 월드컵 본선 출전국의 천군만마를 비판한다. 아무리 뛰어난 스타플레이어와 감독이라도, 자기 마음대로 개똥같다고 욕하고, 심지어 FIFA 회장도 자신의 손아귀에서 주무르니, 엄연히 세계 축구 올스타팀의 감독인 셈이다. 베이징의 축구팬은 절대적으로 자신이 옳다고 믿는 통솔의 방법, 골을 넣는 방법, 승리의 혼백을 지니고 있다. 그들은 쩡쉐린曾雪麟, 녠웨이쓰年維泗, 가오펑원高豐文[32]과 호형호제하고, 클라우스 쉬라프너[33]와 맞먹고, 가오훙보高洪波[34]에게 잘못된 방향을 바로잡아주고 중국 대표팀 훈련장의 철조망을 에워싸고 밤을 지새가며 깊은 애정을 보냈다.

지금 그들은 마음 깊이 간직한 자부심을 쉽게 내보이려 하지 않으며, 마음 깊은 곳에 간직한 감정을 쉽게 쏟아내려 하지 않을 뿐이다. 그들은 자신의 청춘과 피를 대가로, 축구장이라는 세계에서 펼쳐지는 것은 낮은 소리로 유행가를 부르는 것이 아니며, 기복이 있고 변화가 많고 활짝 열렸다가 금세 닫히는 액션 드라마여서, 불같은 성격을 죽이고 의지를 가다듬어야 하고, 우공愚公의 열

32) 쩡쉐린, 녠웨이쓰, 가오펑원은 모두 중국국가대표축구팀 감독을 역임한 인물이다.
33) Klauss Chlappner. 독일출신의 중국국가대표축구팀 감독. 1992년 6월에 팀을 맡았으나 월드컵 아시아지역 예선에서 중국이 예멘과 이라크에게 패배하고 탈락하자 기술고문을 맡다가 1994년 히로시마 아시안게임에서 사임했다.
34) 2009년부터 2011년 8월까지 중국국가대표축구팀 감독을 지낸 인물. 2010년 2월 동아시아대회에서 한국에 3대 0 완승을 거두어 32년이나 계속된 '공한증'을 털어냈다.

정,[35] 정위精衛의 헌신,[36] 형가荊軻의 기개[37]를 가져야 하고, 한순간의 현란하고 뜨거운 경기만을 보지 말고 다음 세대 내지는 다음 몇 세대를 생각해야 한다는 사실을 깨달았다.

중국 축구는 완숙되려면 아직 멀었지만, 베이징의 축구팬은 이제 상당히 성숙하였다.

중국 축구는 베이징 축구팬의 영원한 로망이다. 침묵 속에서는 폭발하는 것이 아니라 사망한다. 중국 축구를 보면 언제나 탄식하게 되지만 베이징의 축구팬을 보면 안위를 얻는다.

---

[35] 우공은 「열자(列子)」에 나오는, 산을 옮겨 길을 냈다는 이야기의 주인공으로, 굳은 의지를 지니고서 두려움 없이 일을 해나가는 것의 비유로 쓰인다.
[36] 정위는 중국 신화에서 동해에서 빠져 죽어 새가 되었다는 염제(炎帝)의 딸로, 서산에서 나무와 돌을 물어다 동해를 메웠다고 한다.
[37] 형가는 전국시대 말기의 자객으로, 연(燕)나라 태자 단(丹)의 명을 받고 진왕(秦王)을 척살하려 했지만 미수에 그쳤다.

09 매표원의 얼굴

예전 베이징 시내버스 매표원의 이야기이다.

베이징의 수많은 시내버스는 늘 승객으로 붐비는데, 예전에는 매표원이 몹시 사나웠다.

그들은 늘 졸면서 입에 무언가를 물고 있는 어조로 웅얼거리며 정류장 이름을 알려주었기 때문에 또렷하게 알아듣기 어려웠다. 어디까지 가려면 몇 정류장을 더 가야 하느냐고 물으면, 그들은 무시하는 태도로 연신 훑어보며 이렇게 대꾸했다.

"귀머거리예요? 귓구멍이 막혔어요? 방금 한 말 못 들었어요? 다음이잖아! 뭉그적대기는. 그 자리가 그렇게 편해요?"

이럴 때면 그들의 말투는 정류장을 안내할 적보다 한결 또렷했다. 어투는 몇 번씩이나 공중제비를 돌고, 이리저리 튀어서 사람의 숨통을 막았다. 그들은 어떻게 말하는 것이 공손한 것인지 잊은 것만 같았고, 약실을 벗어난 총알처럼 말을 쏟아내지 않으면 어딘가 불편한 것처럼 보였다. 그럴 때면 절대로 말대꾸를 할 수 없었다. 그들은 마치 선생님이 어린 학생을 꾸짖는 것처럼, 장대비가 온몸을 흠뻑 적시는 것처럼, 기다렸다는 듯이 몰아댔는데, 얼른 피해야만 끝이 났다.

그들은 시력도 아주 좋았다. 젊은 사내나 유행을 좇는 여성은 좀체 건들지 않았다. 유행을 좇는 여성은 뒤에 보디가드 같은 사내가 뒤따랐고, 젊은 사내는 황소 같아서 품에 칼을 지녔을지도 모르므로 자칫 말다툼 때문에 칼부림이 날 수도 있기 때문이었다. 그들은 만만하고 어수룩하고 상대하기 쉬운 사람만 골라 괴롭혔다. 특히 할아버지나 할머니에게 자신들의 솜씨를 내보이기 일쑤였는데, 그들은 되받아칠 힘도 말발도 없다는 사실을 알고 있었기 때문이다. 그들은 이솝 우화 「늑대와 어린 양」에 나오는 늑대처럼, 자신이 우세한 위치에 있었기 때문에 위풍당당했다.

한번은 시내버스에서 이런 일을 목격했다. 한 젊은 여성 매표원이 방금 차에 올라탄 할머니에게 고함을 쳤다.

"표를 두 장 끊어야 해요."

표를 한 장 더 사더라도 얼마 되지는 않았다. 사실 그 무렵 베이징은 전국 대도시 가운데 버스요금이 가장 쌌다. 하지만 영문을 알 수 없던 할머니는 되물었다.

"내가 왜 차표를 두 장 사야 하지?"

매표원은 할머니가 손에 든 가방을 가리켰다.

"가방을 들었잖아요. 규정대로 표를 한 장 더 사야 해요."

난감해진 할머니는 가방을 번쩍 들어올렸다.

"이렇게 가볍고 자리도 차지하지 않는데 어째서 표를 사야 하지? 든 것이라고는 옷 한 벌뿐이야. 더워서 입었던 걸 벗어 넣었어."

"그건 내가 상관할 바가 아니에요. 옷을 꺼내 입으면 몰라도 ……."

"옷을 가방에 넣은 것과 뭐가 다르지?"

"그건 내가 상관할 바가 아녜요."

할머니는 대들면서 말했다.

"말해 봐, 젊은 것이 일부러 그러는 거지? 모두 평범한 시민인데, 어째서 자신이 자신을 괴롭히는 거야?"

"그래요. 우린 모두 평범한 시민이죠. 당신도 만만치가 않군요. 하는 수 없어요. 옷을 꺼내 입든지 아니면 표를 두 장 사요."

할머니는 결국 옷을 꺼내 입었고, 더워서 땀을 뻘뻘 흘렸다. 하지만 매표원은 할머니에게 표를 더 사라고 더 이상 딱딱거리지 않았다. 그녀와 할머니는 모두 웃었고, 승객들도 모두 웃었다. 승객들은 재미있다는 웃음이었고, 할머니는 씁쓸한 웃음이었고, 매표원은 만족스러운 웃음이었다.

이처럼 작심하고 사람을 곤경에 빠뜨리거나 짓궂은 장난을 즐기는 매표원은 소수였지만, 이런 일은 적어도 당신이 나의 주인이 아니라, 내가 당신의 주인이라는 저급한 심리를 보여주는 것이었다.

베이징의 매표원은 외지인을 특히 주시했다. 그들은 예리한 눈으로 버스표를 사지 않은 외지인을 쉽게 찾아냈다. 그들은 내색을 하지 않다가 버스에서 내리려는 찰나에 표를 검사해 망신을 주었다. 버스에서 이미 내렸다면 따라가서 벌금을 물렸다. 그리고 사람들이 보는 데서 욕설을 퍼부어 승객들도 덩달아 외지인에게 욕설을 퍼붓게 만들었다. 버스에 다시 올라타서도 비난은 그치지 않았다.

"외지 촌놈들은 걸핏하면 표를 사지 않아. 베이징의 버스가 그 놈들 차지가 되었어!"

만약 호응하는 승객이라도 있으면, 마음이 통하는 벗을 만난 것처럼 함께 외지인을 욕했다.

사실 외지인 가운데는 고의로 무임승차를 하는 사람도 있었지만, 그렇다고 무임승차를 하는 사람이 모두 외지인인 것은 아니었다. 베이징인 가운데 최신 패션으로 멀쩡하게 차려입은 사람이 무임승차를 하는 경우도 적지 않았다. 매표원이 젊은 사내라면 젊은 여성의 아름다운 얼굴은 언제든지 통하는 정기 승차권이었고, 매표원이 아가씨라면 잘 생긴 젊은 사내의 눈빛은 무엇이든 열어젖히는 만능열쇠였다. 이것이 절대적이지는 않았더라도 버스 매표원에게는 가벼운 '성병性病'과도 같았다.

대학 시절에 우리는 몇 차례 시험을 해본 적이 있었다. 대학교 배지를 가슴에 달고, 일부러 배지를 여성 매표원에게 내보이면, 언제나 성공이었다. 어떤 친구는 대학교 4년 동안 한 번도 버스요금을 낸 적이 없었다. 그는 그렇게 아낀 돈으로 책도 사보고 여자 친구에게 초콜릿이나 아이스크림을 사주기도 하였다.

모든 매표원이 그런 것은 아니었지만, 그런 부류가 있다는 사실 자체가 베이징 버스의 체면을 깎아내리는 것이었다. 그런 매표원은 소수였다고 변명하더라도, 베이징 버스 매표원은 지위나 재산에 따라 사람을 차별한다고 생각했다.

베이징의 시내버스는 붐비는 것이 두려웠던 것이 아니라 매표원의 얼굴이 두려웠다!

10 화이트칼라

화이트칼라 계층을 말하는 것은 일종의 조롱이다. 베이징에는 화이트칼라가 전국에서 가장 많을 것이다. 베이징에는 크고 작은 기업, 합자기업, 개인소유기업, 다국적기업이 너무도 많기 때문이다. 그렇지만 화이트칼라의 형성 단계를 말한다면, 그것은 야유에 가까운 과장일 뿐이다.

화이트칼라는 베이징에서 독특한 족속으로, 젊은이들이 직장을 구할 적에 가장 선호하는 부류이다. 보통 샐러리맨보다 임금이 몇 배나 높고, 게다가 비즈니스 빌딩의 격조 있는 업무 환경, 전국과 오대양 육대주를 넘나드는 시야, 심신을 활기차게 만드는 자긍심이 있기 때문이다.

그렇지만 베이징의 화이트칼라가 모두 TV에서 보는 것처럼 그런 모습이라고 생각한다면 그건 오산이다. 화이트칼라 여성이 모두 선녀처럼 아름다운 것은 아니며, 남성도 모두 멋지고 호방한 것은 아니다. 양복에 넥타이를 맨 남성이나 투피스를 입은 여성은 멋지고 근사하지만, 사실 그들은 고달프다. 한 사람 한 사람이 모두 태엽을 바짝 조인 자명종과 같고, 끊임없이 돌아가는 팽이와도 같다. 그들에게는 커다란 철밥통을 함께 나눠먹는 가뿐함과 느긋함이 없다. 그들이 먹는 것은 지식의 밥이고 청춘의 밥이다.

그들은 진지하고 스마트하게 일하며, 개인의 능력을 펼친다. 여가를 즐기면서는 기꺼이 지갑을 열어서 평범한 샐러리맨들을 놀라게 한다. 그들은 금전으로 짧은 휴식과 여유를 산다. 그들에게 있어서 일은 일이고 휴식은 휴식이다. 돈을 버는 것은 소비하기 위한 것으로, 저축하기 위해 돈을 번다던 지난 세대와는 생각이 다르다. 그들은 당당하게 살아간다.

그런데 자세히 살펴보면, 그들은 남성과 여성의 생각과 행동이 전혀 다르다. 똑같은 베이징의 화이트칼라이기에 꽃받침과 꽃가지는 같지만, 피는 꽃은 사뭇 다르다.

남성의 주머니에서 현대적인 것은 신용카드, 달러, 엔화이고, 인민폐는 가장 기본적인 것이다. 여성의 핸드백에는 티슈, 화장품 따위가 들어 있는데, 립스틱과 파우더 퍼프는 기본으로, 수시로 화장을 고친다.

남성은 돈만 있으면 무엇이든 할 수 있다고 생각하고, 여성은 젊음만 있으면 무엇이든 얻을 수 있다고 믿는다. 남성은 돈이 있고 찬스가 더해지면 거칠 것이 없다고 믿는다. 여성은 청춘이 있고 아름다운 용모가 더해지면 공략하지 못할 것이 없다고 믿는다.

남성은 여가 시간에 고급 호텔에서 볼링을 치고 교외에서 골프를 즐기는데, 이는 여유 있는 소일거리이자 부유함의 상징이다. 여성은 여가 시간에 헬스클럽을 즐겨 찾는데, 헬스는 사우나처럼 고급 소비의 하나이다. 하지만 금세 떠나갈 청춘을 붙들기 위해서, 아름다운 몸매를 가꾸기 위해서, 비용을 들이는 것은 가치가 있다고 믿는다. 여성의 청춘과 몸매는 아름다움의 보완이고, 한 폭 그림의 바탕색이다.

남성은 돈이 생기면 승용차를 가장 사고 싶어한다. 당장 승용차를 구입하지는 못하더라도 운전을 미리 배워두려는 사람이 강에 물고기를 풀어놓은 것처럼 많다. 때문에 베이징에는 크고 작은 운전학원이 성업 중인데, 운전을 배우는 사람 대부분이 이런 부류들이다. 그들은 자동차가 먼 훗날의 꿈이 아니라는 사실을 깨달았다. 여성은 돈이 생기면 옷을 사려고 한다. 베이징에서는 아무리 비싼 옷이라도 팔리지 않아서 걱정하지는 않는다. 지갑에 돈이 두둑하기에 가격에 연연하지 않으며, 디자인이 참신하고 마음에 들면, 그들은 기꺼이 기품과 스타일을 입는다. 남성이 먹고 마시고 노는 데에 돈을 쓴다면, 여성은 고급 패션숍에 돈을 갖다 바친다.

물론 화이트칼라 가운데는 남녀를 불문하고, 어떻게 하면 자신의 생활을 유쾌하게 할 수 있을지, 어떻게 하면 자신의 삶을 의미 있게 만들 수 있을까를 진지하게 생각하는 사람도 많지만 무겁고 철학적 맛이 풍기는 그런 것을 원치 않는 사람도 많다. 그들은 대학의 철학 시험지는 이미 교수에게 제출했다. 남성은 아름답고 부드러운 아내감을 찾는 데에 많은 관심을 기울인다. 썩 예쁘지는 않더라도 다정하고, 그다지 부드럽지는 않더라도 매력적인 애인이 한두 명쯤 있으면 더욱 좋다. 그러나 여성은 외국인 신랑을 얻어서 타국에서 서구식 생활을 하는 꿈을 꾼다.

남성이 간직한 이런 생각은 산산조각나기 일쑤여서, 바람처럼 나부끼고 구름처럼 흘러간다. 여성은 상사에게 때때로 성희롱을 당하지만 속으로 분노를 삭이고, 산더미처럼 쌓인 업무에다 이런저런 신경 쓸 일로 눈코 뜰 새가 없다. 자신이 마치 드넓은 바다에서 항구를 찾아 헤매는 배처럼 느껴진다. "인생은 양파와 같아서 한 겹씩 벗기다 보면 끝내 눈물이 난다."는 서양속담처럼, 눈물이 날 때쯤이면, 청춘은 멀리 떠나갔고 화이트칼라의 삶과도 작별해야 한다는 사실을 모른다.

지금 그들의 불길 같은 청춘은 활력과 욕망으로 넘친다. 그들은 미래보다 현재를 중요하게 여긴다. 그래서 베이징의 화이트칼라는 남자이든 여자이든 현재 시제에서 이목을 집중해 정보를 얻고, 현재 시제에서 손을 뻗어 사방의 네트워크에 접속하여, 평범한 사람들과는 다른 인생을 꿈꾼다.

베이징의 화이트칼라는 베이징의 창공을 나는 연처럼, 아름답고 화려해서 사람들의 부러움을 산다. 그렇지만 그들은 창공을 나는 진짜 새가 아니다. 그들의 돈은 그들 자신이 끌고 가는 것이 아니라 회사와 운명이 끌고 간다.

11 지하철에서 신문 보기

둥차오董橋[38]는 "습관과 편견은 두려우면서도 재미있는 것이다. 런던에서 아침마다 기차를 타고 시내로 들어갔는데, 영국인은 기차에서 보는 신문으로 어렵지 않게 신분을 판단할 수 있었다."고 하였다. 그의 관찰은 아주 예리하다.

아침시간에―또는 저녁시간에― 지하철을 타고 출근하는 베이징인도 그들이 보는 신문으로 신분을 짐작할 수 있다.

드라마나 영화 관련 신문을 즐겨 보는 부류는 젊은이가 많은데, 특히 여성이 많다. 허무맹랑한 스타의 꿈을 더 이상 꾸지는 않더라도, 그녀들은 스타의 은밀한 소문이나 감춰진 사실에 대해 여전히 관심이 많다. 한창 잘 나가는 스타에 대해서는 속속들이 꿰고 있고, 마치 친척이라도 되는 것처럼, 다정한 태도를 내보인다.

스포츠 신문이나 축구신문을 보는 부류도 젊은이가 많은데, 특히 남성이 많다. 지금 축구를 보지 않고 스포츠에 무관심한 남자는 그야말로 과거 문화대혁명 당시에 '혁명革命'이니 '투사비수鬪私批修'[39]니 하는 말을 입에 올리지 않는 것처럼, 생각조차 할 수 없다. 축구를 비롯한 모든 스포츠는 그들에게는 언제 먹어도 새롭고 아무리 먹어도 물리지 않는 제철 채소처럼 영원한 것이다.

미용이나 헬스 신문을 보는 부류는 대부분 중년 여성이다. 지나간 젊음에 대한 상실감 때문에 그녀들은 이런 신문을 본다. 신문에 실린 젊고

---

38) 1942~. 본명은 둥춘줴(董存爵). 홍콩의 언론인, 시사평론가, 출판인. 현재 홍콩 「핀궈일보(蘋果日報)」 사장.
39) "프롤레타리아 사상을 진작하고 부르주아를 없앤다."는 의미의 '흥무멸자(興無滅資)'에서 나온 말로, "개인적 이기심을 버리고 수정주의와 자본계급을 비판한다."는 말이다.

아름다운 여성의 사진과 비교하면서 물처럼 흘러간 자신의 청춘을 추억하고, 눈가의 주름과 아랫배의 지방을 제거한 꿈같은 세상을 그린다. 이런 신문을 보면서 자신을 위안하고, 또 자신의 생명에게 불만을 쏟아내게 한다.

금융과 증권 신문을 보는 부류는 대부분 교육수준이 높은 중산층이다. 그들이 반드시 많은 주식을 보유하고 있는 것은 아니지만, 그들은 국가경제의 거시적 조정에서부터 가정주부의 장바구니 물가에 이르기까지, 두루 관심을 갖고 있다. 그들은 붐비는 지하철에서 이런 신문을 봄으로써 세상일을 자신의 임무로 여기는 그런 열정을 솟아나게 한다.

주말신문을 보는 부류는 대부분 문학애호가이다. 앞쪽에 문학특집란이 있기 때문이다. 지난날의 화려한 망토를 벗어던진 짧고 통속적인 문학작품은 마치 새가 평민의 집에 날아들어서 지저귀는 것처럼, 그들과 무릎을 맞대고 이야기를 나눈다.

다이제스트 신문을 보는 사람은, 대부분 기관의 간부이다. 그들은 대개 시간적으로 여유가 있어서, 한 장의 다이제스트 신문에서 세계의 풍운에서부터 시시콜콜한 일상사까지, 대양의 반대쪽에서부터 자기 집 뒷마당의 일까지 두루 훑어서, 즉석에서 흉중에 오대양이 출렁대고 육대주가 진동한다. 이런 신문은 마치 연중무휴로 펼쳐지는 장기공연과도 같다.

만화신문을 보는 부류는 노소가 뒤섞여 있다. 건강신문을 보는 부류는 남녀를 가리지 않는데, 모두들 성생활을 다룬 기사를 가장 먼저 훑어본다. 패션신문을 보는 부류는 여성들이고, 레이싱신문과 군사신문을 보는 부류는 남성들이다. 컴퓨터신문을 보는 사람은 중고등학생이 많고, 동화신문을 보는 사람은 주로 초등학생이다. 식품신문을 보는 부류는 수시로 고급 호텔에 드나드는 사람이거나 고급 호텔에는 한 번도 가보지 못한 사람이다. 쇼핑신문을 보는 부류는 지갑이 두둑한 사람이거나 아니면 지갑이 가벼운 사람이며, 또 짝퉁물건을 사려고 하거나 아니면 정품매장을 찾으려는 사람들이다. 음악신문을 보는 사람은 마니아나 준準마니아가 많은데, 고급 음향기기는 너무 비싸고 해적판 CD가 거리에 넘친다고 욕설을 퍼붓는다. 우표신문을 보는 사람은 우표수집가와 우표판매자가 섞여 있고, 법률신문을 보는 사람은 대개 지하철에서 범죄자를 보고서도 선뜻 나서지 못한 경험이 있는 사람이고, 부동산신문을 보는 사람은 부동산을 개발할 능력이 없거나 자기 소유의 주택이 없는 사람일 것이다. 독서신문을 보는 사람은 도무지 쓸모가 없는 학자들이고, 「참고소식參考消息」[40]을 보는 사람은 영원히 융통성이 없는 중하급 간부들이다.

베이징에는 지하철역마다 신문판매대가 있는데, 만국기처럼 나부끼고 벌처럼 날아서 객차의 승객에게 전해진다. 전국의 숱한 신문이 지하철 객차에 모여들어 사람들의 다양한 입맛에 맞춰 원하는 신문을 볼 수 있게 한다. 베이징인이 신문을 보는 것은 당당한 볼거리이다. 그러나 지하철에서 「런민일보人民日報」[41]나 「베이징일보北京日報」[42]를 보는 사람은 찾아보기 어렵다. 지하철을 벗어나면, 직장에서 이들 신문을 정기구독하기 때문에, 지하철에서 보는 신문 목록에는 등장하지 않는 것이다.

---

40) 1931년 외국 매체의 기사를 모아 주요 지도자들에게 보고하던 '매일전신(每日電訊)'에서 비롯된 신문으로, 현재 신화사(新華社)에서 하루 320만 부를 발행한다.
41) 1948년 창간된 중국공산당의 공식 기관지. 1985년 이후로 중국어 이외에도 영어, 일본어, 프랑스어, 스페인어, 러시아어, 아랍어 등 7개 언어로 발행한다.
42) 1952년에 창간된 중국공산당 북경시위원회의 기관지이다.

12 베이징의 작가

베이징은 작가를 많이도 길러낸다.

무언가를 써내는 사람이면 철학자, 사학자, 미학자 등으로는 부르지 못하고 '작가'라고 부른다. 머리에 이[虱]가 많으면 가려운 줄 모르는 법이다. 지금 베이징에는 '작가'가 물고기를 풀어놓은 것처럼 많다고 할 수는 없지만, 건물이 밀집한 지역이면 밤늦도록 꺼지지 않는 불빛 아래에서 한 사람 또는 몇 사람의 작가가 펜을 끌쩍대며 세상을 깜짝 놀라게 만들려고 하거나 통속적인 작품을 쓰고 있다.

베이징에는 전문적으로 작가를 양성하는 기구가 있다. 루쉰문학원魯迅文學院[43]은 그 가운데 대표적인 곳이며, 몇몇 대학교에 개설된 작가반作家班도 그런 곳이다. 또 잡지사나 신문사가 개설하는 각종 명목의 창작교실에서는 수강료를 받는데, 수강료는 물론 작가의 지명도와 비례한다. 그래서 달걀이 부화하여 병아리가 되거나 복사기로 복사하는 것처럼, 작가가 대량으로 배출되는 것이다.

지금 베이징의 작가는 조금은 불운해 보인다. 노벨문학상은 꿈에 지나지 않고 지명도가 아무리 높다고 해도 고작 TV 드라마나 끼워 맞추고, 단막극이나 쓰고, 유행가 가사나 만지작거린다.

베이징의 작가는 일찍이 엄숙하고 진지한 열기로 가득한 적이 있었다. 작품 하나가 전국적으로 퍼져나가는 빠른 속도와 맹렬한 기세는 예전에 최고지도자의 지시로 하룻밤 사이에

---

43) 딩링(丁玲)을 비롯한 옌안(延安) 출신 혁명 작가들의 청원에 따라 1949년에 설립한 작가양성기구로, 지금까지 많은 신진작가와 편집자를 배출했다.

창강長江의 남북으로 퍼져나간 문화대혁명의 열기에 결코 뒤지지 않았다. 그래서 베이징의 작가는 만족스러웠고, 천당의 소파에 앉아서 남들이 바치는 크림 케이크를 먹으며 물에 불린 미역처럼 배가 부풀어올랐다.

지금 베이징의 작가는 엄격하게 구분된다. 관료가 되려는 사람은 관료가 되고, 돈벌이를 하려는 사람은 돈벌이에 나선다. 관료가 되는 사람은 문학을 출세의 수단으로 삼는다. 문학의 노예이던 자신이 발탁되어 문학을 자신의 노예로 삼고, 문학이 영원히 가져다줄 수 없는 권세를 누린다. 돈벌이를 하는 사람은 대박의 꿈을 꾸면서 "간접적으로 나라를 구한다."는 얼토당토않은 소리를 늘어놓는다. 큰돈을 손에 쥐면 다시 문학에 손을 대는데, 마치 수중에 제법 돈이 모이면 고양이나 진귀한 새를 사서 기르는 것과 다르지 않다. 물론 이런 두 부류는 소수에 지나지 않는다. 많은 이들은 문학이라는 나무는 화려한 시절은 지났기 때문에 이제 이 나무를 에워싸는 것은 어리석은 짓이라는 사실을 알고 있다. 그래서 새는 숲으로 날아들고 귀신은 무덤으로 돌아가고 신령은 사당으로 돌아간다.

전국의 문화 중심에서 태어난 베이징의 작가는 항상 중심이라는 자부심이 있어서 푸대접받거나 남들에게 잊혀질 것을 두려워한다. 그래서 늙어서 쓸모가 없어지기 전까지는 어린 새가 날갯짓하듯, 한물간 유명 배우와도 같은 느낌으로 날갯짓한다. 하지만 아무도 갈채를 보내지 않는 처량함은 잘 나가던 시절과는 달라도 너무 다르다. 이에 마지못해 하룻밤을 넘긴 남은 음식을 쓸쓸히 내던진다. 라디오방송에 발을 들여놓고, TV 방송국을 기웃대고, 문학과는 상관없는 각종 모임에 뻔질나게 얼굴을 들이밀어, 진열하고 말하는 소품이 되어 자신을 드러낸다. 카메라의 현란한 렌즈 앞에서는 차를 마시며 펜을 들고 책상에 앉아 있는 고독한 모습보다는 훨씬 근사한 모습이어야 한다. 고독함을 견디지 못하고 모습을 드러내기를 갈망하는 작가는 햇살이 눈부신 이른 아침에 새장을 빠져나와 날아오른다.

지금 베이징의 작가는 외지 작가의 영향을 받아서—외지의 작가는 베이징의 작가가 앞장서 기풍을 조장했다고 말한다.— 자신의 프로필을 대중에게 내보이기를 좋아한다. 신문·잡지·신간 서적의 속표지나 겉표지에서는 작자의 사진을 볼 수 있는데, 그 자체는 비난할 바가 아니지만, 10년도 넘은 사진을 마치 최근에 찍은 것처럼 싣고, 게다가 온갖 교태를 부리거나 인위적으로 고쳐서 표지 모델과 다툼으로써 독자의 호기심을 충족시키고, 나아가 내심에 꿈틀대는 스타의식을 충족하는 것은 정말 꼴불견이다. 작가는 스타가 아니다. 작가의 사진이 아무리 근사해도 스타에 필적할 수는 없다. 스타는 얼굴이 필요하지만 작가에게 필요한 것은 펜이다. 작품이 기치를 드날릴 수 없다면, 깃대에 매달린 숱한 사진은 한갓 기저귀처럼 가련하고 가소로울 뿐이다.

베이징의 작가는 먹고 마실 기회가 많다. 외부의 원고 청탁, 기업의 초청강연, 크고 작은 시상식 등 먹고 마실 명목은 많다. 원고료는 높지 않고 고급 호텔은 너무 비싸서, 닭을 빌어 알을 낳는 것은 베이징 작가에게는 부득이한 것이다. 평소 갖기 어려운 자리가 어찌어찌 마련되면, 베이징의 작가는 기량을 펼친다. 여자는 과감하게 차려 입고 남자는 과감하게 먹는데,—물론 모두가 그런 것은 아니지만—그런 장소에서 볼거리는 언제나 두 가지뿐이다. "이백이 술 한 말에 시 1백편을 읊은"(李白斗酒詩百篇) 식이면 공로를 마신 셈이고, "돈이 없어서 글을 팔아서 술을 마시면"(無錢買酒賣文

徽) 은근한 맛을 마신 셈으로 친다. 좋은 글은 쓰지 못하고 공금으로 먹는다면, 위세를 내세우며 오직 술잔에만 시간과 정력을 쏟는다. 차림새는 더욱 가관이다. 사람은 옷을 입고, 말은 안장을 올리는 것이 당연한 일이다. 나이가 들어도 치장하기 좋아하는 사람은 청춘을 되찾은 것처럼 눈부신 빛을 발산하는데, 우아한 자태의 중년 부인이 사랑에 처음 눈을 뜬 어린 소녀처럼 차려 입은 모습은 꼴불견이다.

베이징의 작가는 자신을 마케팅할 줄 안다. 출판사는 작가보다 더 영리하다. 때로는 책을 내기가 아이를 낳기보다 어려워서, 열 달 동안 뱃속에서 키운 아이가 죽는 경우도 드물지 않다. 수완이 있는 사람은 예술적 맛은 없지만, 기업인을 물주로 끌어들여 손쉽게 광고문학을 써댄다. 하지만 독서를 많이 한 사람은 '재주는 작품 밖에 있다'는 사실을 깨닫지 못하고, 자비를 보태 책을 내거나 직접 인쇄소를 드나들며 책을 찍기도 한다. 그렇게 찍은 1천 권도 넘는 책을 비좁은 집에 수박이나 배추처럼 쌓아놓고, 죽기 살기로 판매에 열을 올린다.

베이징의 작가는 자기 작품이나 남의 작품에 대한 평론모임에 참석하기를 좋아한다. 평론모임은 분명 필요한 것이다. 문학은 토론이 필요하다. 하지만 평론모임은 상품이나 기자회견이 아니다. 능력도 없이 머릿수나 채우거나, 남의 견해에 장단이나 맞추거나, 정오가 되기를 기다려 오찬이나 즐기는 것도 아니다. 이런 평론모임은 마치 기자회견처럼, 뼈다귀를 던져서 강아지를 유인한다. 남에게 무언가를 받으면 자기 뜻대로 말할 수가 없고, 남에게 신세를 지면 날카로운 비판을 할 수 없기에, 평론모임은 술기운과 함께 온갖 덕담을 토해 낸다. 사실 베이징의 작가는 지갑이 얇아서 남의 작품에 대한 평론모임에 나갈 수밖에 없다. 그래서 아무리 먼 고장의 무명작가라도, 비용만 부담할 수 있다면, 베이징에 들어와 의장용 단상에 앉아서 참가자의 갈채를 받을 수 있고, 형편없는 작품도 아름다운 꽃을 피우는 평론모임에 등장할 수 있고, 아무리 고위직이고 아무리 주목받는 기자이고 아무리 잘나가는 평론가라도 한 솥에 넣고 끓여서 음식상에 올릴 수 있다.

그러나 베이징의 작가가 모두 그렇지는 않다는 사실을 잊지 말라. 늙은이들은 공룡 같은 거드름에 기댈 수 있고, 젊은이들은 자신의 재주를 뽐낼 수 있으며, 어중간한 연배는 젊은이들은 추켜세우고 늙은이에게는 아첨할 수 있다. 늙은이들은 감투를 쓰고 '장長'이 될 수 있는 살아있는 화석이므로, 번지르르한 말로 아첨하기를 주저하지 말라. 필요하다면 무릎을 꿇고 안부를 묻는 것도 마다하지 말라. 해바라기가 해를 향하는 것처럼 움직인다면, 여러 해가 지나면 며느리에서 시어머니가 되고, 자신도 모르게 태양이 되어 있을지도 모른다.

베이징의 작가가 '유머러스'하다는 점은 정말 이해가 되지 않는다. 짧은 잡문 하나 쓴 적이 없어도 놀랍게도 '작가'라고 불리고, 더욱이 '유명작가'라고 불리는 경우가 허다하다. 연화좌에 앉은 것처럼 단상에 앉아서, 지칠 줄 모르고 왼쪽 어깨를 휘저으며 사람들을 가르치려 든다. 그들의 이름은 이제 짧은 잡문에서도 찾아보기 어렵지만, 각종 모임 참석자의 명단에는 항상 끼어 있어서, 마치 승용차의 미등처럼 반짝이며 자신의 존재를 일깨워준다.

물론 그런 작가는 소수일 뿐이지만, 그렇더라도 그들은 작가라는 타이

틀을 내걸고 있다. 하지만 이상할 것은 없다. 문단도 사회와 마찬가지로 결코 깨끗한 적이 없었기 때문이다. 베이징의 수풀은 넓어서 온갖 새가 다 있다.

13 유년기가 없는 아이

베이징의 아이들만 그런 것은 아니지만, 응석받이로 커서 버릇이 잘못 든 요즘 도시아이들은 자신이 세상에 둘도 없는 왕자나 공주라고 생각한다.

현대화된 도시는 분명 그들을 응석받이로 키웠다. 특히 베이징 같은 대도시에서는 말이다. 어려서부터 삿포로나 키슬링의 케이크를 먹고, 농축과즙이나 스페인 풍미의 핫초코를 마시고, 게임기를 가지고 놀고, 심지어 젖꼭지조차도 수입품이 아니면 합작회사에서 생산한 것이다. 서양식 입맛에 길들여지고, 서양식 놀이에 익숙해지고, 서양식 차림새를 하지만, 안타깝게도 누리끼리한 피부와 검은 눈동자만큼은 바꿀 수가 없다.

모든 비용은 부모가 일해서 벌었거나 그보다 윗세대 어른들이 구두쇠 짓을 하여 모은 것이다. 두 세대 사람들은 엄청나게 고생했다. 한 세대는 중국이 건국되기 이전 세대이고, 또 한 세대는 문화대혁명 세대이기에, 그들은 아이에게 갑절로 보상하면서 열을 받는 수은주처럼 언제까지나 올라갈 것이라고 기대한다. 아이는 모든 것이 본래부터 그런 줄 알고, 조금이라도 마음에 들지 않으면 데굴데굴 구르고 억지를 부리고 집을 뛰쳐나간다. 아이의 소비는 모두 먹고 살 만한 수준으로 앞당겨졌다. 아이의 볼은 통통하고 주머니는 두둑하다. 야외로 놀러 갈 때의 차림새는 언제나 멋지다. 하지만 그들의 능력을 보면, 혼자 거리에 나가면 차에 부딪힐까 걱정하고, 물건을 사러 가면 속을까 걱정하고, 밤길을 가면 나쁜 사람을 만날까 걱정하고, 심지어 학교에 가고 시험공부를 하는 데도 부모가 거들어야 한다. 응석받이가 된 도시의 아이들은 엄지공주처럼 영원히 성인이 되지 못한다.

 그런 상황을 조장하는 일부 부모는 도저히 이해할 수 없다. 그들은 아이를 너무 일찍 어른의 세계로 내밀려고 한다. 아이는 부모가 조종하는 트랜스포머처럼 마음대로 커졌다가 작아졌다 할 것만 같다. 아이는 넓은 아트백과 커다란 피아노 앞에 있고, 부모는 그런 자식이 훌륭한 인물이 되기를 바라면서 문밖에서 힘들게 기다리는데, 금세라도 아이는 피카소가 되고 모차르트가 될 것만 같다.

 그리하여 아이의 유년시절은 학습만 남고 놀이는 부족하다. 그들은 시골아이들처럼 옷을 벗어던지고 개천에 뛰어들어 물놀이를 할 수도 없고, 산골아이들처럼 산꼭대기에 있는 나무에 기어올라 새알을 훔치지도 못한다. 초등학교에 입학하면 부모는 대학을 겨냥하고, 아이는 어른의 과녁에 맞춰져서 부모가 시키는 대로 아침 일찍 일어나 밤늦게 잠들기까지 공부하고 시험을 치르며, 태엽을 바짝 조인 자명종처럼 긴장된 선회를 시작한다. 도시에 의해서 응석받이가 되어버린 아이들은 견디기 힘들다. 부모도 고단하지만 아이는 부모보다 더 고단하다.

 나의 아들은 초등학교에 입학했을 때, 갑자기 탁구에 미쳐서 수업이 끝나도 돌아올 줄 몰랐다. 아이가 마원거馬文革[44]처럼 될 가능성은 없었기 때문에 나는 아이가 탁구에 매달리는 시간을 줄이고 대신 공부에 관심을 갖기를 원했다. 아이가 탁구 연습을 하고 돌아오면, 나는 아이에게 좋은 내색을 하지 않았다. 아이는 일기에 이렇게 썼다.

44) 1968~. 중국이 낳은 세계적 탁구 스타. 1989년부터 1993년까지 주전으로 활약하며 중국 남자탁구의 중흥을 이룩했다.

놀 줄 모르는 사람은 공부도 할 줄 모른다. 선생님과 어른들에게 '노는 데 미쳤다'는 말은 듣고 싶지 않다. 훌륭한 선생님과 훌륭한 학부모도 어린 시절이 있었고, 또 어린 시절이 그리울 때가 있을 것이다. 세상은 노는 것 때문에 발전한다. 그러니 노는 것도 배우고 공부도 배워야 한다. 자유롭게 뛰어노는 어린 시절이 있어야 자유로운 청춘도 있다.

응석받이가 되어버린 도시의 아이가 반항하면, 부모는 놀라서 쩔쩔맨다. 부모는 심리적 평정을 유지하지 못하고 눈물을 뚝뚝 흘리며 부모의 마음을 몰라주고, 부모의 노고를 몰라준다며 아이를 나무란다. 아이는 완강히 대들며 그건 부모의 책임이라고 할 것이다. 부모는 기가 차서 이렇게 말한다. "도대체 너는 몇 살인데 아직도 철들지 못하는 게냐?" 또 이렇게 말한다. "이만큼 자랐으면서 어째서 아직도 철이 들지 않느냐?" 아이는 부모 앞에서 커졌다가 작아졌다 하면서 나이 개념은 완전히 흐트러지고, 부모도 자신의 아이가 도대체 몇 살이나 되었는지 잊어버린다.

아이가 보이는 반응은 응석받이가 된 데에 대한 일종의 반항이다. 아이는 습관은 사랑과는 다르다는 사실을 일깨워준다. 아이가 영원히 자라지 않을 것이라고 착각하거나 아이를 너무 일찍 애늙은이로 만들지 말아달라고 요구할 것이다. 그들은 아직 아이라는 사실을 기억하라. 그리고 자신도 일찍이 아이였다는 사실을 기억하라. 수시로 어린 시절을 살피고 추억하기란 복잡한 세상살이에서 결코 녹록하지 않다.

베이징의 학부모는 상업에 종사하는 것을 천박하게 여기고 상급학교에 진학하는 것이 좋다고 생각한다. 그래서 압력을 높여서 아이를 압박하고, 아이와 함께 멈추지 않고 돌아가는 팽이가 되었다.

베이징의 아이는 대부분 어린 시절이 없다.

베이징의 부모는 대부분 어린 시절을 잊었다.

14 노인의 풍경화

갈수록 고령화되는 사회에서, 도시의 노인은 한 폭의 풍경화이다. 베이징은 이미 세계에서 평균 연령이 가장 높은 도시의 대열에 들어섰다. 평균 수명은 이미 70세를 넘어섰다.

사람은 늙으면 바람 앞에 놓인 등불처럼 된다. 지난날은 비장했든 영광스러웠든, 이미 절반 넘어 넘긴 페이지가 된다. 그들이 가장 갈망하는 것은 이해이고, 가장 필요한 것은 관심이다. 어느 집 자식은 효성스럽다거나 어느 집 자신은 불효막심하다거나 하는 소식을 종종 접한다. 많은 노인들은 만년의 희망을 자녀에게 부친다. 이에 두 세대 사이에는 노인과 관련된 드라마가 늘어난다. 러시아 투르게네프의 「아버지와 아들」[45]이 나왔고, 일본 아리요시 사와코의 「꿈꾸는 사람」[46]이 나왔고, 미국의 「황금연못」[47]이 나왔으며, 또 스웨덴의 「가을 소나타」[48]에서는 노년의 잉그리드 버그만이 일생에서 마지막 배역으로 노인역을 열연했다.

노인이 만년의 희망을 자녀에게 부치는 것은 사실 비애이다. 아무리 효성스러운 자식이라도 자신이 노인인 것은 아니기 때문에 노인을 대신하여 모든 것을 생각할 수는 없다.

---

45) 「Ottsy I Deti」. 바자로프라는 주인공 부자(父子)를 통해 세대 간에 서로 다른 관념적 갈등을 객관적으로 묘사한 작품.
46) 「恍惚の人」. 일본에서 전후 경제부흥이 절정에 달한 1972년에 발표되어 사회적 반향을 일으킨 문제작. 치매에 시달리는 시아버지를 간호하는 며느리의 이야기를 담은 소설로, 치매를 사회문제로 부각시켜 노인복지에 크게 기여하였고, 영화화되기도 하였다.
47) 「On Golden Pond」. 마크 라이델이 감독을 맡고, 캐서린 헵번과 헨리 폰다가 주연을 맡아 미국 유니버설 픽처스가 1981년에 제작한 영화.
48) 「Autumn Sonata」. 잉마르 베르히만의 후기 대표작으로 1978년에 개봉한 영화. 잉그리드 버그만, 리브 울만, 레나 니만이 출연한 이 영화는 서로 증오하는 어머니와 딸의 이야기를 담았다.

게다가 대다수 자녀는 그다지 효성스럽지 않다. 도시의 노인들은 이런 사실을 헤아리고, 희망을 자녀에게서 다른 곳으로 옮긴다. 일찍이 권세를 잡았던 노인은 남은 정력을 사방으로 발산하는데, 자신을 찾는 발길이 뜸해질까 염려하면서 남들이 자신을 기억하기를 바란다. 각종 시상식이나 기자회견 같은 이런저런 자리에서 그런 사람들을 여러 차례 본 적이 있는데, 그들은 한 장소에 달랑 몇 분 정도만 얼굴을 보이고 이내 다른 곳으로 달려갔다. 그들의 만년은 '화웨이선생華威先生'[49]보다 더 바쁘다. 그들의 역할은 현직에 있을 때와 다르지 않다. 물론 적막해진 사람도 있다. 그들은 믿던 것을 한순간에 잃고서 하릴없이 집에서 시간을 보낸다. 지난날 울창하던 모습은 꿈으로만 남았고, 속이 비어버린 고목처럼 되었다.

베이징의 노인 대부분은 이런 부담이 없다. 그들은 유유자적하게 바둑이나 서화書畵를 즐기고, 황혼의 조시鳥市에 마음을 맡기고, 이른 새벽의 공원에 감정을 부친다. 그들이 열중하는 것은 기공氣功보다 더한 것이 없는데, 어떤 스타일의 기공이라도 그들은 믿고 익힌다. 그들은 젊은 시절보다도 오히려 일찍 일어나고 늦게 잠든다. 또 고통과 어려움을 참아내고, 고생을 참으며 공부할 줄 안다. 공원이나 거리에서 노인들은 스스로 팀을 만들어 음악 반주에 맞추어 춤을 추고, 기공을 예술로 승화시키고 생명과 조화시키지만 그다지 생기발랄함은 없다. 게다가 일부 뻣뻣하고 느릿느릿한 손짓과 발짓으로 춤추는 모습은 소슬한 가을바람에 흔들리는 시든 고목과도 같아서, 생명의 소중함을 느끼게 만든다. 기공에 관한 책은 날

---

[49] 중국의 현대 작가 장톈이(張天翼)의 단편소설 제목이자 주인공 이름. 1938년 발표한 작품으로, 회의·연설·연회에 분주히 쫓아다니는 국민당(國民黨) 관료 화웨이(華威)의 모습을 과장된 필치로 담아냈다.

개 돋친 것처럼 팔려나가고 기공사는 노인들의 지도교사가 된다. 물론 가짜 기공사도 활개를 친다.

정오 무렵, 거리에는 고독한 노인들이 담장 모퉁이에 기대어 햇볕을 쬐는 모습이 보인다. 그들은 미동도 하지 않고 서로 대화도 없다. 노인이 측은하다는 생각이 들고, 모파상의 소설에서 젊은 시절에 추던 궁정 무용을 추고 나서 서로 끌어안고 눈물을 흘리는 노인의 모습이 떠오른다. 세상사를 실컷 경험한 노인들은 이 순간 나를 가소롭다는 듯이 쳐다본다. 노인들은 마음은 쓸쓸하지만 누가 동정하는 것은 원치 않는다. 이해한다는 것은 너무 지나친 표현이다. 그래서 나는 노인의 주름진 얼굴을 감히 쳐다보지 못한다. 흐리멍덩하지만 기실 노련한 그들의 눈은 더욱 그렇다.

도시의 노인은 도시의 젊은이와 함께 있으면 가끔씩 어울리지 않는 장면을 연출한다. 베이징의 한 화보畵報에서 빨간 하이힐에 헐렁한 면바지를 입은 젊은이와 지팡이에 몸을 기댄 노인의 모습을 함께 담은 컬러 사진을 본 적이 있고, 공원 벤치에서 뜨겁게 키스하는 젊은 연인 곁에서 다른 곳을 멍하니 바라보는 노인의 모습을 담은 흑백 사진을 본 적이 있다. 노인과 젊은이는 함께 카메라에 잡혀서 예술이 되었지만, 현실생활에서 노인과 젊은이는 조화를 이루지 못하는 경우가 많다. 젊은이는 자신의 뜨거운 청춘 때문에 노인에게 소홀할 것이고, 노인은 젊은이가 걸친 새롭고 기발한 차림새가 마음에 들지 않는다. 예술과 생활은 노인과 젊은이를 어울리지 못하게 만든다. 그리고 그런 부득이함은 인생의 영원한 주제가 된다.

노인의 비애는 젊은이보다 많은 나이에 있는 것이 아니다. 나이는 부담일 수 있고, 생명이 끝나간다는 신호이지만, 또한 재산일 수도 있다. 노년이 결코 생명의 결속을 기다린다는 의미는 아니며, 생명의 코다를 창조한다는 의미일 수도 있다. 노인을 슬프게 하는 것은 그저 햇볕을 쬐고 있을 수밖에 없고, 기공을 연마할 수밖에 없을 뿐, 만년에 온갖 질병에 시달리면서도 굳건하게 연구를 멈추지 않은 생물학자 다윈이나 숨이 멎는 마지막 순간까지도 손에서 조각칼을 놓지 않은 조각가 미켈란젤로처럼 할 수 없다는 것이다. 물론 만년에 숲속 오솔길을 고독하게 걸으면서 깊이 사색하여 자신의 내면세계를 파헤친 「참회록」을 지은 루소와 같은 사람도 있지만 말이다.

이것이 도시 노인의 풍경화이다. 이것은 "지는 석양을 바라보니 마음은 오히려 굳건해진다."(落日心猶壯)는 경지이며, 세상에 남기는 저녁노을의 찬란함이다.

15 실성한 것 같은 오빠부대

가수가 베이징의 가요 시장을 점령하지 못하면 히트하기가 어렵다. 그러므로 베이징의 오빠부대를 결코 과소평가하지 말라. 그들은 유행곡의 인기 차트를 좌지우지할 뿐만이 아니다.

그들이 모두 10대의 어중간한 사내들과 꽃다운 사춘기 소녀라고만 생각하지 말라. 그들은 모든 라디오와 TV 방송의 핫라인을 점거하고 있을 뿐만이 아니다.

그들이 패션보다도 더 빨리 자신이 추종하는 스타를 변덕스럽게 바꾼다고 나무라지 말라. 그들은 한 사람만 청춘의 우상으로 영원히 마음에 담아두려고 생각하지는 않는다.

그들이 전국의 도시를 누비고 다니며 자신이 숭배하는 스타의 사진을 비싼 값에 사들이고, 살을 에는 매서운 바람과 몰아치는 눈보라를 맞으며 호텔 입구에서 기다려 사인 한 장을 받는다고 비웃지 말라. 그들은 한순간에 사라질지도 모를 진실한 감정을 쏟아내며 누군가 귀 기울여 들어주기를 바랄 뿐이다.

스타의 꽁무니만 쫓아다니는 것이 공부에 지장을 준다는 식의 꼼짝 못할 이유로 그들을 제지하려고 하지 말라. 그들은 한순간 공부에 지장을 받을지라도, 마음에 담고 있는 스타를 억지로 쫓아낸다면, 마음이 빈 방처럼 공허해져서 오히려 공부에 더 큰 지장을 받을 것이다.

그들의 자존심에 상처를 줄 무기를 너무 야박하게 찾지 말라. 종일 스타를 쫓아다니는데, 당신이 그럴듯한 스타처럼 되어줄 수 있는가? 그들이 추종하는 스타는 결코 눈앞의 이익에만 매달리며 스타로 자처하지는 않는다. 그들이 추종하는 스타는 대로변에서 흔히 볼 수 있는 구두수선소나 자전거포처럼 잠시 기다리면 이내 받아 갈 수 있는 그런 것이 아니다.

어른들은 마음에 지녔던 우상이 모두 부서졌는지도 모른다. 우리는 그들이 천박하게 노래나 부를 줄 알고 공이나 찰 줄 아는 스타라고 멸시할 뿐, 그들이 무엇 때문에 오빠부대에게 마음의 우상이 되는지는 이해하지 못한다. 우리는 힘이 모자라고 믿음이 부족해서 그들을 위한 새로운 우상을 만들기는커녕 오히려 그들이 스스로 우상을 찾는 것을 거칠게 막는지도 모른다.

우리는 마지막 진정마저도 녹슬고 닳아버렸는지 모른다. 그 진정을 감추고 말하기 주저하고 드러내기 두려워하는지 모른다. 세상에 남아 있는 진정을 믿지 않고 받아들이지 않고 깡그리 무시하는지 모른다. 그래서 스타에 대한 그들의 진실한 감정을 이해하거나 받아들이지 못하고, 그들이 아이라는 이유로 그들의 감정을 존중하지 않고 세속의 때가 묻은 기준으로 그들에게 감정을 숨기고 꾸미고 왜곡하라고 강요하는지도 모른다.

우리에게도 청춘이 있었다. 원숭이에서 사람으로 진화하는 기나긴 과정을, 결코 태어나자마자 완성하고 순식간에 어른이 된 것은 아니라는 사실을 일찌감치 잊었는지도 모른다. 우리는 우리가 그들보다도 더 유치했거나, 미친 듯 청춘 시절을 보낸 것을 들추기를 부끄러워하는 것인지도 모른다. 우리는 청춘의 마음은 수은과도 같아서 몹시 불안정하기 때문에 쉽게 기복과 변화가 생기고 쉽게 조수潮水처럼 열광한다는 사실을 기억하지 못하거나 보지 못한다. 우리는 지금 자신의 생각대로 그들이 자신의 복사판이 되기를 바라고, 또 청춘은 어떤 규율을 갖는지, 심리적·생리적으로 어떤 독특한 요구가 있는지 아랑곳하지 않는다. 청춘의 초원은 얼마나 푸르고 무성한지 아랑곳하지 않고, 단호하고 신속하게 통제하며, 우뚝 솟은 나무를 심어서 즉시 화려한 과실이 열리기를 바란다.

그렇다. 오빠부대를 결코 우습게 여기지 말라. 그들은 가족 전체를 뒤흔들 수 있고, 도시의 분위기를 비정상적으로 휘저을 수도 있다. 그들은 모든 것을 우습게 여기거나 숭상하는 젊은 마음으로 청춘의 바람과 청춘의 조류를 일으켜서 우리를 근심하게 할 수 있고, 또 도시를 흐르는 막을 수 없는 율동을 느끼게 만들 수 있다.

우리가 할 일은 그들을 이해하는 것이다. 그들이 좇는 스타가 노래하고 행동하는 것은 그들이 바라는 미련이자 에너지이다. 스타는 보통 사람에서 성공으로 나아가는 화려함이자 그들의 한결 같은 꿈이다. 스타를 좇고 숭배하는 것은 청춘의 자신을 좇고 숭배하는 것이다. 그것은 그들이 갈망하는 마음의 위안으로, 그들이 일상에서 즐기는 가라오케를 닮았다.

우리가 할 일은 그들을 돕는 것이다. 그들이 맹목적으로 스타를 좇기보다는 분명하고, 열광하기보다는 냉정하고, 천박하기보다는 깊이 있고, 꿈의 세계보다는 현실적인 것이 많아지게 만들고, 또 그들이 청춘의 별똥별이 지는 하늘을 뛰어넘어 청춘과 생명을 모두 바쳐서 추구할 수 있는, 세상을 비추는 밝은 별을 찾을 수 있게 돕는 것이다.

그들이 스타를 좇던 길을 되돌아보면, 우리보다 훨씬 또렷하고 투철할 것이다.

"아! 광분과 열정은 폭풍우가 지나간 하늘과 다르지 않구나!"

비가 그치고 날이 갤 무렵이면 그들은 청춘의 하늘과 생명의 우주가 얼마나 넓고 높은지 깨닫게 될 것이다. 우리는 때로 지나치게 성급하다. 우리는 때로 인내할 줄 모른다. 우리는 때로 청춘의 성장에는 시간이 필요하며, 뻥튀기처럼 한순간에 커지는 것은 불가능하다는 사실을 인정하지 않는다. 우리는 오빠부대가 좇는 스타를 본 적이 없지만, 그것은 그들의 성장에 필요한 윤활유이자 배양기培養基이다.

16 외지인

베이징은 금金나라 때에 중도中都가 되고, 원元나라 때에 대도大都가 된 이래로,[50] 베이징인 가운데는 순수한 의미의 베이징인은 없었으며 모두 외지인이었는데, 그들 외지인이 베이징을 창조하고 발전시켰다고 할 수 있다. 금나라와 원나라의 지도자는 여진인女眞人과 몽골인으로, 외지인 가운데서도 외지인이었다.

지금 베이징인은 외지인을 무시할 만도 하다. 물론 상하이인이 외지인을 멸시하는 것보다는 훨씬 온화하고 선량하고 공손하고 겸양하지만 말이다.

순수한 의미의 베이징인은 4, 50만 년 전에 살았던 저우커우뎬원인周口店猿人일 것이다. 차오위曹禺의 「베이징인北京人」에 나오는 사람들은 결코 베이징인이 아니다.

베이징은 유구한 역사를 가졌기에 뽐낼 만하고, 베이징인이 되는 것은 영광이라고 떠벌릴 만하다. 베이징인이 상하이인처럼 외지인을 드러내놓고 멸시하지 않는 것은 베이징인이 교양이 있어서가 아니라, 뼛속 깊이 더 큰 자부심을 가졌기 때문이다. 대인大人은 소인小人과 승강이하지 않는다는 태도인 것이다.

드넓은 베이징에는 제4, 제5순환도로에 이어 제6순환도로까지 만들어졌다. 사람이 사는 곳이면 어디서나 외지인을 볼 수 있고, 번화가에서는 더 흔히 볼 수 있다. 베이징의 기차역에는 '가장'이라는 말을 덧붙일

---

[50] 여진족이 세운 금나라는 지금의 베이징을 '연경(燕京)'으로 불렀는데, 1153년에 천도하면서 이름을 '중도(中都)'로 바꾸었다. 그 후 몽골인이 원(元)을 세우면서 세조(世祖) 쿠빌라이는 중도에 새로 성을 건설하고 도성으로 정하면서 이름을 '대도(大都)'라고 하였다.

수 있다. 베이징을 커다란 병에 비유한다면, 쏟아내는 물 열 방울 가운데 최소한 한 방울은 외지인이고, 어쩌면 그 이상일 것이다. 외지인은 베이징에서 베이징인보다 더 적극적으로 활동한다. 마치 수은처럼 활발히 움직이면서 병에 담긴 물과 부딪쳐 출렁대게 만드는데, 음력 3월에 불어난 도화수桃花水[51]와도 같다.

베이징에서 외지인이 가장 많이 모여드는 곳은 시장이다. 청과시장, 축산물시장, 충원문崇文門 안에 있는 둥런의원同仁醫院 앞에서 일거리를 찾는 자연발생적인 인력시장, 융딩문永定門 밖의 저장촌浙江村 발상지의 의류 도매시장 등은 특별할 것도 없다. 이런 시장에서는 일거리를 찾고 돈벌이를 할 수 있다. 고대의 도시는 기본적으로 성곽도시로, 전쟁에 대비해 만든 것이었지만, 현대의 도시는 상거래를 위해 형성된 것이다. 시장이 형성되면서 도시가 생겼고, 시장이 발전하면서 도시가 넓어졌다. 본래 융딩문 밖은 농촌지역이었는데, 의류시장이 들어서면서 사람들이 모여들었고, 베이징의 외곽지역은 더 멀리까지 확대되었다.

베이징인이 무시하는 일차적인 서비스업은 주로 외지인이 맡아 한다. 보모, 신발수선, 방범창 설치, 발코니 개조, 건축현장의 시멘트공, 작은 음식점의 종업원, 회사의 수위, 거리의 세차원, 폐품수거원, 엘리베이터 안내원 등은 외지인이 도맡는다. 외지인은 자만심은 커지고 몸은 게을러지고 맛있는 음식만 탐하는 베이징인의 속내를 정확히 꿰뚫고, 그들이 벌려고 하지 않는 돈을 벌고, 그들이 하려고 하지 않는 힘들고 더럽고 천한 일을 기꺼이 도맡는다. 외지인은 경중을 따지지 않고 위험을 마다하지 않고

---

[51] 복숭아꽃이 필 무렵에 얼음이 녹아내려 강물이 불어나는 것을 이른다.

큰 벌이든 작은 벌이든 닥치는 대로 하여 베이징인과 명확하게 대비된다.

베이징에서 기차표 영수증을 파는 사람, 자전거 도둑, 택시강도, 가짜 담배, 가짜 술, 복제테이프를 파는 사람을 비롯해 병든 닭을 구워 팔고, 고기에 몰래 물을 집어넣고, 음란서적이나 음란비디오를 복제해 팔고, 술집에서 일하는 접대부나 매춘여성 등은 대부분 외지인이다. 안타까운 것은 그들이 지하철역 입구에서 아이를 데리고 구걸을 하거나, 첸먼前門 일대에 좌판을 벌이고 똑같은 외지인의 옷깃을 붙잡고 바가지를 씌우고, 심지어 공중화장실에서 막무가내로 손을 내밀고 돈을 요구하는 사람들도 대부분 외지인이고, 맨홀 뚜껑을 훔쳐다 팔아치워서 밤길을 가던 행인이 맨홀에 빠져 다리가 부러지게 만드는 것도 외지인이라는 사실이다.

그러나 베이징은 외지인과 관계를 끊을 수가 없다. 베이징인은 외지인이 제공하는 각종 편의와 저렴한 서비스를 누리는 한편으로 외지인의 사기·소요·파괴를 감당하기에 외지인과 관계를 끊을 수 없는 것이다. 베이징인은 포용력을 키워서 맑은 물과 흐린 물을 모두 받아들일 수밖에 없다. 어떤 도시든 무쇠 같은 위장으로 모든 것을 흡수하고 소화하고 배설한다. 도시가 클수록 갖가지 부류, 갖가지 인간, 갖가지 문화를 더 잘 섞어서 녹이는 용광로가 된다. 도시는 언제나 외지인에게 모험의 기회, 세상경험의 기회, 포부를 펼치는 공간을 제공한다. 더욱이 베이징이다. 외지인이 도시를 드나드는 것은 도시에 혼란과 소란을 가져오지만 아울러 도시에 생기와 활력을 불어넣는다. 드나드는 외지인은 베이징인과 함께 베이징이라는 도시를 얕은 곳부터 깊은 곳까지, 여기서부터 저기까지, 겉에서부터 속까지 화학적 변화를 일으킴으로써, 새로운 면모와 창조력을 갖게 만든다. 시간이 지난 뒤에 새로운 베이징인이 지난날의 외지인이 바뀌어 형성된 것이 아니라고 말할 수 있겠는가? 외지인은 베이징의 공간을 확장하고 있고, 베이징도 외지인의 공간을 확장하고 있다.

우리 집 엘리베이터를 관리하는 노부부는 외지인인데, 고향은 안후이성安徽省의 농촌이다. 노부부는 한 사람은 엘리베이터를 운행하고, 한 사람은 복도를 청소하면서, 외부에 나가지 않고, 돈벌이를 한다. 엘리베이터 운행은 3교대여서 야간근무를 맡는 영감은 대낮에는 할멈의 청소를 돕는다. 건물이 크지 않아서 그들은 얼른 청소를 끝내고 한담을 나누거나 거리 모습을 내다본다. 시간이 흐르면서 노부부는 이런 느긋한 생활에 만족하지 못하고 건물 앞에 '폐품수집'이라는 간판을 내걸었다. 다른 폐품수집 차량은 우리 건물에 들어오지 못하게 되었고, 우리 건물에서 나오는 모든 폐품은 그들의 독차지가 되었다. 그것은 마치 우리 건물에 사는 사람이면 누구든지 들고날 적에 반드시 영감이 운행하는 엘리베이터를 타야 하는 것과 다르지 않다. 그야말로 "한 사내가 관문關門에 버티고 있으니 아무도 관문을 열지 못한다."는 격이다.

노부부는 평균적인 베이징인보다 더 많은 돈을 벌어서 저축했다. 그들은 설날에 고향에 다녀오면서 아들과 며느리를 데리고 돌아왔다. 젊은 아들 부부는 케이크를 만드는 기술이 있어서, 성수기에는 베이징인에게 케이크를 만들어 팔았고, 비수기에는 맥주를 배달했다. 일 년도 채 되지 않아서 며느리는 배가 한껏 부르더니 예쁜 딸을 낳았다. 딸아이가 만으로 두 살이 되자 젊은 부부와 노부부는 그동안 모은 돈으로 고향에 새집을 지었다. 노부부는 고향으로 돌아가 노년을 편안하게 지내고, 젊은 부부는 그들의 자리를 대신해 밤에는 엘리베이터를 운행하고 낮에는 폐품을 수거하며 화목하고 안정되게 살아간다. 유일한 불만은 아들이 아닌 딸을 낳았다는 것으로, 그들은 남들이 모르게 둘째를 임신했다. 맞은편 고층 빌딩이 한 층 한 층 올라가는 것과 더불어 며느리도 배가 불러왔다. 그리고 그들의 딸은 베이징에서 초등학교에 들어갈 준비를 했다.

베이징을 드나드는 외지인은 베이징에 색채를 더하고 활력을 더하고 또 외지인 자신에게도 내용을 더하고 창조력과 상상력을 더한다. 유동이 많아질수록 도시와 사람 모두에게 더 큰 행운을 가져다준다.

슈펭글러[52]는 "인류의 위대한 문화는 모두 도시에서 생겨났다."고 말했다. 마찬가지로 "현대의 감동적인 이야기도 모두 도시에서 생겨났다."고 말할 수 있을 것이다. 슈펭글러는 또 "두 번째 세대의 우수한 인류는 도시 건설에 뛰어난 동물이다."라고 말했다. 두 번째 세대의 인류에는 당연히 외지인이 포함된다. 그들은 베이징인과 함께 도시를 건설할 뿐 아니라 더불어 베이징의 참신한 이야기를 창조하기 때문이다.

---

52) Oswald Spengler, 1880~1936. 독일의 문화철학자. 「서구의 몰락」을 지었다.

17 몐디 기사

예전에 베이징에는 '몐디面的'가 유행한 적이 있었다. 심지어 전국의 몐디는 모두 베이징에서 비롯되었다고 할 수 있다. 당시 사람들은 "옌사燕莎[53]를 구경하고, 몐디를 타고, KFC를 먹는" 것이 베이징의 3대 유행이라고 말했다.

베이징의 거리와 골목에는 도처에서 노란색 미니 승합차가 달렸는데, 그것을 '몐디'라고 불렀다. 일반적 의미에서 '몐디'의 '몐面'은 승합차와 모양이 닮은 식빵을 가리키는 말이다. 이는 당시 베이징인이 몐디를 타는 것이 마치 식빵을 먹는 것처럼 간단하고 편리하다는 의미를 담은 것으로 보인다.

한번은 몐디를 탔더니 서른이 채 되지 않아 보이는 젊은 기사는 떠들기를 좋아하고 입심도 좋았다. 내가 차에 오르자, 그의 입은 마치 가득 충전한 축음기처럼 한없이 돌아갔다.

그는 개인 소유의 몐디를 운전한 지 갓 석 달이 되었다고 했다. 베이징에는 몐디가 급속도로 늘어나서 증가를 억제하려고 당국에서 개인 면허를 잘 내주지 않는다는데, 어떻게 면허를 땄는지 물었더니, 그는 이렇게 대답했다.

근자에 외국에서 돌아왔다. 떠날 적에 철밥통의 직장에 사표를 내고 갔던지라 돌아오니 일자리가 없었다. 먹고 살 밥그릇이 필요했다. 담당부서에서 면허증을 발급받아야 했

---

53) 1993년 중국 정부의 승인을 받아 중외합작으로 설립한 쇼핑몰. 베이징 본점은 연면적 4만 m^2에 매장면적은 2만 2천m^2이며, 정식 명칭은 베이징옌사여우이상청(北京燕莎友誼商城)이다.

는데, 적절한 타이밍에 뇌물을 좀 건넸더니 어려운 일도 간단히 해결되었다. 외국에서 산전수전을 다 겪었기에 작은 도랑에서 배도 뒤집을 수 있었다. 호주에 갔었는데, 2년을 버티다가 돌아왔다. 이길 수 있으면 덤비고 이길 수 없으면 물러나는 것이 현명한 것이다. 그곳에서는 영어가 서툴러서 품팔이를 하는 수밖에 없었다. 막판에는 비닐봉투를 만드는 공장에서 일했는데, 비닐냄새가 진동해서 코를 막고 일을 했다. 하지만 돈은 충분히 벌어서 돌아왔다. 1년에 1만 달러 이상을 모았고, 2년 만에 3만 달러를 들고 돌아왔다. 떠날 적에 아내가 낳은 딸아이는 만 두 살이 넘어 있었다. 세 식구가 먹고 살아야 하기 때문에 인민폐 6만원을 들여서 이 차를 샀다. 돈도 벌고 개인적으로 차를 편리하게 이용할 수도 있으니 그야말로 일거양득이다.

그는 내가 괜찮은 청중이라고 생각했는지, 점점 감정이 들떴다. 모르는 사람을 우연히 만나면, 속에 담은 진심을 드러내기 쉽다. 아무튼 나는 차에서 내리면 떠날 사람이고 그는 차를 몰고 가버리면 그만이기 때문에 하고 싶은 말을 시원하게 쏟아내 스트레스를 풀 수 있으니, 그야말로 스트레스를 날려주는 속효성 캡슐인 셈이다.

그의 이야기는 마치 운전을 하는 것처럼, 간선도로를 벗어나 지선도로로 접어들더니 다시 인도로 올라갔다. 그는 이렇게 말했다.

배운 게 없어서 외국에 나가니 까막눈이었다. 품을 파는 것 이외에는 달리 할 수 있는 일이 없었다. 그래서 사람들은 나를 멸시했다. 그래도 중국인은 어디를 가든 울타리가 되어 주는 동족이 있어서 베트남이나 필리핀 사람과 어울리지는 않았다.

영어를 할 줄 몰라서 중국계 사람들 틈에서만 지내느라 답답하지 않았는지 물었다.

경험을 쌓으려는 것이었기에 전혀 그렇지는 않았다. 외국에 나가서 나라나 기관의 돈을 쓰는 사람도 있지만, 나는 그런 덕을 볼 수 없었기 때문에 오직 자신에게 의지할 수밖에 없었다. 그렇지 않으면, 나라나 기관에서 준 혜택으로 보고 듣고 돌아온 저들이 우리에게 자본주의가 어째서 나쁜가를 이야기하는 것을 곧이곧대로 듣기만 하는 수밖에 없다. 나는 자본주의가 도대체 어떤 것인지 직접 보고 싶었다.

당신은 생각이 트인 사람이다. 힘들고 외로운 것을 두려워하지 않고, 외국에 나가서 일하고 또 식견을 넓힐 생각을 한다는 것은 정말 쉽지 않은 일이다.

그는 웃으며 손사래를 쳤다. 고달프고 힘들고 답답한 것이 어찌 두렵지 않았겠는가? 호주에서는 대부분 동거를 한다. 고단함과 외로움에 대처하는 것이 아니겠는가? 일단 귀국하면 대부분 더 이상 연락을 하지 않는다. 거세를 한 것도 아닌데 혼자서 어떻게 견디겠는가?

당신은 어땠는가? 동거를 했는가?

당신이라면 어떻게 하겠는가? 그렇지 않았더라면 아마도 매춘부를 찾아갔을 것이다. 나라고 그 짓거리가 하고 싶지 않았겠는가? 하지만 에이즈가 두려웠다.

부인에게는 뭐라고 말했는가?

뭐라고 말했느냐고? 그는 아래턱을 쳐들고 손가락 세 개를 펼쳐 보였다. 가정을 위한 일이 아니었던가? 아무 말도 하지 않았다. 그리고 3만 달러를 들고 돌아왔다. 우리 부부가 평생 일해도 벌지 못할 거금을 말이다. 약간의 희생일 뿐이다.

가속페달을 밟자 멘디는 베이징의 아스팔트길을 질풍처럼 내달렸다. 2년 전에 그는 이국의 타향을 분주히 날아다녔다. 한 마리 새처럼 말이다. 그는 날다가 지치자 다시 날아서 돌아왔다.

목적지에 거의 이르렀을 때, 이제 어디로 가는 손님을 태울 생각인지 물었다. 그는 시계를 보았다. 정오가 다가오니 집으로 돌아가 쉬겠단다. 그는 매일 오전 반나절만 일한단다. 먹고 마실 것이 있기 때문에 벌이는 많지 않아도 괜찮단다. 한 달에 3천 원의 납입금을 내야 하는 도급 멘디 기사들처럼 꼭두새벽부터 한밤중까지 죽기 살기로 일할 필요는 없단다. 호주에서는 죽기 살기로 일했지만 이제는 그렇게 하지 않는단다. 오전에 일을 마치면 집으로 돌아가 반주를 곁들인 점심을 먹고 한숨 눈을 붙였다가 오후 4시에 일어나 차를 몰고 유치원에 가서 딸아이를 데려오면 하루 일과가 끝난단다.

차가 멈췄다.

안녕히 가십시오!

여기서는 아니더라도 어디선가 또 만날 수 있으니, 다음에 또 만나길 바랍니다!

뒷말은 내가 그에게 한 말이다.

드넓은 베이징, 수많은 인파, 메뚜기처럼 많은 멘디, 내가 그를 다시 만날 수 있을까?

그를 다시 만나지는 못하더라도 다른 누군가를 또 만날 것이다.

베이징의 택시 기사는 누구나 펼쳐진 책과도 같다. 베이징에서는 택시를 타면 지루하지 않다. 베이징의 택시 기사는 누구나 입담이 뛰어나고 유머가 있다.

　　한번은 멘디를 타고 먼저 아무 말도 건네지 않았다. 나는 분명히 기사가 먼저 말을 꺼낼 것이라고 생각했다. 다만 무슨 화제를 꺼낼지는 알 수 없었다. 기사는 마술사가 모자에 오색 테이프를 감춰둔 것처럼 어떤 화제든 꺼낼 수 있다. 과연 차가 둥즈문東直門 밖 외국 대사관 앞을 지날 무렵, 기사는 마침내 적막을 깨고 불쑥 물었다.

　　"저렇게 많은 중국인이 무엇 때문에 외국에 가려는 것일까요?"

　　나는 그것이 그가 대사관을 바라보는 시각이라는 것을 느꼈다. 나는 그다지 마음에 두지 않고 아무렇게나 대꾸했다.

　　"돈벌이하러 가려는 것이겠지요!"

　　하지만 이 말은 그의 말문을 열어젖혔다.

　　"돈벌이? 왜 외국에 가야만 하는 겁니까? 외국이라고 쉽게 돈을 벌 수 있는 것도 아니고, 게다가 병에라도 걸리면 끝장이지요. 만약 죽기라도 한다면 시신조차 찾지 못할 거예요. 내 생각으로는 저 사람들이 외국에 가려는 것은 여자와 놀기 위한 것이에요. 서양 여자와 놀아나려는 속셈이에요."

　　내가 너무 근거 없는 추측이라고 반박하자, 그는 내 말을 자르더니 이런 이야기를 했다. 형님이 몇 명 있는데, 그들은 러시아에 가서 옷 장사를 했다. 하지만 수년 만에 돌아온 그들은 빈털터리가 되어 있었다. 그곳에서 도대체 무엇을 했단 말인가? 알고 보니 그들은 허구한 날 술집에서 러시아 뚱보 계집들을 안고 뒹굴었다. 소련이 붕괴되자 현지에서 계집과 그 짓거리를 하는 값도 한번에 5달러이던 것이 10달러로 가파르게 올랐다. 날마다 계집을 안고 뒹구는데, 무슨 수로 돈을 벌어서 돌아올 수 있겠는가?

비유가 너무 극단적이라고 반박했지만, 그는 내 말은 들은 체도 하지 않고 계속 떠들어댔다. 계집을 끼고 노는 데 어째서 외국에 나가야만 하는가? 돈만 있으면 베이징에서도 똑같이 놀 수 있지 않은가? 원하는 어떤 아가씨와도 놀 수 있지 않은가?

나는 대꾸할 필요도 없다는 생각이 들었다. 그도 내가 말하는 것을 원치 않는 것 같았다. 그저 청중으로 삼으면 그만이었다. 그는 아마도 한참 만에 떠들 기회를 잡은 것 같았다.

그는 이어서 말했다. 먼저 내게 외국과 베이징에서 여자를 끼고 노는 것의 차이점에 대해서 말했다. 그리고는 모든 강물이 바다로 모여드는 것처럼, 순식간에 모든 화제를 여자를 끼고 노는 것으로 모았다. 그는 계집질에 있어서 고수인 것 같았다. 나는 그를 꼼꼼히 훑어보았다. 서른 남짓해 보이고, 얼굴은 누렇게 뜨고, 눈동자는 게슴츠레했다. 아마도 벌이의 대부분은 러시아에 갔다가 빈털터리로 돌아왔다는 그의 형제들과 별반 다르지 않게 계집질에 쏟아붓는 것 같았다.

그는 계속 떠들어댔다. 지금 바나 가라오케에는 대부분 접대부가 있다. 하지만 너무 비싸서 몇 잔 마시지도 못하고 월급의 절반이 날아간다. 아가씨가 술시중만 드는 것은 밋밋하기만 하다. 고작해야 바짝 붙어 앉아서 더듬는 정도인데, 그조차도 비용이 만만치 않다. 그는 호쾌하게 내뱉었다. 부끄러울 것은 아무 것도 없다. 마치 술을 사면서 어느 가게가 값이 싼지 비교하는 것과 전혀 다르지 않다. 나는 접대부가 나오는 술집에는 가지 않지만 부득이 가게 되더라도 파트너를 데리고 간다. 그렇게 하면 접대부를 부를 필요가 없기 때문에 바가지를 쓰지 않아도 된다. 나는 '파트너'가 구체적으로 무엇을 뜻하는 것인지는 알 수 없었지만, 그의 말투에서 여자친구 같은 것은 아니라는 생각이 들었다. 그는 아주 '고수' 처럼 보였다. 그는 몹시 재미있는 모양이었지만, 나는 무슨 말을 해야 좋을지 알 수 없었다.

오랫동안 억압되었던 섹스에 대한 욕망은 갑문이 일순간에 열리자 빠르게 부풀어올랐고, 일부 사람에게는 삶에 있어서 유일무이한 것이 되었다. 그들에게 성적 욕구를 해결하는 것은 돈을 버는 목적이 되었다. 역사는 사실 간단한 문제를 복잡하게 만들었다. 앞 세대에게는 억압의 대가를 치르게 했고, 지금 세대에게는 팽창의 대가를 치르게 한다. 기사는 그런 점을 잘 보여주었다. 그는 솔직했고 정통했고 아주 몰입했다.

그에게 이 멘디가 개인 소유인지 도급인지 물었다. 그는 도급이라며 매달 3, 4천원을 번다고 대답했다. 내가 외국에 가면 한 달에 3, 4천 달러를 벌 수 있다고 말하자, 그는 고개를 저으면서 지출이 더 많다고 반박했다. 그의 생각은 간단하고 분명했다. 베이징에서 돈을 벌고 베이징에서 소비하면, 인생과 생활의 간극이 단축된단다. 베이징의 멘디는 사람을 먹여 살리기도 하고 사람을 망가뜨리기도 했다. 예전에는 "무대는 작은 세상이고, 세상은 작은 무대이다."라고 했지만, 지금 젊은이들은 TV만 볼 뿐, 공연장을 찾아가 무대를 보는 경우는 드물어서, 무대는 적막하기만 하다. 이제는 "멘디는 작은 세상이고, 세상은 작은 멘디이다."라고 말할 수 있을 것이다. 베이징을 누비던 멘디를 다시 보더라도 그것이 구닥다리이고 작다고만 말하지 말라. 그것이 휘감고 있던 인생의 이야기는 실로 풍부하고 다채로웠다.

그날 저녁, 멘디를 탔더니 젊은 기사는 역시 입담이 좋았다.

차가 출발하기도 전에 나는 그의 이력을 대략 알 수 있었다. 젊은 기사는 33세로, 대중교통국에서 관용차를 운전하다가 사무직으로 전보되자, 1년 6개월 이전에 무급휴직을 신청하고, 이 '멘디'를 임대하여 매월 3천원을 입금하고, 남는 것은 자신이 갖는데, 수입은 한 달에 2천 원 정도이다. 젊은 기사는 말하는 것이 무척 재미가 있었다.

"이런 직업을 가진 사람은 부자가 되기는 불가능해요. 그저 가난이나 벗어날 수 있다고나 할까? 베이징에 널린 갑부들 가운데 남의 차를 운전하고 부자가 된 사람은 없어요."

"관용차를 운전했다면서 무엇 때문에 멘디를 운전하는 겁니까? 관용차가 훨씬 그럴듯하지 않나요?"

그는 고개를 저었다.

"당신은 몰라요. 관용차는 몰아봐야 겨우 입에 풀칠이나 하죠. 몇 푼받지 못하거든요. 사무실에 근무하면 편하기는 하지만 수입은 더 적어요. 쥐꼬리만한 월급을 받으면서 뭉텅뭉텅 돈을 쓰는 사람들을 보면 마음이 언짢지요. 다른 것은 바라지도 않아요. 또 먼 훗날은 꿈도 꾸지 않아요. 나야 힘들어도 괜찮은데, 아이를 고생시키고 싶지는 않아요. 아이가 먹고 놀고 입는 것이 부족하지 않았으면 해요. 좀 나은 유치원에 보내려고 해도 돈이 들어가요. 돈이 없으면 한 발자국도 움직이기 힘들어요. 그래서 어금니를 악물고 핸들을 잡는 거예요."

"당신은 괜찮은 사람이군요. 아이를 위해서라. 하지만 자신을 너무 희생하는 건 아닌가요?"

그는 웃더니 이내 정색을 하고 말했다.

"희생이라니 말도 안돼요. 앞 세대의 프롤레타리아 혁명가들과 비교하면, 이건 아무 것도 아니죠."

그의 말에 나는 웃고 말았다. 하지만 그는 웃지 않았다. 그는 핸들을 반듯하게 잡고 곁눈질조차 하지 않았다.

"저녁 늦게까지 운전을 하나요?"

"아닙니다. 이번까지만 하고 돌아갈 겁니다. 요즘 유행하는 말로, 따뜻한 집이 기다리니까요. 아내는 제가 언제 들어가든 기다렸다가 함께 식사를 하죠. 아내는 내가 반주를 하는 것을 거들면서 하루의 피로와 스트레스를 털어내라고 말합니다. 그럼 저는 아내에게 이렇게 말합니다. '드라마 「양산제의 고소楊三姐告狀」에 "나는 쇠스랑이고, 당신은 상자랍니다."라는 대사가 나오지.' 아내는 내게 술 한 잔을 더 따르면서 이렇게 대답합니다. '그 말에 한마디 덧붙일게요. 쇠스랑인 당신은 밖에서 갈퀴를 떨어뜨리지 말고, 상자인 나는 집에서 밑바닥이 빠지지 않을게요.' 그래서 운전을 하지만 늦게까지는 하지 않아요. 친구와 밖에서 저녁을 먹더라도, 그저 대충 먹고 집에 돌아가 아내와 꼭 한 잔 합니다."

말을 마친 그는 갑자기 웃었다. 만족스럽고 즐거운 웃음에 가슴이 뭉클했다. 가로등은 어느새 불을 밝혔고, 저녁 땅거미는 어디론가 사라졌다. 멘디는 제3순환도로를 경쾌하게 내달렸고, 창청호텔과 옌사쇼핑몰은 환히 불을 밝혔고, 불을 밝힌 길가의 아파트에는 따스함이 묻어났다.

18 샤리와의 만남

그날 아침, 첫눈이 내려서 땅바닥이 약간 미끄러웠다. 허공에는 안개가 자욱했고, 베이징은 온통 불투명 유리에 갇힌 것처럼 거무끄름했다. 나는 상하이로 가는 비행기를 타려고, 거리에서 한참을 기다렸지만, 택시가 오지 않았다. 이런 날씨면 택시 기사의 아내는 남편이 일찍 집을 나서기를 원치 않는다.

사거리에서 진흙탕을 온통 뒤집어쓴 빨간색 샤리夏利[54]가 방향을 꺾어 술에 취한 사내처럼 휘청대며 달려오더니 손을 내밀자 내 앞에서 걸음을 멈추었다. 나와 나이가 엇비슷해 보이는 기사는 거무추레한 얼굴에 몹시 피곤해 보였지만 그래도 떠벌이기를 좋아했다. 몇 마디 이야기를 나누면서, 나도 베이다황北大荒에 다녀온 적이 있다는 사실을 알고는, 이내 친근감을 내보였다.

"손님은 푸진富錦에 있었고, 저는 미산密山에 있었으니, 그렇다면 가까운 곳에 있었던 셈이군요!"

두 지역은 사실 아주 멀리 떨어진 곳이지만 베이징에 돌아오면, 베이다황에서는 아무리 멀리 떨어져 있더라도 모두 가까운 곳이라고 여겼다. 우리는 마치 일찍부터 알고 지낸 사이처럼 친밀감을 느꼈고, 이야기를 나눌수록 더욱 가까워졌다.

그의 입담은 점점 걸쭉해졌다. 샤리는 그가 만만치 않은 비용을 들여서 3년 전에 장만한 것이란다. 물론 차량을 구입하는 데는 비용이 그만

---

54) 톈진자동차에서 생산하는 소형 승용차 브랜드.

큼 들지 않았지만, 택시영업허가를 받지 못하면 모든 게 허사였기 때문에 가외의 돈이 적잖이 들어갔다. 아무튼 그는 11개월 동안 죽기 살기로 일해서 차량구입에 들어간 돈을 모두 뽑아냈다. 그는 베이다황에서 우스링五十鈴[55]을 몰았고, 베이징에 돌아온 직후부터는 택시운전을 시작했다. 그는 아내보다도 자동차와 같이한 시간이 많았고, 핸들을 잡으면 자연스럽게 능력을 발휘했다.

"택시사업부에 있을 적에는 동료들이 나를 '차벌레'라고 불렀어요. 똑같은 택시이고, 똑같이 사람이 운전하는데, 수입은 엄청나게 차이가 났거든요."

그는 고개를 돌리고 만족스러운 미소를 지었다.

나는 그가 내게 경계심을 갖지 않게 된 것은 베이다황 덕분이라고 생각했다. 하지만 그것은 착각이었다는 것을 나중에 깨닫게 되었다.

그는 하루 밤낮을 꼬박 핸들을 잡고 있었다. 지난밤에 눈이 내려서 택시를 타려는 사람들이 유난히 많았기 때문이다. 돈벌이 기회를 포기할 수 없었던 그는 밤새 쉬지 않고 일했다. 그는 연신 나와 이야기를 나누어서 졸음을 쫓았다. 나는 그의 정신을 각성시키는 인스턴트 커피에 불과했다. 이런 기사를 만나면 마치 라디오를 켜놓은 것처럼, 듣기 싫어도 듣지 않을 수가 없다.

아마도 나는 훌륭한 청취자인 것만 같았다. 기사는 마치 가속페달을 깊숙이 밟고 있는 것처럼 연신 떠들어댔다.

많은 택시 기사들은 '암탉'을 몇 마리씩 확보하고 있단다. 무엇 때문

55) 일본의 이수주(Isuzu)사가 제작한 트럭 이름.

에 암탉을 확보하느냐고 물었더니, 이렇게 대답했다.

"손님을 데려다주면 일정 금액을 떼어주거든요. 수요가 엄청 빠르게 늘어나고 있어요. 암탉이 귀가하거나 '출근' 할 적에 ……"

'출근' 이라고 말하면서 그는 음흉한 미소를 지어보였다.

"호출을 하면 픽업을 하러 가는데, 일반 승객과는 가격이 다릅니다. 또 암탉과 그녀의 고객을 외진 곳에 데려다 주기도 하죠. 고객은 제게 '폭죽을 터뜨릴' 시간이 필요하다며, 어디 가서 담배나 한 대 피면서 기다리라며 적어도 100원 권 지폐 두 장을 건네지요."

"카섹스용이 되는 것이군요?"

내가 고의로 이렇게 말하자, 기사는 히죽 웃었다.

"절반은 그런 셈이지요! 그런데 허풍이 아니라 운전을 하다 보면, 한눈에 승객이 무얼 하는 사람인지 알아차릴 수 있답니다. 그리고 영수증을 요구할지 아닐지도 8, 90퍼센트는 알 수 있지요. 손님은 분명히 영수증을 받아서 경비처리를 할 것 같군요."

"재주가 대단하군요. 베이징에 이렇게 사람이 많은데, 누가 매춘 여성이고 누가 그런 여자를 찾는지 알 수 있다니!"

이 말이 마음에 들었는지 그는 마치 대마초를 피우기라도 한 것처럼 점점 감정이 고조되었다. 나는 그 틈에 슬쩍 물었다.

"그럼 암탉을 몇 명이나 확보하고 있나요?"

"너댓 명쯤 되죠."

"어떤 식으로 서비스합니까?"

"고객에게 데려다 주기만 하면 됩니다. 아니면 고객을 그녀들에게 데리고 가서 짝을 지워주지요."

그는 어릴 적 소꿉놀이를 하는 것처럼 유쾌하게 말했다.

눈이 갠 깨끗한 도시가 이처럼 지저분한 것들을 덮고 있고, 그가 벌어들이는 돈은 대부분 더러운 돈이었다. 하지만 그는 의기양양하다. 더러운 것과 한통속이 되면서도, 전혀 거리낌 없이 말한다. 차창 밖으로 안개 자욱한 허공을 바라보며 마음이 무거워졌다. 도시가 발전하려면 이런 못된 풍조가 다시 나타나야만 하는 것일까? 돈을 위해서라면 양심과 육체마저 팔아먹을 수 있는 것인가? 예전과는 달리 도덕적 가치가 사라진 것일까? 오직 돈을 향해 투항의 백기를 흔들면서, 그것을 이제껏 자랑스럽게 여겨온 붉은 깃발이라고 생각하는 것일까?

나는 그가 혐오스러웠다. 능력껏 돈을 벌더라도 그것이 깨끗하다면 얼마를 벌든 문제가 되지 않지만, 깨끗하지 않다면 단 한 푼이라고 해도 오점을 남기는 것이다. 나는 그에게 물었다.

"당신도 시간이 나면 한바탕 노시오?"

그는 자신은 절대로 그런 짓은 않는다고 했다. 나는 그를 비웃었다.

"에이즈가 두려워서겠지요?"

그는 아무런 대꾸도 하지 않았다. 나는 그가 이런 말은 숱하게 들었을 것이라고 생각했다. 하지만 그는 이내 시원스럽게 대답했다.

"그것 때문이 아닙니다. 혹시라도 암탉이 잡혀 들어가면, 불지 않겠어요? 내가 그 짓을 하지 않았다면, 암탉이 들어가더라도 나와는 상관이 없지요. 그리고 대개 암탉과는 3개월만 거래를 합니다. 3개월 이후에는 사람을 바꾸지요."

그는 확실히 '차벌레'였다. 윤활유는 그의 자동차만 매끄럽게 굴러가게 만드는 것이 아니라 그의 머리도 매끄럽게 돌아가게 만들었다.

그때 그의 휴대전화가 울렸다. 그는 갑자기 차를 멈추더니 말했다.

"미안합니다. 차를 바꿔 타셔야겠네요."

"무슨 소리입니까?"

"암탉이 부르네요. 데리러 가야 해요."

암탉을 데리러 가기 위해서 내가 다른 차로 바꿔 타야 한다니 이게 무슨 소리인가? 나는 거부하고 버텼다. 그는 내가 상하이행 비행기를 타야 하기 때문에 오래 버티지 못할 것이라고 생각하는 것이 분명했다.

"시간을 질질 끌다가 비행기가 떠나면 어쩔 셈이오?"

그는 노골적으로 죽은 돼지는 뜨거운 물을 겁내지 않는다는 식의 태도를 내보였다.

"설사 비행기가 떠났더라도 나를 공항까지 태워 주어야 하오."

내가 완강하게 나가자 그는 약간 태도를 누그러뜨렸다.

"사정 좀 봐주세요! 이건 미리부터 약속되어 있는 일이에요. 호출하면 나는 픽업을 하러 가야 해요. 차비를 안 받으면 되겠죠? 웃돈도 좀 드리죠. 어때요?"

하지만 나는 꿈쩍도 하지 않았다. 내가 왜 내려야 하는가? 그가 암탉을 픽업하게 하기 위해서? 암탉이 그렇게 중요한가? 암탉의 '출근'이 내가 비행기를 타는 것보다 중요한 일인가? 사람의 경중, 흑백, 미추, 선악, 완급, 상하가 어느 것이 소중하고 어느 것이 비천한지가 이처럼 어이없는 이유로 뒤바뀔 수 있는 것인가?

나는 지위도 낮고 목소리도 작고 재주도 없어서 암탉의 일에 간여하지 못하고 암탉과 고객을 픽업하며 더러운 돈을 버는 것에도 개입할 수 없지만, 지금 차에서 내쫓는 것만큼은 뜻대로 되리라고 기대하지 말라!

나는 시끄러워지는 것은 좋아하지 않는다. 그래서 못 본 체 지나치는 경우도 있다. 그런데 그날은 무엇에 홀렸던 것인지 모르겠다. 나를 쫓아내고 암탉을 데리러 간다는 데서 나는 모욕감을 느꼈다. 아무리 웃기는 세상이래도 암탉이 사람보다 귀한 신분이 될 수는 없다. 아무리 돈이 좋대도 귀신을 부릴 수는 없다.

그는 나를 쳐다봤지만 나는 애써 외면하며 차창 밖을 내다봤다. 1분 또 1분. 시간은 그렇게 흘렀다. 안개 자욱한 허공이 머리를 짓눌렀다. 하늘은 갤 기미조차 보이지 않았다.

그는 더 이상 견디지 못하고 마침내 '베이다황'이라는 조커를 꺼냈다.

"형씨, 우리가 모두 베이다황에서 지낸 인연을 떠올려봅시다. 한번만……."

하지만 그 순간 베이다황도 내 마음을 움직이지는 못했다. 나는 매섭게 말했다.

"잘 들으시오. 여기 있는 면허증에 당신의 면허번호와 이름이 똑똑히 적혀 있소. 당국에 신고할까 염려할 필요는 없소. 하지만 내가 글을 쓸 수도 있다는 사실만은 분명히 일러 두겠소. 계속 지체하려면 뒷일도 생각하기 바라오. ……"

그는 주춤했다.

"기자?"

"당신 입으로 한눈에 사람을 알 수 있다고 하지 않았소?"

나는 그에게 거칠게 총을 내갈겼다. 글을 쓰는 사람이라면 기자가 가장 효과적이다. 소설이나 산문을 쓴다고 한다면 소용없을 것이다.

나는 얼마 동안이나 대치했는지도 잊었다. 결국 그는 다시 출발했고, 공항에 도착했다. 요금을 계산할 적에, 그는 미터기에 찍힌 붉은 숫자를 가리켰다. 하지만 나는 그에게 절반만 주었다.

"지체한 시간에 대한 배상은 요구하지 않았소. 그런데도 요금을 모두 받으려고 하시오?"

그는 쓴웃음을 짓더니 한마디 내뱉었다.

"오늘은 내가 귀신을 만난 셈 치리다!"

그는 핸들을 돌려 흙투성이가 된 샤리를 몰고 휑하니 사라졌다.

그날 나는 예정된 상하이행 비행기를 놓쳤다. 서둘러 대합실로 들어갔지만, 프런트 데스크에는 내가 타려던 항공편의 팻말은 떼어진 지 오래였고, 비행기도 이미 떠난 뒤였다. 결국 상하이의 벗을 한참이나 기다리게 하는 불편을 끼치고 말았다.

가치가 있는 일이었을까?

19 맛이 상한 다관

베이징의 다관茶館[56]은 찬란한 시절이 있었다. 베이징 거리와 골목에 두루 널려 있었고, 쳰먼대가前門大街의 대완차大碗茶는 한 잔에 1각이었으니, 지금 생각하면 그야말로 아라비안나이트 같은 이야기이다. 라오서老舍의 희곡「다관茶館」에 묘사된 그런 풍토와 인정은 아득한 옛날이야기가 되었다.

베이징인은 재스민차를 즐겨 마신다. 부유한 사람이 즐겨 마시는 상등품은 찻잎과 재스민이 통째로 들어 있다. 가난한 사람은 '가오모高末'라는 것을 즐겨 마시는데, '모末'는 재스민을 일컫는 중국어 '모리화茉莉花'의 '모茉'가 아니라 '차예모茶葉末'의 '모末'를 뜻한다. 비록 찻잎을 빻은 것이지만 정통 재스민차 맛이 난다. 베이징인은 바로 이런 맛을 즐겨 마신다.

베이징인은 차를 마실 적에 덮개가 있는 찻잔인 개완蓋碗을 즐겨 사용한다. 또 차를 우려낼 적에는 원기둥 모양으로 생긴 자호瓷壺를 사용하는데, 자호에는 화조어충花鳥魚蟲이나 산수송죽山水松竹이 그려져 있다. 예전에는 겨울이면 솜이불로 싸매거나 지푸라기로 만든 덮개를 덮어서 보온을 하여 향기가 멀리 퍼지고 찻잔 속에서 맛이 진하게 우러나게 하였다. 그래서 다부지고 통통한 찻잔은 두터운 솜옷을 입은 다관 주인과도 같은 모습이었다. 베이징의 다관은 차를 마시고 차를 판매하는 것이 이처럼 착실했다.

베이징인은 차를 마실 적에 흔히 다관을 찾아서 휴식을 취하면서 한담을 나눈다. 그들은 차를 마시는 것은 보조적인 것이고, 한담을 나누는 것이 위주인데, 베이징에서는 이를 '칸다산侃大山'이라고 부른다. 순수하게

56) 옛날 중국의 구식 찻집. 다루(茶樓).

갈증을 풀기 위해서 차를 마시는 경우는 매우 드물고, 순수하게 홀짝홀짝 맛을 음미하는 경우는 더욱 드물다. 이른바 차객茶客의 의도는 차에 있는 것이 아니라 차를 마시는 찻자리에 있는 것이다. 차를 마시면서 땅콩·과자瓜子·마당麻糖 따위를 곁들이는데, 그럴듯하게 꾸미고 구색을 갖추지만, 결코 주객이 전도되지는 않는다. 광저우廣州에서 조차早茶니 만차晚茶니 하고 부르는 것은 사실 먹는 것이 위주로, 절차가 번잡한 먹을거리가 되었고 다도茶道의 깨끗하고 향기로움은 완전히 사라져버린 것과는 다르다.

베이징에서 다관은 작은 사회를 이룬다. 갖가지 정보가 교류하고 온갖 부류의 사람들이 모여든다. 구사회舊社會[57]의 다관에는 "나랏일을 말하지 말라."(莫談國事)는 쪽지나 팻말이 붙어 있었지만, 사람들은 아랑곳하지 않고 나랏일·집안일·세상일에 관심을 기울였다. 신사회에 들어서는 위로는 마르크스레닌주의에서 아래로는 신변잡사에 이르기까지 이야기하지 않는 것이 없게 되었다. 사람들은 상하이인은 무엇이든 과감하게 입고, 광저우인은 무엇이든 과감하게 먹고, 베이징인은 무엇이든 과감하게 말한다고 하는데, 베이징의 다관은 이야기를 나누기에는 더 없이 좋은 장소이다. 찻값은 결코 비싸지 않아서 누구나 마실 수 있다. 마시고 떠들어 마음에 품은 것은 죄다 털어놓으면서 입안을 촉촉하게 축이노라면 어느새 답답하던 마음이 시원해진다. 서로 아는 사람이든 모르는 사람이든 아랑곳하지 않으며, 다관을 나서면 각자 제 갈길로 가버린다. 다관은 평범한 백성에게는 기분을 전환하는 공기조절밸브와도 같은 곳이다.

다관은 평범한 백성들이 즐겨 찾던 곳이다. 비록 시끄럽고 담배연기

---

57) 중화인민공화국 수립 이전 시기의 사회.

가 자욱하지만, 많지 않은 비용으로 적지 않은 수확을 올릴 수 있었다. 마음을 털어놓고, 정보를 입수하고, 세상 돌아가는 것을 알고, 지식을 넓히고, 벗을 사귈 수 있었다. 왕쩡치汪曾祺[58]는 "다관을 찾으면 사회와 만날 수 있는데, …… 소설가인 나는 다관에서 만들어졌다."고 말했다.

안타까운 것은 이런 다관이 갈수록 줄어든다는 것이다. 첸먼의 대완차는 노래로 만들어졌고, 라오서의 「다관」은 해외에서도 공연되었지만, 베이징의 다관은 음식점·커피숍·가라오케에 잠식되어 설자리가 없어졌다. 세상 사람들이 모두 권세나 재물에 빌붙는 소인배이고, 모두 돈에만 눈독을 들여서 무정하게 다관을 내팽개치는 것을 비난할 수는 없다. 사실 지금 아이들은 콜라를 마시고, 젊은이들은 커피를 즐겨 마신다. 풍수風水가 돌고 도는 것처럼, 중국의 차는 외국에서 더 큰 인기를 누리고, 외국의 음료는 중국의 시장으로 들어와 우리의 돈을 벌어들인다. 그러니 무슨 방법이 있겠는가? 누가 이처럼 벌이가 시원찮은 다관을 하려고 하겠는가?

그래도 영업을 하려는 사람은 있다. 베이징 첸먼대가의 라오서다관은 그 가운데 하나이다. 기둥과 대들보는 채화彩畵로 화려하게 꾸미고 금박을 입히고 봉황을 새겨서 마치 한 폭의 연화年畵[59]와도 같고 옛날 극장의 무대와도 같다. 입구를 그럴듯하게 만들었기에 가격도 자연스럽게 올라갔다. 안에 들어가 보면, 사실 차를 마시기 위한 곳이라기보다는 소비를 하기 위한 곳으로, 하리파인下里巴人[60]의 정취는 고아함과 당당함에 완전히 압도되어버렸다. 이곳에 들어선 사람들은 더 이상 편리함과 한적함을 도모하고 한담을 나누고 속내를 털

58) 1920~1997. 현대 중국의 문필가, 극작가.
59) 설날에 집안에 붙이는 세화(歲畵).
60) 전국시대 초(楚)나라 민간의 유행가요 이름. 통속적 문학이나 예술의 비유로 쓰임.

어놓는 통쾌함과 자유로움을 찾는 것이 아니라 입장권을 사서 고궁故宮에 들어가 자희태후慈禧太后의 침실을 구경하고, 입장료를 내고 대관원大觀園을 거닐면서 보옥寶玉과 대옥黛玉이 공부하던 곳을 둘러보는 것처럼, 신선함과 호기심을 찾고 근사함을 도모한다. 다관은 베이징의 볼거리 가운데 하나가 되었지만, 베이징에서 반드시 가봐야만 하는 곳은 아니다.

다관에 무대를 만들고 곡예曲藝를 공연하는 것은 몹시 당황스러운 것이다. 차를 마시면서 공연을 보는 것은 예전부터 다관에서 행하던 것으로, '서차書茶'라고 불렀는데, 마치 오늘날 레스토랑에서 노래를 부르고 악기를 연주하는 것과 다르지 않았다. 차의 향기 속에 은은한 선율이 끊이지 않는 것은 차문화를 만들고 차객의 흥을 돋우려는 것이었다.

한번은 한 젊은 여성 공연자가 불이 붙은 양초 세 개를 입에 물고 매화대고梅花大鼓[61]를 부르는 광경을 본 적이 있다. 촛불은 그녀의 입가에서 요동쳤고, 입에서는 노랫말이 흘러나왔는데, 손으로는 동작을 짓고 얼굴로는 표정을 짓는 것이 몹시 힘겨워 보였다. 당시 나는 무대에서 가까운 첫 번째 자리에 앉아 있었는데, 그녀가 생고생하는 모습을 눈을 멍하니 뜨고 보면서 이솝의 우화 「까마귀와 여우」가 떠올랐다. 정말로 내가 괴로운 지경이었다. 나는 결국 촛불을 물고 있는 그녀의 모습을 더 이상 보지 못하고 고개를 숙이고 차만 마셨다. 하지만 차는 아무 맛도 느껴지지 않았고, 그녀가 부르는 노랫말은 한마디도 귀에 들어오지 않았다. 구사회에서 잡기雜技 공연은 부득이한 생계 수단이었는데, 어째서 그것이 새삼스럽게 다관에 도입되어 전통이라는 미명

---

61) 청나라 중기부터 베이징과 톈진 지방에서 유행한 박판(拍板)을 두드리며 노래하는 창사(唱詞)의 하나.

아래 공연자와 관객을 불편하게 만드는 것인가?

베이징에 남은 몇 안 되는 다관은 베이징의 골동품이 아니다. 가련하게도 베이징의 다관은 이제 맛이 변했다.

20 목로주점

베이징에서 고급 호텔은 점점 높아지고 일반 호텔은 점점 늘어나지만, 다관의 운명과 마찬가지로 목로주점은 갈수록 설자리를 잃어간다.

본래 베이징에는 목로주점이 많이 있었다. 외양이 크지 않고, 실내는 넓지 않고, 거친 탁자에 딱딱한 걸상이 있고, 투박한 사발에 음식을 담아내고, 작은 주전자로 술을 데워냈다. 술은 베이징인이 가장 즐겨 마시고 값도 가장 저렴한 이과두二鍋頭였고, 안주는 돼지머리·땅콩 따위였다. 간단하고 편리했으며, 가격도 저렴해서 몇 푼이면 취기가 오르게 마실 수 있었다. 물론 이런 목로주점은 박리다매를 했기 때문에 많은 돈은 벌지 못했다. 지금은 이런 소소한 벌이는 안중에 두지 않기 때문에, 목로주점은 아이스크림이 햇볕에 녹아 없어지듯 사라지는 것이 당연할 것이다. 이익을 바라고 바가지를 씌우려고 할 뿐인 지금 누가 수입이 형편없어 적자를 볼지도 모를 목로술집을 하려고 하겠는가?

예전에 목로주점을 찾던 손님들은 대부분 베이징의 평범한 백성들이었다. 예컨대 운반공, 삼륜차공, 교사와 노인이 다수를 차지했다. 퇴근을 하거나 하루 품을 팔고 나면, 여름에는 이곳에서 땀을 식히고, 겨울이면 이곳에서 몸을 녹였다. 술집은 그들이 쉴 수 있는 나무그늘이었고, 돌아갈 수 있는 항구였다. 오래된 벗은 물론이고 우연히 만난 낯선 사람도 술이서 너 순배 돌면 오랜 벗처럼 되었다.

한 중학교 동창의 아버지는 아내가 갑자기 세상을 떠나고 자녀들은 장성하여 각자 가정을 꾸려나가자 집안이 유난히 적막하기만 했다. 집에 들어가기 싫었던 그는 날마다 퇴근 후에 목로주점을 찾아서 외로움을 달랬다. 술친구들과 함께 둘러앉아 술잔을 부딪치며 이런저런 이야기를 주고받았다. 차가운 술은 위를 해치고, 따뜻한 술은 간을 해치지만, 술이 없으면 마음을 해친다는 식의 이야기였다. 한 잔 술은 메마른 마음을 흠뻑 적셔주고, 은근한 힘을 온몸에 솟구치게 만들었다. 목로주점은 몇 번이나 그가 인생에서 가장 고통스러운 세월을 넘길 수 있게 도와주었다.

대학생 시절, 바람이 거세게 불던 어느 날 나는 두 명의 학우와 함께 기분을 전환하려고 난청南城에 있는 목로주점을 찾았다. 우리가 앉은 탁자 맞은편에는 한 노인이 홀로 앉아 술을 마시면서 한숨을 내쉬고 눈물을 흘렸다. 아들과 말다툼을 하고 속이 상한 노인은 이곳에서 술로 마음을 달래는 중이었다. 우리 세 사람은 술을 따라 드리고 좋은 말로 노인을 위로했다. 노인은 조금씩 마음이 풀어졌고, 마침내 우리를 가지 못하게 붙들었다. 우리는 작은 목로주점이 지닌 정취와 인정을 느낄 수 있었다.

노인처럼 근심은 많지만 주머니는 가벼운 사람에게 목로주점은 안성맞춤이다. 화려하게 꾸민 크고 작은 호텔에서는 그런 이들을 다갈색 유리문 밖으로 밀쳐낼 것이다. 게다가 술만 마실 수 있는 자리는 없음은 물론이다. 술은 음식에 곁들이는 것일 뿐으로, 전국 각지의 유명 요리가 나오고, 음식 하나하나마다 아득한 옛 조상들의 이야기가 들어 있을 것이다. 그리고 음식에 관한 이야기는 음식에 넣는 부재료처럼 별도의 값을 요구할 것이다. 호텔의 바는 서양인이나 서양인에 준하는 사람 아니면 젊은이의 세상으로, 오래된 목로주점의 노인이 앉을 자리는 없다. 호텔 바에서는 브랜드와 분위기를 중요하게 여긴다. 와인잔과 높은 의자는 그곳을 높이

들어 올려놓았다. 이과두로 적시던 위장은 절대로 이곳의 레미 마르땡을 받아들이지 못한다. 목로주점에서 마음껏 마시고 마음껏 흐느끼던 것은 기품 있고 부티 나게 마시는 것에는 적응하지 못한다. 목로주점에서는 술을 마시지만 이곳에서는 돈을 마신다. 목로주점에는 살가운 인정이 넘치지만, 이곳은 인정과는 거리가 있다.

그렇다. 호텔의 바는 목로주점과는 다르다. 베이징은 도시의 번화함을 위하여 돈을 들여서 바를 만들었지만, 그것은 병아리를 키워서 알을 받고 양을 키워서 털을 깎고 젖소를 키워서 우유를 짜는 것처럼, 사람들의 지갑에서 돈을 꺼내게 만드는 것이지, 지나간 세월로 되돌아가려는 것이 아니다. 어쩌면 그것은 일종의 진보이고 발전일지도 모른다. 양춘백설陽春白雪[62]은 예로부터 하리파인下里巴人과 서로 어울리기 어려웠다. XO는 아무래도 시골에서 만든 술의 소박한 맛과는 어울리기 어렵다.

사실 바는 본래 목로주점이었다. 다만 인위적으로 그것을 고급화한 것일 뿐이다. 가라오케가 본래 외국에서는 일반 대중들이 쉽게 드나들며 저렴하게 즐길 수 있는 오락의 공간이지만, 우리에게 달려와서는 고급 소비장소로 둔갑한 것과 마찬가지이다. 일찍이 독일, 프랑스, 스페인의 도시에 널려 있는 바를 본 적이 있는데, 베이징의 목로주점과 별반 다르지 않았다. 날씨가 따뜻하고 햇볕이 좋으면 탁자를 거리까지 내놓아서, 술잔에 햇빛을 녹이며 자유롭고 편안하게 마셨다. 젊은이든 늙은이든 유쾌하게 이야기를 나누었고, 천천히 마셔도 혼자 마셔도 안주 없이 마셔도 무방했다. 거리 풍경도 싫증이 나지 않아서 해가 서쪽으로 질 때까지 느긋하게 마

---

62) 전국시대 초(楚)나라의 고급 음악 이름. 고상한 문학이나 예술의 비유로 쓰임.

시면 바는 문을 닫았다.

　타국의 거리를 거닐면서 나는 금세라도 사라질 것만 같은 베이징의 목로주점을 추억했다. 우리는 아직 부유하지 않으면서도 남들의 소비를 배웠고, 심지어 남들보다 더 허세를 부린다. 겉치레를 숭상하고 소박한 것을 멸시하며 이익만을 도모하고 실용을 돌아보지 않는다. 아무리 많고 아무리 높고 아무리 화려한 호텔이나 바도 베이징에 있다고 나쁜 것은 아니지만 도시의 발전이 고급 일색이어야만 하는 것은 아니다. 몇몇 목로주점은 남겨서 노인에게 안식처가 되고 옛날을 추억할 수 있게 해야 한다. 베이징의 목로주점은 노인에게는 지팡이와 같은 것이었다. 드넓은 베이징이 목로주점에게 자리 몇 개쯤 남겨줄 수는 없을까?

21 패스트푸드 심리

도시의 생활 리듬이 빨라질수록 패스트푸드산업은 호황을 누린다. 베이징에서 앞서가는 풍조의 하나는 패스트푸드산업이 빠르게 발전하고 또 대단히 많다는 점일 것이다. 베이징 번화가에서 사방을 둘러보면, 맥도날드·KFC·피자헛 등 서구식 패스트푸드점이 줄지어 있고, 중국식 패스트푸드인 룽화지榮華鷄는 KFC와 마주보고 경쟁하며, 캉스푸康師傅 라면은 거의 베이징 전역을 석권하고 있다. 게다가 갖가지 인스턴트 음료가 이를 보좌하고 있는데, 이름도 다양하고, 있을 것은 다 있으니, 먹고 마실 거리가 모조리 갖추어진 셈이다. 오늘날 베이징에서 패스트푸드를 먹어본 적이 없고 인스턴트 음료를 마셔본 적이 없다고 한다면, 아마도 비웃음을 살 것이다. 패스트푸드는 베이징인에게는 신기함이고 유행이고 상징이기 때문이다.

그것이 상징이라는 점을 말해 보자. 그것은 단지 음식의 테두리에만 국한된 것이 아니라 일종의 보편적 사회현상이다. 예컨대 베이징 젊은이들은 연애를 할 적에 고전 스타일의 낭만에는 전혀 만족하지 못한다. 양산박梁山泊과 축영대祝英臺든[63] 로미오와 줄리엣이든, "달은 버드나무 가지에 떠오르고, 황혼이 진 뒤에 데이트를 한다."(月上柳梢頭, 人約黃昏後.)는 식의 느려터짐에는 조바심을 낸다. 「서상기西廂記」[64]에서 장생張生이 최앵앵崔鶯鶯에게 에둘러서 애타는 속내를 넌지시 전하는 것도 오늘날 젊

---

63) 중국에서 1,500여 년 가까이 전해 오는, 현실에서 이루지 못한 애달픈 사랑의 이야기를 담은 전설로, 전통지방극과 영화 등으로 만들어져 상연된다.
64) 원나라 왕실보(王實甫)가 지은 연극.

은이에게는 우스꽝스러운 광경일 뿐이다. 요즘 연애는 긴 과정이 필요 없다. 반드시 감정이 무르익어야 할 필요도 없어 보인다. 징과 북소리가 울리고 나서 한참 동안 공연이 시작되지 않으면[65] 기다리지 않고 감정을 토로한다. 사람들은 첫날에는 인사를 나누고, 둘째 날에는 키스를 하고, 셋째 날에는 포옹을 하고, 넷째 날이면 사랑의 씨앗을 뿌린다고 말한다. 이것이 사랑의 패스트푸드가 아니면 무엇이겠는가?

또 일처리 하는 것을 보면, 속도와 효율을 중요하게 여긴다. 관청에서 민원을 보는 경우에는 서류 하나에 수십 개의 도장을 받아야 하기 때문에 시간이 많이 걸려서 애간장을 태운다. 하지만 지금은 빠른 처리를 위해서 미리 선물이나 현금을 건네는데, 이것을 일러 '안약을 넣는다', '소금을 친다', '윤활유를 친다'고 한다. "돈은 민원을 해결해 주고, 불은 돼지머리를 무르게 만드는" 셈이다. 선물이나 현금은 돼지머리를 무르게 하는 땔감과 같은 셈인데, 땔감이 많을수록 돼지머리는 더 빨리 물러지게 마련이다. 그러니 이는 관청 민원처리에서의 패스트푸드가 아니면 무엇이겠는가?

또 한 가지 예를 들어보자. 거리 가득한 가판대의 신문과 잡지를 보면, 내용과 인쇄는 조잡하지만, 겉표지는 유난히 화려하다. 저속하기 짝이 없는 내용은 무술·사건·스캔들·점·해몽·섹스 따위로 채워져 있고, 최대한 노출한 반 포르노 사진과 삽화가 어우러져 있다. 국내외 명저는 진열대에서 먼지를 잔뜩 뒤집어쓰고 장식품이 된 지 오래이다. 이런 신문과 잡지에서는 한순간의 쾌감을 얻을 수 있기 때문에 사람들은 손에서 내려놓지 않는다. 하지만 다 보고 나면 아무렇게나 내던지거나 새로 산 생선을 싼

[65] 중국의 전통극에서 개막을 알리는 북과 징 소리. 요장(鬧場).

다. 이것이 한번 사용하고 버리는 일회용 도시락, 일회용 젓가락, 일회용 냅킨과 무엇이 다른가? 하지만 이것도 누군가에게는 흥미진진한 문화의 패스트푸드이기에, 다양한 요구를 만족시키려는 것을 나무랄 수도 없다.

패스트푸드가 베이징에서 성업 중인 것은, 그것이 베이징인이 지닌 모종의 심리에 부합되기 때문이다. 즉 적은 투자로 빠른 이익을 얻으려는 심리가 주효한 것이다. 장사를 하여 돈을 벌 수 있다면 암거래 물품이나 짝퉁 물건을 잔뜩 사들였다가 되팔아치우고, 식당을 차려서 돈을 벌 수 있다면 손님에게 모질게 바가지를 씌운다. 졸업증서가 유용하다면 야간대학이나 직대職大[66]의 강의실은 금세 사람들로 미어터지는데, 초등학교나 중등학교를 졸업하지 않았어도 으레 그래 왔듯이 속성으로 대학의 학부생이 된다. 졸업증서는 필요하지 않고 직위가 필요하다면, 이런저런 직함이 우후죽순처럼 늘어나고 각종 명함이 눈발처럼 휘날린다. 고도근시, 단기효용, 독과점, 풍차처럼 돌고 도는 눈길, 꽃잎처럼 쉽게 지는 마음, 순식간에 바뀌는 시간, 붙잡을 수 없는 머리가 꼬리에 꼬리를 문다. 곳곳에 막차의 위험이 도사리기에 기회를 놓쳐서는 아니 되고, 시간은 다시 오지 않기에 한번이라도 실수하면 그것으로 끝장이다. 이것이 패스트푸드 심리가 아니면 또 무엇이겠는가?

패스트푸드 심리는 또 잃어버린 청춘을 다시 맞이하는 데서도 나타난다. 젊은 시절에 '3년 동안의 자연재해'를 겪던 시절에[67] 지금과 같은 패스트푸드가 어디에 있었던가! 허

---

66) 직공의 지식과 기능을 배양하고 향상시키기 위해 지방정부가 설립한 전문대학급의 비정규 대학인 직공대학(職工大學) 또는 전문대학 수준의 인재 양성을 위해 지방정부 차원에서 설립한 직업대학(職業大學).
67) 1959년부터 1961년까지 대약진운동(大躍進運動)과 더불어 산업구조를 농업에서 공업으로 전환하려는 정책이 실패하면서 전국적으로 대기근을 가져와 수천만 명이 아사한 일을 말한다.

구한 날 초근목피로 허기를 달래기 일쑤였다. 게다가 청춘의 가장 아름답던 시절은 '문화대혁명'에 휩쓸리고 말았다. 그 무렵에는 전국이 온통 '남마의藍螞蟻'였는데, 콜드크림을 바르는 사람은 모두 부르주아였다. 이제 또다시 잘못을 되풀이할 수는 없기에, 각종 기능성 화장품을 바르고 눈가에 난 주름을 제거한다. 하지만 "오늘은 스무 살, 내일은 열여덟 살"이라는 광고문구가 마치 미역을 물에 불리는 것처럼 빠른 속도로 퍼져나간다.

패스트푸드 심리가 가장 돋보이기로는 자식이 성공하기를 바라는 것보다 더한 것이 없다. 학부모는 자신의 패스트푸드는 꽃이 이미 시들어버렸기에 자식에게 희망을 거는 수밖에 없다. 그래서 아이에게 패스트푸드는 일상 음식처럼 되었다. 주입식 공부, 이런저런 학원, 많은 돈을 들여 밤낮 없이 불러들이는 가정교사 등은 어느 한 가지도 자식이 똥똥해지라고 재촉하지 않는 것이 없다. 학부모는 자식이 하룻밤 사이에 껑충 자라서, 유명한 인물이 되지 않는 것을 안타까워한다. 마치 예전에 속성 문해반에서 글을 배우던 풍경과 비슷하고, 오늘날의 즉석 자전거수리점과도 같다. 이런 패스트푸드 심리는 현대화의 길로 들어서면서 오로지 성공에만 매달리는 도시병이다. 하지만 그것이 약삭빠르고 서두른다고만 말하는 것은 공정하지 않은 것 같다. 이것은 지난 오랜 세월 동안의 완만한 리듬과 속도를 뛰어넘는 일종의 반역이라고 해야 할 것이다. 역사는 떠넘길 수 없는 책임을 지니고서, 사람에게 위장을 부단히 움직이게 만든다. 패스트푸드는 아름다운 장식, 입에 맞는 맛, 쾌적한 환경을 지니고 있음에 틀림없다. 과거 수십 년 동안 일관되게 단조롭던 색채가 갖지 못한 유혹을 지닌 것이다. 지금 베이징 번화가에서는 맥도날드 아저씨가 손짓하고, KFC 할아버지가 미소를 짓고 있으니 누군들 마음이 흔들리지 않겠는가? 베이징인은 맥도날드와 KFC가 패스트푸드로 빠르게 성장하여 세계를 누비는 것을 보면서 자신도 그렇게 되고 싶은 마음을 갖는다. 파블로프[68]는 "강아지도 두 지점 사이에는 직선거리가 가장 가깝다는 것을 알고 있는데, 하물며 사람이 어찌 지름길로 가려고 하지 않겠는가?"라고 말했다.

---

[68] Ivan Petrovich Pavlov, 1849~1936. 러시아의 생리학자, 심리학자, 의사. 고급신경활동학설의 창시자.

22 포장과 사람

1990년대는 포장의 시대로, 그것은 막을 수 없는 세계적 추세였다고 한다. 베이징도 뒤지지 않고 전면에 나서려고 애썼다.

"상품은 포장을 파는 것이다."라고 말하는데, 베이징인은 갈수록 이런 원리를 신봉한다. 베이징인은 중국이 자랑하는 징더전景德鎭의 도자기가 형편없는 포장 때문에 국제시장에서 크게 손해를 보았다는 말을 듣고 자존심에 큰 상처를 받았다. 그래서 실속은 없더라도 겉보기에는 그럴듯한 것이 때로는 실속은 있지만 겉보기에는 그저 그런 것보다 한결 잘 팔린다는 사실을 깨닫는 베이징인이 늘어난다. "바오쯔(包子:소가 든 찐빵)에 넣은 고기는 주름과는 상관이 없다."(包子有肉不在褶上)는 말은 이제 옛날이야기가 되었다. 바오쯔는 주름이 중요해졌고, 상품의 판매는 포장에 달려 있게 되었다. 때문에 포장은 하나의 학문분야가 되어서, 베이징공예학교와 공예미술대학에는 장식 전공이 개설되었다.

납육臘肉[69]은 등나무로 만든 포장상자를 크고 화려하게 만들어야 하고, 초콜릿은 몇 개 들지 않았더라도 포장은 예쁘고 화려해야 한다. 구두는 인조가죽으로 만들었더라도 포장은 화려해야 하고, 양복은 단추가 덜렁거리더라도 포장은 근사해야 한다. 겉포장이 낡으면 수입한 최신 포장지로 다시 포장하면 된다. 보기 좋은 포장은 보는 이의 눈과 마음을 즐겁게 만들고, 은연중에 상품의 등급을 높여준다. 오래되고 유명한 베이징 왕즈허王致和[70]의 처우더우푸臭豆腐[71]

---

69) 음력 섣달 무렵에 소금에 절여 햇볕과 바람에 말리거나 훈제한 돼지고기.
70) 베이징에 본사를 둔 식품그룹.

도 원래는 낱개로 팔거나 간단하게 포장하여 이목을 끌지 못했는데, 지금은 네모난 유리병에 담고 눈길을 잡아끄는 붉은 간판을 내걸었다.

때로는 점포의 포장이 상품의 포장보다 더 중요하다. "사당은 작아도 신통력이 뛰어난 것은 활활 타오르는 향불에 달려 있다."는 옛말이 있다. 지금 점포의 크기는 문제가 되지 않으나, 외관이 허름하고 뒤떨어져서는 안 된다. 지금은 어디를 가나 하나같이 알루미늄 합금, 다갈색 유리, 네온사인 등으로 외관을 꾸며서 마치 꽃이 만발한 나뭇가지처럼 화려하다. 매장 안의 모습과 상품은 오히려 뒷전이어서, 빛 좋은 개살구가 결코 적지 않다. 손해를 보고 바가지를 쓰더라도 가게 주인을 탓할 수는 없으며, 화려한 겉포장에 현혹된 자신을 원망할 수밖에 없다. 한번은 다자란大栅欄[72]에 새로 문을 연 한 음식점에서 식사를 한 적이 있었다. 외관은 장식을 완전히 뜯어고치고, 입구에는 화려한 네온사인이 은백색 불빛을 쏟아내 너무도 눈부시고 아름다웠다. 그런데 공교롭게도 내가 앉은 식탁 바로 아래에 있는 하수도 구멍에서는 비록 덮개가 있고 바닥판을 덮었지만, 끊임없이 악취가 올라왔다. 주인은 외관을 꾸미는 데는 돈을 펑펑 들였지만 정작 하수도 구멍을 옮기는 데는 돈을 아낀 것이다.

사람들은 갈수록 자신을 포장하는 데에 신경을 쓴다. 헤어스타일과 화장품은 물론 눈썹과 입술을 그리고, 가짜 속눈썹을 붙이고, 가발을 쓰고, 뽕브라를 입고, 외투부터 셔츠, 속옷까지, 넥타이와 손수건에서 브로치, 코르사주까지 모두 신경을 쓴다. 사람들은 갈수록 비용과 수고를 아끼

---

71) 두부를 발효시켜 만든 간식거리. 상하이와 타이완 등지가 대표적이다.
72) 베이징의 첸먼(前門) 밖에 있는 유명한 상업가.

지 않고 자신을 새롭게 포장하면서 상품의 포장과 함께 평행선을 그리며 빠르게 나아간다. 남성은 더 말쑥해지려고 하고, 여성은 '남이 돌아볼 확률'을 높이려고 한다. 무식한 사람은 겉치레로 명사를 사귀고 문화 활동에 참가하고, 부유한 사람은 남들에게 돈자랑을 하려고 한다. 지위를 찾는 사람은 자신의 가치를 높이려고 하고, 사랑을 찾는 사람은 사랑의 성공률을 높이려고 한다. 뚱뚱한 사람은 날씬하게 포장하고, 못생긴 사람은 멋져 보이게 포장하고, 더러운 사람은 옥처럼 깨끗하게 포장하고, 저속한 사람은 구름처럼 고상하게 포장한다. "사람은 겉모습으로 판단해서는 아니 되고, 바닷물은 말로 될 수 없다."(人不可貌相, 海水不可斗量.)는 말은 포장 때문에 이제 무너지고 말았다. 바닷물을 말로 될 수 있다면 물 한 방울에서 태양을 볼 수 있고, 사람을 외모로 판단할 수 있다면 나뭇잎 하나를 보고서 가을이 되었음을 알 수 있을 것이다. 아무리 포장을 하더라도 자신의 못난 구석을 감추기 어렵다면 다른 사람을 고용하여 잠시 자신을 대신하게 할 수 있는데, '대역 포장'이라고 한다. 비즈니스 빌딩에 늘어나는 꽃처럼 아름다운 비서와 홍보담당 여직원 가운데 누군가는 오너를 대신하여 상황을 열어가지 않던가?

포장의 형식·재질·내용은 빠르고 다양하고 화려하게 발전하고, 포장의 마지막 순서인 오색 테이프의 매듭은 눈이 부시다. 그 매듭은 나비매듭이나 연꼬리매듭 같은 몇 가지가 전부가 아니다. 사람들은 갈수록 영리해지고 갈수록 자신의 약점을 정확히 파악하여 못생긴 것을 잘생겨 보이게 만들고, 적은 것으로 많은 것을 이기고, 약간으로 전체를 거느리고, 가짜로 진짜를 어지럽히려고 한다. 중국인보다 첫인상을 중요하게 여기는 사람은 없을 것이다. 이런 까닭으로 포장이 널리 유행하는 것이다. 포장은 자신에게 보여주는 것이 아니라 영원히 남을 위한 것이다. 남들이 좋게 보면 마음이 든든해지기 때문에 자신도 포장과 마찬가지로 남을 위해 존재한다.

나는 종종 베이징에서 흔히 열리는 가면무도회를 생각한다. 형형색색의 가면은 하나하나 모양이 다른 포장과도 같다. 모두 가짜이고 잠시 가리는 것일 뿐이지만, 많은 사람들을 들뜨게 만들고 심지어 밤새 즐겁게 놀게 만든다. 포장이 사람에게 얼마나 중요하며, 또 그 공로가 어떤지 인정하지 않을 수 없다. 생각해 보라. 인류는 숲에서 처음 걸어 나왔을 때 나뭇잎이나 짐승 가죽으로 자신을 포장하고, 마침내 원숭이와 작별하고 문명을 향해 매진하지 않았던가? 그리고 모든 도시는 농촌에서부터 출발하여 고층빌딩, 입체교차로, 방호림, 묘포장 따위를 세웠는데, 그 어느 것인들 포장이 아닌가? 황폐하게 버려진 땅에 한 겹 한 겹 포장을 한 것이 아닌가? 베이징이라는 도시만 그런 것이 아니라 모든 도시가 하나의 커다란 포장이다. 우리 모두는 포장 속에서 살아간다.

23 광고를 말함

지금 광고가 없는 베이징을 상상하기는 어렵다. 일찍이 소비에트연방이 해체되기 이전인 고르바초프[73]의 시대에는 모스크바에 첫 선을 보인 펩시콜라 광고가 많은 사람들의 눈길을 끌었지만, 지금은 어디를 가든, 비행기를 타든 기차를 타든, 가장 먼저 광고가 눈에 띈다. 베이징에 언제 처음으로 광고가 등장했는지는 모르겠다. 다만 기억하기로는 아주 오래 전에 창안가長安街에 등장한 광고가 사람들의 눈길을 끌었던 기억이 난다. 당시 사람들은 무척 신선한 느낌이 들었고, 창안가에는 생기가 넘쳤다. 지금 베이징을 거니노라면 광고가 즐비하다. 작은 골목이든 구멍가게든 도처에 광고가 널려 있는데, 예전에 세상을 온통 뒤덮었던 '붉은 대자보'에 전혀 못지않다. 그러나 광고는 표어보다는 친밀감을 준다.

베이징에는 광고가 범람한다. 광고는 어디서나 시야에 들어와서 정신을 어지럽히고, 너무도 자상하고 살가워서 난감하게 만든다. 광고판의 커다란 광고는 광장에 서 있는 위인의 동상보다 훨씬 크다. TV를 켜거나 신문이나 잡지를 뒤적이거나 버스나 택시를 타거나 심지어 성냥 하나를 사더라도 광고와 마주친다. 광고는 마귀의 그림자 같아서 어디에 가더라도 전후좌우에 따라붙는다. 원하든 원하지 않든 아랑곳하지 않으며, 설령 화가 나서 바닥에 넘어뜨리고 침을 뱉고 발로 밟아도, 여전히 알랑대며 미소를 짓는다. 학습·사교·시험·징벌은 피할 수 있어도, 광고에서는 벗어나지 못한다. 거리에 나가지 않고

---

73) Mikhail Gorbachov, 1931~. 소비에트 연방의 국가수반 겸 공산당서기장을 지낸 인물. 페레스트로이카를 추진하여 소련연방의 해체와 동구권의 개혁, 개방, 민주화에 큰 영향을 미쳤다.

TV를 보지 않고 신문이나 잡지를 뒤적이지 않는 경우를 제외하고는 말이다. 그러니 죄수와 무엇이 다르겠는가? 방법이 없다. 광고를 환영하는 수밖에 달리 뾰족한 방법이 없다. 광고는 변함없이 예쁘게 단장한 모습으로 미소 짓는다. 근래에 가장 빠르게 퍼진 것이 있다면 그것은 광고임에 틀림없다.

우리의 광고는 찬란하다. 그들은 입고 먹고 쓰는 것에 있어서 항상 시대의 조류를 앞장서서 이끈다. 그들은 화려하고 현란하게 베이징의 대낮과 밤하늘에 빛난다. 그들은 소박함은 숭상하지 않으며 현란함만을 추구한다. 그들은 겉만 화려하고 속은 보잘 것 없는 것을 두려워하지 않으며, 단장하고 가장하려고만 한다. 그들은 조금이라도 미치지 못할까 염려할 뿐이며 조금도 부끄럼을 타지 않는다. 그들은 당당하고 거리낌 없이 과장하여, 마치 피카소의 현대파 미술을 닮았다. 그들은 심리적 만족을 가져다 줄 수 있기에, 주머니 사정이 곤란하더라도 캘리포니아식 불고기, 보니 후라이드 치킨, 독일식 치즈, 스위스 초콜릿, 피자, 맥도날드 따위를 배불리 먹여주고, 피에르 가르뎅 패션, 피카소 핸드백, 이브닝 인 파리 향수, 꾸레주 액세서리, 골드 라이온 넥타이, 플레이보이 허리띠를 모두 손에 넣게 한다. 찬란한 광고는 정신적 만찬을 충족시키고 욕망의 바다를 세차게 자극한다. 찬란한 광고는 연약한 마음의 제방을 무너뜨려, 삶이 풍요하고 세상이 풍요하다고 느끼게 만들고 아울러 마음속의 이런저런 불만을 깨닫게 만든다. 광고는 허풍을 겨루고 겉치레를 다투는 경기장이 되었다. 그것은 착각을 불러일으켜서 모든 것이 광고처럼 아름답고 찬란하다고 생각하고, 소박하고 함축적이고 드러내기를 원치 않는 모든 소중한 것들을 쓸모없게 여긴다.

우리의 광고는 선정적이다. 명확한 통계는 없지만, 광고에는 대부분 젊은 여성이 등장한다. 남성이 등장하더라도 대부분 꽃미남이다. 노인이나 아이가 등장하기도 하지만 몹시 뚱뚱하거나 비쩍 말랐거나 못생긴 모습이어서, 주인공이 되기는 어렵다. 현란한 광고는 영화나 연극처럼 주연을 비롯한 각종 배역이 있지만 주인공은 항상 젊고 예쁜 여성이 아니면 잘생긴 젊은 남성이며, 특히 젊고 섹시한 여성이 대부분이다. 영화스타가 직접 등장하거나 한눈에 들어오는 여성이 등장한다면, 예외 없이 매혹적인 눈동자, 마를렌 디트리히[74]의 둥글고 가느다란 눈썹, 비비안 리[75]의 늘씬한 다리, 소피아 로렌[76]의 섹시한 입술을 지니고 있다. 언젠가 TV에서 세찬 선풍기 바람이 여성의 치마를 들어올리자 황급히 손으로 치맛단을 붙잡는 장면을 담은 광고가 나온 적이 있었는데, 외설적이라는 비판 때문에 이 장면은 결국 삭제되었다. 하지만 사실 광고에서 선정성을 없애기는 어렵다. 섹시하다는 것이 결코 외설적이라는 의미는 아니지만 광고는 사람의 잠재의식을 빌어 은근하게 생활에 파고든다. 광고는 도시의 목에 걸린 화려한 목걸이고, 도시의 머리에 씌워진 낭만적인 면사포며, 말없는 정을 품고 사람의 마음을 뒤흔드는 도시의 추파이다.

우리의 광고는 고단하다. 그 화려하고 부귀한 측면만 보지는 말라. 처량한 장맛비든 차가운 서릿발이든 사나운 눈보라든 적막한 심야든 고요한

---

[74] Marlene Dietrich, 1901~1992. 독일 출신의 여배우. 1930년 「모로코」로 일약 스타덤에 올라, 1930, 40년대에 최고의 섹스심벌로 찬사를 받았다.
[75] Vivien Leigh, 1913~1967. 영국 출신의 여배우. 「안나 카레니나」, 「시저와 클레오파트라」, 「찻잔 속의 폭풍」 등에 출연.
[76] Sofia Loren, 1934~. 이탈리아 출신의 여배우. 마릴린 먼로, 브리짓드 바르도, 제인 폰다 등과 함께 1960년대를 풍미하였다.

새벽이든 그것은 거리에서 손님을 기다리는 웃음을 파는 여인처럼 고단하다. 거리의 바람·서리·비·눈을 맞아 바래고 벗겨진 광고를 보면서, 나는 항상 탄식한다. 그것은 일찍이 많은 돈을 벌어들여 부유했었다.

광고는 하나의 학문이라고 한다. 광고는 현대의 경제발전에 크게 기여한다. "광고는 보이지 않는 손이다."라는 말이 생각난다. 은밀하게 나의 지갑에서 돈을 꺼내 달아나려고 한다.

광고를 조심하라!

광고는 베이징에 색채를 더하고 수입을 늘리고 도로를 넓혔지만, 좋은 것인지 나쁜 것인지 판단하기 어려운 광고가 너무도 범람한다. 나는 그렇게 말하고 싶다.

24 표어를 회고함

중국의 도시나 세계의 도시 가운데 베이징처럼 온통 표어로 뒤덮였던 도시가 또 있을까?

청나라 때에는 표어는 없었고 포고문만이 있었다. 베이징의 표어는 5·4 운동[77] 때에 처음 등장했고, 문화대혁명 시기에는 광풍처럼 전성을 구가했다. 베이징의 표어는 앞 세대에게는 영광이었고, 우리 세대에게는 악몽이었다.

베이징에서 우리 앞 세대가 한밤중에 찍은 표어는 공포스러운 번개였고, 이른 새벽에 나붙은 표어는 희색만면한 꽃구름이었다. 앞 세대의 표어에서 낡은 시대가 무너지고 새로운 시대가 탄생했다.

우리 세대도 그런 영광스러운 길을 걷고 싶었지만, 우리는 역사는 비슷할 수는 있어도 똑같이 반복되기는 어렵다는 것을 생각하지 못했다. 당시 우리는 한밤중에 풀통을 들고 표어 다발을 안고 모두가 잠든 고요한 거리를 누비며 어스름한 가로등 불빛 아래에서 도시를 '붉은 바다'로 만들었다.

그것은 예전처럼 도시의 모든 이들을 놀라게 할 표어이고, 위대한 혁명에 몸을 던지는 것이라고 생각했지만, 그 '혁명'이 우리 민족을 재난의 구렁텅이로 내밀고 우리 자신을 북행 열차에 태워 베이다황北大荒에 내팽개칠 것이라고는 꿈에도 생각하지 못했다. 베이징을 떠나는 열차의 객실에서도 우리는 표어를 찍었다. 우리 세대는 표어와 관계를 끊을 수가 없다. 표어는 베이징과 우리를 불태우

---

[77] 1919년 5월 4일 베이징의 학생들이 일으킨 반제국주의, 반봉건주의 운동.

고 부풀어오르게 만들었다. 베이징에 네온사인과 광고판이 없던 그 시절에 표어는 유일한 장식이자 빛깔이었다. 당시 베이징에 표어가 사라졌다면 어떤 모습이었을지 상상하기도 어렵다. 마치 수탉이 벼슬이 없고 공작이 깃털이 없는 것과 같지 않았을까?

베이징의 역사를 연구하려면 베이징의 표어를 연구하지 않을 수 없다. 표어는 베이징에만 있는 것은 아니고, 또 중국에만 있는 특산품도 아니다. 빅토르 위고는 「93년」에서, 프랑스혁명 당시 파리 바스티유 광장과 마르세유 거리에 나붙은 표어가 파리 전역을 '독특한 월식月蝕 모양'으로 만들었다는 사실을 알려주었다.[78] 표어는 도시의 축소판이다. 도시의 성격을 사실적으로 묘사하고, 도시의 역사를 설명해 준다.

지금 베이징은 광고에게 자리를 내주었음이 분명하다. 비록 베이징에는 아직도 표어가 남아 있지만, 더 이상 예전처럼 도시 전체가 붉은 바다를 이루는 그런 광적인 열기와 황당함은 없을 것이다. 베이징의 새로운 선택은 베이징의 새로운 진보를 의미한다. 역사가 오래된 도시의 진보는 단지 역사의 한 순간에 지나지 않지만, 우리 세대에게는 모든 청춘을 대가로 삼았다는 사실을 일깨워 주었다. 우리가 농촌의 산기슭에서 베이징으로 돌아왔을 때, 베이징은 지난날 우리가 떠나는 것을 표어로 환송하던 것처럼 그렇게 우리를 맞이하지는 않았다. 우리에게는 달랑 낡은 작업복 한 벌씩이 지급되었고, 베이징의 끊임없는 차량 행렬은 이내 우리를 파묻어버렸다.

우리는 원망하지 않는다. 사람을 현혹하던 표어가 줄어든 것은 좋은

---

78) 「93년(Quatre-vingt-treize)」은 프랑스의 시인이자 소설가인 위고(Victor M. Hugo, 1802~1885)가 1874년에 발표한 소설로, 프랑스대혁명을 소재로 하여 폭력에 대한 인간애를 담은 작품이다.

일이다. 그러나 표어가 정말로 베이징에서 종적을 감출 것이라고는 생각하지 말라. 구호를 잘 만들고, 또 표어를 잘 내다붙이던 우리의 지병이 불시에 도질 수도 있다. 한두 개의 표어마저도 없다면, 우리의 건물이 보수적이 되고, 차량들은 우회전만 하고, 꽃은 자본주의의 사악한 기운을 발산할 것만 같다. 어떤 사람에게 있어서 표어는 손오공이 머리에 동여맨 머리띠와 같은 것이다. 건망증이 있거나 작은 성공에 우쭐대는 사람은 수시로 일깨워 주어야 한다. 표어는 도시의 신호등이며, 도시의 청우계晴雨計[79]이며, 도시의 풍향계이다.

의도적으로 베이징의 표어를 깎아내리려는 것은 결코 아니다. 우리 세대에게 이 도시에서 태어나 우리와 함께 성장한 표어는 사실 우리에게 좋은 인상을 주지는 못했다. 어린 시절에 "3년 안에 영국을 추월하고 미국을 따라잡는다."는 표어는 웃음거리였고, "인민공사人民公社[80]는 천당이다."라는 표어는 배고픔을 남겼다. 우리는 장성해서는 어른들이 붙인 표어를 보는 대신 직접 표어를 찍었다. 그리고 마지막으로 찍은 표어는 우리를 베이징에서 찍어내 황량하고 외진 농촌으로 보냈으니, 표어에 대해 좋은 감정을 가질 수 있겠는가?

좋은 표어가 없었던 것은 아니다. "교통안전에 주의하세요. 당신 가족이 무사귀가를 기다립니다."라는 표어는 따뜻함을 안겨준다. 그렇지만 어떤 사람에게는 치료하기 어려운 지독한 고질병이 되어서, 따뜻한 표어를 쥐어주더라도 강한 적개심을 드러낸다. 때문에 표어는 날카로운 비

---

[79] 대기의 압력을 측정하여 날씨의 변화를 예측하는 계기.
[80] 중국에서 농촌집단화를 위해 만든 농촌의 사회생활 및 행정조직의 기초단위로 1958년부터 시행되다가 1982년에 해체되었다.

수와도 같을 뿐이며, 뜨거운 태양 아래의 그늘이나 쏟아지는 폭우 속의 우산과 같을 수는 없다. 당시 북방의 도시에 도착했을 때, 대로에 걸린 표어를 보고 깜짝 놀랐던 기억이 난다.

"가산 탕진은 용납할 수 있어도, 규정 위반은 용납할 수 없다."

이 또한 운전자를 위한 표어인데, 보기에 대단히 거북하다. 다행히 베이징에서 나온 것은 아니지만, 베이징의 표어도 듣기에 거북한 것이 있었다. 예컨대 상점에서 친절봉사하자는 표어나 도로에서 교통법규를 지키자는 표어 같은 것이다. 그런 표어를 보면 웃을 수도 울 수도 없다.

새롭고 기발한 주장을 담아내는 것이 표어의 특징이다. 수십 년을 그대로 내려온 표어, 세습처럼 내려온 표어가 영원히 존재하기는 어렵다. 표어는 아이의 얼굴처럼, 그 해맑은 미소 속에서 한순간의 충동을 느끼게 만들고, 또 그 웃음 속에서 오히려 세찬 벼락처럼 냉혹함을 느끼게 만들어야 한다. 우리의 표어는 결국 시대에 뒤떨어진 느낌을 주거나 세상이 크게 바뀌었다는 느낌을 준다.

가장 난감한 것은 일부러 사람을 놀라게 하는 표어가 아니라 베이징의 낡은 담장에 여전히 희미하게 남아 있는 문화대혁명 당시의 표어이다. 마치 칼에 베인 깊은 상처처럼 베이징의 몸통에 새겨져 있는데, 이미 딱지가 졌더라도 피를 흘린 적이 있었다. 어릴 적에 살던 대원大院[81]을 찾아간 적이 있는데, 대문과 복도 벽에는 절반쯤 남은 표어가 붙어 있었다. 채색으로 쓴 그리 크지 않은 글자는 세월에 침식되었지만 여전히 건재했다. 공교롭게도 그 표어는 당시 내가 쓴 것이었다.

---

81) 한 담장 안에 여러 가구가 모여 사는 집.

25 핫라인 이야기

누구든지 너무 먼 길을, 너무도 오랫동안 배를 타고 떠다니느라 지쳤다면 바람도 없고 파도도 없는 항구에서 잠시 휴식하는 것이 간절할 것이다. 민들레처럼 비바람에 흔들리는 망망하고 끝없는 고통, 무관심과 장벽에 에워싸인 고독은 누군가를 찾아가 하소연하고플 것이다. 이런 까닭으로 라디오방송의 각종 핫라인 프로그램이 인기를 끌면서 마치 신형 잠수함이 상륙하듯이, 방송시장을 빠르게 점령했다. 이런저런 이름을 붙인 핫라인 프로그램은 마치 공작이 날개를 펼친 것처럼 번창하였고 TV가 도저히 따라잡을 수 없었다. 청취자들은 듣기만 하던 이전의 단순한 방식과는 달리 직접 참여하여, 마치 슈퍼마켓에서 마음대로 물건을 고르는 것처럼, 떠벌이고 하소연함으로써, 말하고 듣는 기능을 한껏 확대하게 되었다. 말하는 사람은 스스로 즐거움을 느끼고, 듣는 사람도 거기에서 즐거움을 찾는다. 이것저것 다 털어놓으면 마치 사우나를 한 것처럼 개운하고 원기가 솟고 혈색이 돈다.

야생초처럼 우거지면 꽃이 피기를 바라고, 거북등처럼 갈라지면 우레가 치고 비가 내리기를 고대하는 법이다. 햇살은 물욕이 넘실대는 세상을 모두 덮어주지 못하고, 진실한 감정은 속임수와 거짓의 수렁에 빠져들고, 귀갓길은 케니지[82]의 멜랑꼴리한 색소폰에 심취한다. 로터리에 붉은 가로등이 불을 밝히면, 심장처럼 살아 움직이는 따스한 등불을 기대한다.

---

[82] Kenny G, 1957~. 미국 출신의 색소폰 연주자. 감미로운 멜로디, 풍부하고 포근한 감성, 현대적인 연주 기법으로 대중의 사랑을 받으며, '색소폰의 마술사', '색소폰의 연금술사'로 불린다.

핫라인은 안개 자욱하고 부슬비가 내리는 깊은 밤에, 하고 싶은 이야기를 할 수 있는 공간을 준다. 핫라인은 적막한 마음에, 말라붙었지만 그래도 새가 둥지를 틀 수 있는 가지를 제공한다. 핫라인은 체온이 날마다 올라가서 고열이 나게 만든다. 달아오른 청취자들은 보이지 않는 핫라인을 끌어안고 솥에서 방금 꺼낸 돼지족발처럼 맛있게 먹는다. 달아오른 핫라인 진행자도 허열虛熱이 올라서 경건한 많은 신도들을 마주한 홍의紅衣의 주교主敎처럼 거침없는 언변으로 청취자를 감탄하게 만들고, 청취자에게 거리에 떠도는 속담을 떠올리게 한다.

"10억 명의 인민 가운데 9억 명은 떠들고 1억 명은 발전 중이다."

모두가 키케로[83] 스타일의 웅변가인 것만 같다.

핫라인은 때로는 우정을 전하는 전령이 되고, 사랑을 담은 편지가 되고, 소송에서 승리한 변호사가 되고, 은혜와 원한을 분명하게 말할 수 없는 중재인이 된다. 당신의 필요를 살펴서, 때로는 친구가 되고, 때로는 잃어버린 세월을 추억하는 일기장에 끼워둔 갈피표가 되고, 때로는 속마음을 털어놓는 대상이 되고, 때로는 가래를 내뱉는 타구가 되고, 때로는 몇 마디 욕설을 내뱉을 화풀이 대상이 된다. 그러나 더 많은 경우에 핫라인은 손에 들고 있는 고무줄처럼 늘었다가 줄었다가 하고, 수다스러운 할망구와 같아서, 아무리 성격이 좋더라도 감당하기 어렵다. 특히 노래를 신청하는 핫라인이 그런데, 연인이나 남편이나 아내를 위해, 명절이나 생일이나 결혼기념일이나 아니면 그저 마음이 내키는 날에, 사랑의 노래를 신청하는 것이다. 비용만 치르면 사랑을 사고 위로를 사고 안정을 사고 생일 케

---

[83] Marcus Tullius Cicero, B.C. 106~B.C. 43. 고대 로마의 정치가, 철학자, 웅변가.

이크를 살 수 있는 것처럼 마음대로이다. 그런 감정과 사랑이 방송 전파를 타기만 하면, 마치 수소 풍선처럼 부풀어오르고 호수처럼 퍼져나갈 것만 같다. 이에 개인에게만 털어놓아야 할 은밀한 이야기를, 마음에만 고이 간직해야 할 소중한 비밀을, 핫라인에 낱낱이 털어놓아, 사적인 애정을 설날 폭죽처럼 만들어 세상에 널리 알려야만, 비로소 마음 속의 절실함이 풀린다.

사전 제작한 핫라인의 노래는 경마장의 말에 지나지 않는다. 오늘 한 필을 끌어내어 당신에게 주고, 내일 한 필을 끌어내어 다른 이에게 준다. 몇 필 말을 사람들이 돌아가며 타고 바람을 쐬게 하고, 또 포커의 패처럼 돌아가며 패를 내고 다시 섞어서 패를 나눠주는 것과 다르지 않다. 핫라인에서 수시로 듣는 몇몇 노래는 귀에 딱지가 앉을 지경이지만, 진행자와 신청자를 대신하여 불편을 감내한다. 핫라인은 귀에 딱지가 앉을 지경인 그런 노래들을 '만인의 연인'으로 바꿔놓았고, 사랑을 돌고 도는 놀이처럼 만들었다. 사랑은 핫라인에서 앞뒤로 돌려가며 굽는 사오빙燒餠[84]이 되었다.

지나친 것은 모자라는 것과 같은 법이기에 걱정스럽다. 더우면 땀이 나는 것이 당연하지만, 고열은 나지 말아야 한다. 방송국에서 핫라인 말고는 말을 산책시킬 장소가 없는 것은 아니다. 핫라인은 아라비안나이트에 나오는 마법의 상자가 아닌데, 원하는 것을 모두 이룰 수가 있겠는가?

[84] 밀가루 반죽을 동글납작하게 빚어 화덕에 붙여서 구워낸 빵.

26 소음을 피함

귀가 눈보다 중요한 경우가 있다. 특히 소음을 만났을 때가 그렇다.

베이징은 소음이 갈수록 심해진다. 도시가 현대화될수록 소음은 더 심해지게 마련이다. 이는 인류의 발전이 치러야 하는 필연적 대가인 것은 아닐까?

그렇지만 그 소음은 로터리를 빠르게 지나가는 차량에서만 나온다고 여기지는 말라. 마치 춘삼월에 불어난 도화수처럼, 범람하는 자동차에서 거리낌 없이 터져나오는 귀를 찢는 경음기 소리, 엔진 소리, 진동 소리는 쓰레기를 뒤엎는 것처럼 허공으로 울려퍼진다. 시끄러운 음파는 베이징 구석구석은 물론 베이징 상공마저도 자동차가 휘젓고 다니는 것처럼 만든다. 그것은 마치 베이징의 현대화를 상징하는 것이며, 베이징의 우렁찬 목소리인 것처럼 보인다.

소음은 먼지가 풀풀 날리는 공사장에서만 나온다고 여기지는 말라. 말이 무리지어 내달리는 것처럼, 적수가 없는 콘크리트 믹서, 불도저, 파일 드라이버의 소음은 베이징의 생존공간 확장만을 생각하고, 베이징의 높은 스카이라인만을 생각하며 만들어낸 노동의 구호로, 하늘 높이 울려퍼진다. 베이징에 고층빌딩을 우뚝 솟게 만드는 중금속 록큰롤은 고막을 찢을 것처럼 자극한다.

소음은 번화한 중심가의 상가 앞에 놓인 스피커에서만 나온다고 여기지는 말라. 수많은 악단이 운집한 것처럼, 카라얀[85]과 아바도[86]가 지

---

85) Herbert von Karajan, 1908~1989. 오스트리아 출신의 명지휘자. 베를린 국립오페라극장과 베를린필하모니의 상임지휘자 등을 지내며 세계적으로 명성을 떨쳤다.
86) Claudio Abbado, 1933~. 이탈리아 출신의 세계적 지휘자.

휘하고, 홍콩과 타이완의 유명 가수가 마음껏 노래하는 것만 같다. 상점은 자신을 내보여 고객을 끌기 위해서 고음의 스피커를 동원해 유명 가수와 악단을 연거푸 등장시킨다. 시끄럽고 뒤섞여서 가사를 알아들을 수도 없지만, 높은 데시벨의 소음은 송풍기에서 불어넣는 강한 바람처럼 귀를 자극한다.

베이징의 소음은 대개 베이징인 자신의 마음에서 나온다.

우리 마음은 갈수록 초조하고 불안해져서, 마치 뜨거운 솥단지 안에 있는 개미와도 같다. 우리 마음은 갈수록 초조하고 불안해져서, 마치 빽빽한 벌집과도 같다. 금전은 우리를 자꾸만 유혹하여 정신적으로 동분서주하게 만든다. 감정의 상실은 우리에게 큰 소리로 하늘을 부르거나 머리로 땅을 치게 만들고, 청춘의 부재는 우리에게 불공평하다고 화를 내게 만든다. 그리하여 우리는 자신을 짓누르고, 자신을 방종하게 하고, 자신을 갈등에 빠뜨리고, 자신을 후려친다. 그리하여 우리는 스스로 우리의 도시를 불안하고 시끄럽게 만든다. 마치 스스로 끓어오르게 만들었다가 다시 소금을 뿌려대는 마음과도 같다.

그래서 베이징에서는 시내버스에서 사소한 일 때문에 서로 욕설을 퍼붓고, 상점에서 사소한 일 때문에 서로 말다툼을 벌이고, 거리에서 사소한 마찰 때문에 주먹질을 하는 광경을 흔히 볼 수 있다.

물론 이것은 겉으로 드러나는, 가장 눈에 잘 띄는 소음일 뿐이다. 내심에서 충동질하는 것은 팝콘이고 폭약으로, 언제 폭발음이 들릴지 모른다. 나는 베이징을 포함한 모든 도시가 논밭과 들판에서 걸어 나오면서 변화함과 더불어 소음도 가져왔음을 알고 있다. 소음이 없는 도시는 꿈일 뿐이다. 그렇다면 도시의 번화함은 반드시 소음과 정비례하는 것인가? 열을 받은 수은주가 올라가는 것과 같은 것인가? 우리는 번화함을 창조하는 동시에 소음도 만들어내는 것인가? 마치 음식을 먹으면 반드시 배설을 해야 하는 것과 같은 것인가? 우리의 마음과 귀는 오랜 세월을 지내면서 둔감해져서 우리 자신이 만든 소음에 익숙해진 것인가? 우리가 본래 지녔던 자연계의 소리를 다시는 듣거나 느끼지 못하는 것인가?

한 여름날이 생각난다. 당시 나는 창강長江 산샤三峽에서 시각장애 시인 스광주史光柱[87]를 우연히 만났다. 그는 홀로 갑판 난간을 붙들고 안개 자욱한 강을 마주하고 있었다. 무슨 생각을 하는지 물었더니, 그는 이렇게 말했다.

"생각을 하는 것은 아니고, 듣고 있었어요. 창강을 들었죠. 이제껏 창강을 본 적은 없어요. 귀로 들을 수만 있죠."

그가 무엇을 들었는지는 모른다. 물보라가 날리고, 강바람이 부는 소리는, 모두 베이징에서는 들을 수 없는 대자연의 소리이다. 그의 대답은 내게 이런 생각이 들게 하였다. 그는 실명하였기에 귀가 유난히 기민해졌고, 그래서 우리가 보지 못하는 것을 들을 수 있는 것은 아닐까? 우리는 눈으로 보는 것이 너무 많아서 마음은 어수선해지고, 귓가·신변·코끝의 떠들썩한 소음만 듣는 것은 아닐까? 우리가 그처럼 눈으로 보지 못하고 귀로 듣기만 한다면, 세상은 어떤 모습일까? 일상의 익숙한 생활과 복잡한 인생과는 다른 모습일까? 평소

---

87) 1963~. 군인 출신으로 1984년 작전수행 중에 부상으로 실명하고 '1급 전투영웅'의 칭호를 받았다. 2006년 '전국 10대 우수인물'로 뽑혔고, 2009년에는 1억 명 이상이 참여한 투표에서 '중국 건국 이후 가장 감동적인 100인'의 한 사람으로 선정되었다. 현재 중국장애인작가연합회 부회장, 중국작가협회 회원이다.

소홀하고 냉담하고 망각하고 오랫동안 헤어져서 낯설어진 자연의 소리를 다시 들을 수 있을까?

　베이징에서는 눈에 보이는 많은 것들이 눈을 어지럽히고, 귀는 소리만 들을 수 있을 뿐이다. 워크맨을 들으면서 미묘한 소리라고 생각하지만, 자연의 소리와는 점점 멀어지는 것이다. 우리는 받아들이기를 거부하고, 소음을 만드는 것을 거부해야만, 자연의 소리를 듣고 느낄 수 있을 것이다. 베이징은 눈에 보이는 것이 너무 많기 때문에 귀가 점점 퇴화하는 것임에 분명하다.

27 조용함을 찾아서

나는 자신이 폐쇄적이라는 사실을 알고 있다. 나는 특별한 일이 없으면 집에서 잘 나가지 않는다. 나는 14층에 사는데, 건물에서 가장 높은 층이다. 층이 높을수록 조용할 것이라고 생각했지만, 그것은 착각이었다. 거리의 소음은 위로 올라오기 때문에 방문을 꼭꼭 닫아도 조용하기는 어렵다. 조용함은 꿈이거나 느낌일 뿐이다. 그래서 나는 자신을 스스로 유폐했다.

베이징이라는 도시에서 시끌벅적한 것을 찾기란 식은 죽 먹기이다. 어디를 가든 시끌벅적하지만, 번화한 곳일수록 시끌벅적함은 예사롭지 않다. 유흥가와 사람들이 모여드는 광장, 극장, 댄스홀, 가라오케, 증권거래소 등은 어디나 시끌벅적하다. 베이징 같은 도시에서 조용한 곳을 찾기란 여간 어렵지 않다. 적어도 나는 어디가 조용한지 모르겠다.

어떤 사람은 도서관이 조용하다고 말한다. 그것은 옛말이고, 지금 도서관은 안에서는 각종 전시회가 열리고, 밖은 온갖 소란스러운 난전에 포위되었다. 조용함은 안팎에서 협공을 당해, 깨진 노른자처럼 되어 버린 지 오래다.

어떤 사람은 낚시터가 조용하다고 말한다. 이 또한 옛말이다. 요즘 낚시는 물고기를 사다 미리 풀어놓고 낚시질을 하는 것이 유행이다. 때로는 무리 지은 낚시꾼이 물고기보다 많아서, 조용함은 일찌감치 낚여 가버렸다. 그러니 어디에서 조용함을 찾겠는가?

드넓은 베이징에 조용한 곳이 없지는 않겠지만, 나는 아직 찾지 못했다. 조용한 곳이 없는 것을 이상하게 여길 필요는 없고, 내 눈이 형편없음을 나무랄 수밖에 없다. 콜럼부스가 아니어서 신대륙을 발견하기는 어렵다.

나는 스스로 작가라고 말할 수 있기를 바란다. 비록 유명작가는 아니더라도 말이다. 지금은 '유명세'도 마치 전통극을 공연하는 것처럼 몹시 요란하다. 작가라면 작품을 쓰는 것은 천직이다. 작품을 쓰려면 펜이나 컴퓨터, 차 한 잔 또는 담배가 필요할 뿐이고, 떠들썩한 것은 필요하지 않다. 가라오케에 가면 마이크를 붙들고 있는 것이, 마치 예전에 홍보서紅寶書[88])를 품에 안고 있던 것과 다르지 않다면, 그런 사람을 어떻게 작가라고 하겠는가? 주식시장을 어슬렁거리며 금송아지를 끌어안는 대박을 터뜨리고 나서 다시 작품을 쓰겠다는 꿈을 꾸는 그런 사람도 작가라고 칠 수 있다면, 양펑이梁鳳儀[89]) 스타일의 작가에 지나지 않는다. TV에 뻔질나게 얼굴을 내밀어 대중이 모습을 기억하게 만들지만, 무슨 작품을 썼는지는 알지 못하고, 그저 얼굴을 알아 보고 호기심으로 바라볼 뿐이라면, 그것이 작가에게 무슨 의미가 있겠는가?

예전에 한 여성이 내게 전화를 걸어와 자신이 진행하는 TV 프로그램에 출연할 것을 제의했다. 그녀는 간곡하게 요청했지만 나는 완곡하게 거절했다. 몇 차례 TV에 출연한 적이 있었지만 도무지 재미가 없었다. 나는 이런 이유로 그녀의 출연제의를 거절했다. 작가는 스타가 아니기에, 분장을 하고 TV에 얼굴을 내밀고 시청자를 웃기는 몇 마디 이야기를 하거나 철학적 의미가 있다고 생각되는 이야기를 할 만한 사람은 못된다고 말했다. 그녀는 나의 뜻을 이해하고 더

88) 마오쩌둥(毛澤東)의 저작을 이르는 말이다. 그의 저작이 대부분 빨간색 커버로 만들어져서 문화대혁명 당시에 '홍보서'로 불렀다.
89) 1949~. 홍콩의 베스트셀러 작가이자 기업인.

이상 강요하지 않았다. 예전에도 몇 차례 이와 같은 경우가 있었다. 처음 거절한 것은 예핑倪萍[90]이 자신이 진행하는 저녁 프로그램에 출연해 내가 쓴 수필 「모친母親」을 낭독해 달라는 요청이었다. 당시 나는 일언지하에 거절했다. 하지만 나중에 그녀가 진실한 감정으로 낭독하는 모습에 나는 감동했고, 거칠게 거절한 것을 후회했다. 그렇지만 나는 나의 선택을 후회하지 않는다. TV에서는 미처 생각하지 못한 많은 것들이 흥을 돋우지만, 내가 찾으려는 조용함은 없다.

베이징에서 조용함을 찾기란 무척 어렵다. 인류는 도시를 건설하면서 조용함과 작별했다. 조용함은 자연이나 자연그대로의 것과만 연계될 뿐이기 때문이다. 도시는 우리에게 많은 물질문명과 정신문명을 만들어 주었지만 조용함을 창조하기는 어렵다. 마치 도시의 에어컨이 자연의 바람을 본뜰 수는 있어도 진정한 자연의 바람이 결코 될 수 없는 것과 마찬가지이다.

나는 갈만한 곳이 없다. 그저 14층에 있는 나의 집으로 돌아갈 수밖에 없다. 집은 조용하다고 말하기는 어렵지만, 그런대로 조용한 편이다. 결국 통제할 수 있는 것은 자신의 마음이고, 그것으로 조금은 조용하게 만들 수 있을 뿐이다. 그래서 나는 더 이상 조용함을 찾지 않는다. 조용함은 다른 곳에 있지 않다. 자신의 마음에 있을 뿐이다.

---

[90] 중국중앙TV의 유명 사회자이자 연기자로, 지금까지 중앙TV에서 생방송으로 진행된 대형 버라이어티쇼를 가장 많이 진행한 인물이다.

28 회고의 정서

베이징이라는 도시는 회고의 정서로 충만하다. '라오차老插', '라오산제 老三届', '헤이투디黑土地', '리훈離婚', '이쿠쓰톈憶苦思甜' 같은 식당 이름이 등장한 것은 옛날을 그리워하기 때문이다. 흘러간 옛 노래를 부르고, LP판은 물론 추억의 노래 콘서트가 성대하게 열린 것은 옛날을 그리워하기 때문이다. 비용을 아끼지 않고 옛 베이징의 축소판을 담은 공원을 만든 것은 옛날을 그리워하기 때문이다. 지난 시절을 묘사한 「홍분紅粉」[91] 같은 영화를 즐겨 보고, 저우쭤런周作人[92] 같은 작가가 쓴 옛 산문을 즐겨 읽는 것은 옛날을 그리워하기 때문이다. 베이징의 오래된 호동胡同을 담은 TV 프로에 열광하고, 삼륜 자전거를 타고서 외국인을 안내하여 호동을 한 바퀴 둘러보는 것은 옛날을 그리워하기 때문이다.

사실 지금 베이징에서 가장 옛날을 즐겨 회상하고 또 함께 어울려서 옛날을 회상하는 사람들은 예전에 삽대插隊한 적이 있는 우리 세대이다. 해마다 설날 전후에 당시 벗들이 모이는데, 그럴 적이면 회고의 정서는 유난히 강렬해진다.

일반적으로 어린아이는 회고하지 못한다. 그들은 앞만 바라보기 좋아하고, 항상 시간이 더디게 흐른다고 투덜대면서 빨리 자라서 어른이 되기를 손꼽아 기다린다. 중년이 되더라도 회고를 할 지경에 이르지는 못한다. 회고는 노인들의 전매특허이

---

91) 쑤퉁(蘇童)의 동명소설을 각색해 1995년에 제작한 작품으로, 베를린 영화제에서 은곰상을 받았다. 중국 건국 직후에 기녀(妓女)를 사회에 적응하게 개조하는 과정을 담았다.
92) 1885~1967. 현대 중국의 문필가. 루쉰(魯迅)과 함께 유럽의 근대문학을 번역 소개하였고, 휴머니즘 문학을 주창하여 중국 신문학의 방향을 제시했다.

다. 그런데 우리 세대는 왜 중년 무렵부터 회고하기를 좋아했을까? 기억하기로는, 어렸을 적에 빙신(冰心)[93]의 시를 베껴 쓴 적이 있었다.

내일의 추억을 위하여
당신은 조심스럽게
오늘의 한 획을 그어라.

하지만 모두 베끼지도 못했고, 그 한 획이 치르는 대가가 얼마나 비싼 것인지도 진정으로 이해하지 못했으며, 더욱이 오늘부터 내일까지의 거리가 그렇게 짧을 줄은 상상조차 하지 못했다. 엄격하게 말하자면, 추억은 결코 회고가 아니다. 회고는 항상 괴로움을 지니는 법이어서, 좋은 계절이 지나버린 쓸쓸한 느낌을 준다. 그것은 흘러간 세월에 대한 애증이 엇갈리는 감정이다. 그것은 현재의 생활에 대한 불만이며 잃어버린 정서이다. 그것은 집을 찾지 못하고 길을 헤매는 느낌이다. 그것은 청춘이 훌쩍 지나갔음에도 여전히 젊다고 생각하는 마음가짐이다.

생각해 보라. 만약 우리 세대가 문화대혁명을 겪지 않았다면, 삽대의 경험이 없었다면, 우리는 그처럼 일찍부터 그리고 그처럼 열렬하게 회고하지는 않았을 것이다. 인생에서 가장 소중한 한번뿐인 청춘이 무자비하게 묻혀버렸지만, 우리는 당시 숭고하고 위대한 이상과 사업에 헌신한다고 생각했다. 농촌은 우리를 개조하지 못했고, 도시는 우리를 버렸다. 홍기(紅旗)는 세상의 3분의 2에 달하

---

[93] 1900~1999. 현대 중국의 작가. 원래는 가정문제나 부녀문제를 주로 다룬 소설을 발표했으나, 나중에는 박애정신에 근거한 종교적 성향의 작품을 썼다.

는 고통받는 땅에 두루 꽂히지 못했고, 우리 자신은 도리어 고난받는 사람이 되었다. 일, 거처, 아이 등 하나하나의 문제가 우리를 옭아맸다. 베이징으로 돌아왔을 때, 우리에게는 아무 것도 없었다. 모든 것을 처음부터 다시 시작한다고 말하기는 쉽지만 우리는 처음부터 다시 시작할 방법이 없었다. 우리는 씨앗을 뿌렸지만 한 톨도 수확하지 못하고 세월을 보냈고, 또 우리 앞에는 최소한 발랄한 청춘을 지닌 두 세대가 서 있었다. 우리에게는 아무런 밑천도 없었고, 돌아갈 수 없는 세월은 역사에 빛나는 혁명의 경력도 아니었다. 심지어 우파右派만도 못해서, 우리에게는 그 어떤 정책도 실현하는 이가 없었다. 아무리 그물질을 해도 우리는 청춘을 다시 건질 수 없었기에, 우리는 회고하는 수밖에 없었다. 모임은 가장 간편하고 비용이 적게 드는 회고의 방식이다. 맑은 바람과 밝은 달은 한 푼도 필요하지 않고, 회고는 자신을 달래주었다.

    회고는 노인 세대에게는 부득이한 하소연이다. 같은 세대에게 속내를 털어놓고 위안을 찾는다. 하지만 다음 세대에게는 잔소리가 되고 미움을 사는 가르침이 된다. 회고는 예술에 있어서는 경지이고 분위기이고 정조이고 운치이고 색채이다. 회고는 우리 인생에 있어서 한순간을 위로하는 파스이다. 회고하는 모든 것은 더 이상 옛 모습 그대로가 아니다. 눈 덮인 들판, 산간 마을, 검은 대지, 붉은 이리 등은 우리의 청춘과 함께 시간에 덮인 안개 장막이며, 우리의 마음에 칠해진 색채로, 부드럽게 우리 자신을 속인다. 만약 회고하는 모든 것이 마른 나뭇가지와 같다면, 회고는 우리 마음 깊은 곳에서 솟구치는 화염으로, 스스로 자신의 생명을 불태울 뿐이다.

29 공원의 꿈

베이징의 공원은 황실皇室 원림園林이 주종을 이루는데, 시내에서는 고궁故宮이 으뜸이고, 교외에서는 이화원頤和園이 으뜸이다. 고궁은 명나라와 청나라 두 왕조의 황궁으로, 마치 한 시대의 역사를 보는 것과도 같다. 이화원은 자희태후慈禧太后[94]가 해군 군비를 전용하여 만든 피서용 별장으로, 널찍하고 그윽한 원림과 정교하고 깜찍한 정자와 누대가 절묘하게 어우러져, 어떤 공원도 필적하지 못한다.

베이징의 공원은 자부심을 가질 만하다. 예전에 수모를 겪은 원명원圓明園이나 황제가 하늘에 제사를 올리던 천단天壇을 비롯하여 북해北海, 공묘孔廟, 향산香山, 중산공원中山公園, 벽운사碧雲寺 같은 곳은 말할 필요도 없다.

쑤저우蘇州의 졸정원拙政園이나 우시無錫의 여원蠡園 같은 강남江南의 공원은 본래 개인 화원花園으로, 크고 작은 다리와 흐르는 물은 규모가 작아서 몸뚱이도 돌릴 수 없기에, 베이징의 공원은 그것들은 너무 좀스럽다고 여긴다.

하얼빈哈爾濱의 태양도太陽島나 선양瀋陽의 북릉北陵 같은 북쪽지방의 공원은 너무 넓어서 한나절을 걸어도 나무 아니면 바위여서, 베이징의 공원은 그것들은 너무 넓고 거칠며 문화와 역사의 숨결이 부족하다고 여긴다.

베이징의 공원은 국내외 관광객의 발길이 끊이지 않는다. 베이징은 조상이 남긴 유산 덕분에 돈을 벌어들이는 셈이다. 베이징에 새로 만든 공원은 신흥 도시보다도 적어서 도연

---

94) 1835~1908. 청나라 동치제(同治帝)의 생모. 동치제와 광서제의 섭정을 지냈고, 광서제가 캉유웨이(康有爲)와 함께 입헌군주제로의 전환을 꾀하자 무술정변(戊戌政變)을 일으켰다.

정陶然亭, 용담호龍潭湖, 옥연담玉淵潭 등 몇 개에 불과하고 황가 원림에는 도무지 필적할 수 없다.

베이징의 공원은 베이징의 역사만큼이나 오래되었다. 그들은 부귀한 밑천이 있기에 작고 참신한 것은 쳐다보지도 않는다. 베이징은 제5순환로, 제6순환로까지 확대되면서 크고 작은 택지가 빽빽이 들어섰지만, 어째서 구역마다 새로운 공원이 들어서는 모습은 찾아보기 어려울까? 무슨 사연이 있거나 믿는 구석이 있어서 그런 것처럼 보인다.

베이징의 공원은 오래된 원림을 단단히 끌어안고서 마지막 한 방울까지 쥐어짜지 않으면 결코 놓아주지 않는다. 원림 안에 또 원림이 있어서, 입장권 안에 또 입장권이 있다. 베이징의 공원은 홀로 재주를 펼친다. 천단에서는 기년전祈年殿에 들어가려면 입장권이 필요하고, 회음벽回音壁에 들어가려면 또 별도의 입장권이 필요하다. 이화원에서는 만수당萬壽堂에 들어가려면 입장권이 필요하고, 해취원諧趣園에 들어가려면 별도의 입장권이 필요하다. 고궁에서는 주머니에 '실탄'을 충분히 넣어두지 않으면, 마지막 어화원御花園까지 구경할 꿈도 꾸지 말아야 한다. 원명원에서는 허물어진 담벽과 부러진 기둥조차도 가림벽을 에둘러 쳐놓고 별도의 입장권을 사지 않는다면 구경할 생각을 하지 말아야 한다.

이처럼 베이징의 공원은 인위적으로 해체하고 수박처럼 잘라서, 하나하나의 볼거리를 돈벌이로 만들었다. 베이징의 원림은 본래 원림 속의 원림을 중요하게 여겼는데, 지금은 새로운 기능을 찾아내 입장권 속의 입장권, 돈 속의 돈으로 변질되었다.

지금 베이징의 공원은 오래된 황실 원림에 만족하지 못하고, 더 많은 돈을 벌고 더 많은 사람을 끌어들이기 위하여 유행을 좇기 시작했다. 옛날로 돌아가서는 옛 베이징의 축소된 경관을 새로 짓고, 새로운 경향으로 나아가서는 '세계공원'을 만들었다. 이것이 베이징 공원의 역사적 발전인지 아니면 별똥별처럼 갑자기 나타난 것인지는 모르겠지만, 누가 돈을 벌던 관람객은 구름처럼 몰려든다. 옛 베이징이 블록으로 바뀌고 장난감처럼 바뀌고, 크렘린궁과 맨해튼의 마천루가 성냥갑이나 냉장고처럼 바뀌고, 이집트의 피라미드가 아이들이 쌓은 모래언덕으로 바뀌어서, 원본의 장엄함, 거대함, 화려함은 잃어버렸더라도 관람객에게 지척에서 역사와 세계에 대한 견문을 넓히게 만들었다. 만약 여기에서 어느 곳을 보면서 세계를 편력하고 싶은 마음이 생긴다면, 그것은 베이징 공원의 새로운 공헌이라고 할 것이다.

사실 기존 황실 원림 스타일의 오래된 공원에 만족하지 못하고, 의도적으로 새로운 공원을 만드는 것은 성공이든 실패이든 나름의 성과가 있다. 한 도시에 공원을 만드는 것은 구치소나 쓰레기장을 짓는 것보다 훨씬 사람들을 기쁘게 만든다. 공원을 소중히 여기는 것은 도시를 소중히 여기는 것이며, 사람과 자연이 마지막 숨을 몰아쉬는 관계를 소중히 여기는 것이다. 하지만 사람들이 새로운 공원을 찾는 것은 새롭고 기이한 것을 찾기 때문이지 대자연을 소중히 여겨야 한다는 것을 깨달았기 때문은 아니다. 베이징의 공원은 새로운 역사로 들어서는 느낌을 주고 아울러 대자연과 연계하는 꿈을 주어야 한다.

늘 공원을 산책하면서도 이런 점을 깨닫지 못한다. 옥연담의 호숫가에서 고니가 총에 맞아 죽는 일이 있었고, 세계공원에서는 욕망에 찬 마수를 뻗치는 일이 있었다. 공원의 노천에 있는 조각품은 보기 민망할 정도로 지저분하다. 하얀 여성상의 유방과 남성상의 성기는 새까맣게 손때가 묻어 몹시 거슬린다. 멀리서 보아도 조각상의 하얀 다른 부위와는 확연하게 비교된다.

호기심일 수도 있고 충동일 수도 있고 엉뚱한 생각 때문일 수도 있겠지만, 해석은 사회학자에게 맡기는 수밖에 없다. 세계공원에서는 최신 패션을 차려입고 세련되게 화장한 맵시 있는 젊은 여성 몇몇이 조각상의 남근을 붙잡고 키득대며 사진을 찍는다.

베이징의 공원은 우리에게 많은 것을 줄 수도 있고, 많은 것을 잃게 만들 수도 있다. 베이징의 공원은 우리를 역사 속으로, 세계 속으로, 대자연 속으로 걸어 들어가게 할 수 있다. 베이징의 공원은 우리에게 아름다운 꿈을 줄 수 있다. 기념사진을 찍는 것은 거기에 갔다는 사실을 설명해 줄 뿐 금세 사라질지도 모르는 꿈의 세계를 불태웠다는 사실을 입증하지는 못한다.

30 나무의 정분

도시에 나무가 없으면 어떤 모습일지 상상하기 어렵다. 풀 한 포기 자라지 않는 민둥산 같지 않겠는가? 도시의 나무는, 특히 도로 양쪽의 가로수는 도시의 눈썹이다. 바람이 멎으면 늘씬하게 서 있고 바람이 불면 하늘하늘 춤추면서 도시의 갖가지 모습과 변덕스러운 성격을 담아낸다.

베이징 거리의 오래된 회화나무는 잊을 수 없다. 여름이면 녹음이 우거지고 겨울이면 거리 가득 낙엽이 쌓인다. 비행기에서 내리든 기차역을 빠져나오든, 언제나 그들은 베이징을 대표하여 나란히 늘어서서 가장 먼저 따뜻하게 맞아준다. 국가원수를 환영하는 연도의 뜨거운 분위기도 누릴 수 있는데 국가원수는 금세라도 지구를 터뜨릴 것만 같은 인파를 보지만 당신은 산소를 내뿜어 당신의 가슴을 은근히 씻어주는 가로수를 보게 된다.

도시의 나무는 도시의 훌륭한 홍보대사이다. 단정하든 어여쁘든 온화하든 씩씩하든 모두들 말은 없지만 힘이 있는 도시의 묘사이며, 남보다 먼저 사람의 시야로 비집고 들어서는 도시의 첫인상이다. 첫인상은 중요하다. 그것은 도시의 겉모습이며, 도시의 형상에 연관되며, 도시가 지닌 비밀을 내보인다. 도시의 개척자들은 어디서나 길을 만들면서 가로수를 심었다. 그 옛날 이광李廣[95]이나 좌종당左宗棠[96]도 그런 사실을 알았기에 주촨酒泉, 둔황敦煌, 우루무치烏魯木齊에서는 지금도 도처에서 이광행李光杏과 좌가류左家柳를 볼 수 있는 것이

---

[95] ?~B.C. 119. 서한의 명장(名將)으로, 평생을 흉노(匈奴)와 싸웠지만 전공을 인정받지 못한 비운의 장수이다.
[96] 1812~1885. 청나라 말기의 정치가. 해군의 중요성을 인식하여 조선소를 설립하고, 양무운동(洋務運動)의 선구자가 되었다.

리라. 내가 광둥성의 선전深圳과 랴오닝성 다롄大連의 오채성五彩城을 찾았을 때는 신도시 개발이 한창 진행되고 있었는데, 벌거벗은 도로 양편에는 새로 심은 가로수와 가로등이 서 있었다. 가로등에는 아직 불이 들어오지 않았지만, 가로수에는 벌써 새싹이 돋고 있었다. 나는 거기에서 도시의 생명과 호흡을 느낄 수 있었다.

한 도시가 선택한 가로수는 기수가 선택한 안장, 선원이 선택한 선박, 여인이 선택한 장신구, 시인이 선택한 운율과도 같아서, 자신의 성격을 유감없이 보여준다. 도시의 심미관과 축적된 역사가 가로수에서 남김없이 드러나는 셈이다. 난징南京의 현무호玄武湖에서 중산가中山街를 따라 쑨원孫文[97]의 능묘에 이르는 길 양쪽에 엄숙하게 줄지은 오동나무, 양저우揚州의 사가법史可法[98] 의관총衣冠塚 앞에 만발한 매화나무, 청두成都의 금관성錦官城 밖의 울창한 측백나무가 그것을 보여준다. 나무는 아무 말이 없지만 깊은 인상을 준다.

아마도 이런 까닭으로 도시는 자신의 나무를 선택할 때 한참을 망설인다. 그것은 분명 도시의 상징이기 때문이다.

베이징은 원나라 때에 처음 수도가 된 이래로 명나라와 청나라를 거치면서 줄곧 회화나무를 가로수로 선택했다.

명나라의 마지막 황제 숭정제崇禎帝가 스스로 목을 매단 곳도 회화나무였다. 베이징의 오래된 거리에는 가는 곳마다 회화나무가 자라고 있다. 회화나무를 선택한 까닭은, 여름에 시원한 녹음을 드리우는 것은 아마

---

[97] 1866~1925. 삼민주의(三民主義) 정치이념을 내세운 중국 신해혁명(辛亥革命)의 중심인물.
[98] ?~1645. 명나라 말의 충신. 양저우에서 예친왕(禮親王)이 이끄는 청병(淸兵)에게 붙잡혀 살해되었다.

도 부차적인 이유이고, 그것이 장중하고 다부지기 때문일 것이다. 예로부터 삼공三公[99]의 지위와 보필을 일컬어 '괴정槐鼎'이라고 한다. 창안가長安街의 회화나무와 타이지창臺基廠의 자귀나무는 새로운 중국이 성립된 이후에 심은 것이다.

레바논의 유명 시인 칼릴 지브란[100]은 "나무도 자서전을 쓴다면, 그것은 한 민족의 역사와 다르지 않을 것이다."라고 말했다. 마찬가지로 한 도시의 역사와도 다르지 않을 것이며, 또한 도시의 미래를 예견할 수 있을 것이다.

따라서 도시의 가로수가 서로 같거나 도무지 개성이 없는 것은 받아들이기 어려우며, 가로수에 대한 모독은 더욱이 견딜 수 없는 것이다. 거리에 나가보면 누군가 가로수에 온갖 광고를 잔뜩 붙여놓거나, 가로수에 못질을 하고 신발이나 자전거를 수리한다는 간판을 내걸거나, 가로수 사이에 줄을 매달아 만국기처럼 알록달록한 빨래를 걸어놓은 광경이 눈에 띄는데, 보기에 몹시 거슬린다. 한번은 가로수를 기둥삼아서 만든 기발한 가건물을 본 적이 있었다. 눈썹을 수염으로 삼는 것과 무엇이 다르겠는가? 또 쳰먼 인근의 한 식당에서는 주방이 가로수와 너무 바짝 붙어 있어서 연기와 불길에 가로수가 말라죽는 일이 벌어졌다. 그 일로 가로수와 식당 주인 사이에 소송이 벌어졌다고 한다. 가로수 때문에 법정다툼이 벌어진 것은 베이징에서는 처음 있는 일이다.

어릴 적 살던 대원大院 앞 거리에 가득하던 회화나무가 눈앞에 어른거린다. '3년 동안의 자연재해'로 모

---

99) 중국에서, 최고의 관직에 있으면서 천자를 보좌하던 세 벼슬. 시대마다 관직 이름은 달랐다.
100) Kahlil Gibran, 1883~1931. 레바논 출신의 시인, 작가, 화가. 인류의 평화와 화합, 레바논의 종교적 단합을 호소했으며, 「예언자」, 「부러진 날개」 등이 있다.

두가 굶주리던 시절, 회화나무에 뽀얀 꽃이 피면, 대원에 사는 아이들은 꽃을 싹쓸이하여 한약방에 내다팔아 귀한 양식을 샀다. 작은 거리를 벗어나면 창안가로 통하는 대로가 나오는데, 거기에는 자귀나무가 가득했다. 해마다 자귀나무에 붉은 꽃이 구름처럼 피는 6월이 되면, 우리 대원에 사는 아이들은 명절을 맞은 것만 같았다. 학교가 끝나면 국경절國慶節[101]에 불꽃놀이를 보러가던 것처럼 그리로 우르르 몰려갔다.

옛 소련의 작가가 쓴 소설이 생각난다. 어떤 거리에 고목 한 그루가 있었는데 시정부에서 도로를 확장하면서 고목을 베어내기로 결정했다. 시민들은 이에 반발하여 고목 옆에 있는 벤치와 나무 그늘 아래에 앉아서 고목을 지켰다. 결국 시정부는 고목을 피해서 도로를 우회하는 수밖에 없었다.

이는 나무에 대한 정분이다. 나무는 도시의 생명 가운데 하나이기 때문이다. 베이징에 고목이 있다는 사실은 베이징의 복이므로 소중히 여겨야 한다.

---

[101] 중화인민공화국 건국 기념일. 10월 1일.

31 새의 수필

새는 인류보다 먼저 이 세상에 온 것이 분명하지만, 사람이 원숭이에서 진화하여 숲을 벗어나 도시로 들어선 이후에 사람을 따라 도시로 날아들었다.

사람이 도시에 걸어 들어온 것은 일종의 진보일지 모르지만, 새가 도시에 날아 들어온 것은 비극임에 틀림없다.

도시가 없던 시절에 새가 비상하던 세상은 얼마나 드넓었을까? 숲, 광야, 하늘은 탁 트여서 끝이 없었을 것이다. 사람은 도시에 들어와서 살면서 화려하지만 폐쇄된 집에서 살게 되었고, 새는 사람의 모습을 본받아 정교하지만 좁은 새장에 갇혀 지내게 되었다. 도시의 새는 마침내 대자연과 작별하고 사람의 애완물이 되어 자연의 순진함을 잃게 되었다.

도시의 새는 사람이 가공한 맛있는 모이를 먹는 법을 배우게 되었다. 베이징인은 새를 기르는 데에 비용을 아끼지 않는다. 그들은 녹두·대두·기장과 계란노른자 따위를 갈아 만든 사료를 새에게 먹이고, 새들은 드넓은 들판이나 아득한 숲에서 날아다니는 살아 있는 벌레를 잡거나 바람을 타고 날아온 식물의 씨앗을 쪼아먹지 않게 되었다. 마치 베이징인이 야외에서 식사하고 원시적인 바비큐를 먹고 싶어하지만, 기껏해야 인공 도시락과 전기오븐으로 구운 고기를 먹는 것처럼 새의 모이주머니에서 대자연의 냄새는 사라지고 말았다.

도시의 새는 사람에게 적응하여 생존할 수밖에 없다. 선풍기나 에어컨이 일으키는 유사 자연풍에 의지해 지내는 사람들처럼, 그들은 비교적 오염이 덜 된 이른 새벽 도시의 공기와 바람을 호흡할 수 있을 뿐이다. 도시의 새는 사람처럼 갈수록 유약해져서, 감기·상화上火·가래·변비 따위가 흔한 질병이 되었다. 그들은 사람과 똑같이 기침약, 아스피린, 각종 비타민을 먹는다.

베이징의 새는 사람에게 사랑받고 사람에게 만족을 준다. 베이징의 애완용 새 시장은 남쪽에서는 용담호龍潭湖가 가장 번화하고, 북쪽에서는 관원官園이 가장 유명하다. 매일 아침, 특히 일요일 아침이면, 분위기는 들뜨고 새는 몸값이 올라간다. 도시는 그들을 필요로 하고 사람은 그들을 사육하려고 하기 때문이다. 새는 사람과 같은 총명한 두뇌가 없기 때문에 베이징인은 꾀꼬리나 카나리아처럼 아름다운 새를 기르고 싶어한다. 그런 새는 유쾌함을 주고, 과시욕과 소유욕을 만족시킨다. 아름다운 새를 기르는 것은 예전에 고관高官과 귀인貴人이 첩을 두던 것과 다르지 않다. 새는 새장에서 가벼운 몸짓을 쉴 새 없이 보여준다.

꾀꼬리나 카나리아 다음으로 베이징인이 기르고 싶어하는 새는 종달새와 화미조畫眉鳥[102]처럼 지저귈 줄 아는 놈이다. 경쾌하고 중후하고 느릿하고 빠르고 높고 낮고 굵고 가는 소리, 귀뚜라미 소리, 시계추 소리, 흐르는 물소리, 삐걱대는 수레바퀴 소리를 흉내내고, 심지어 아이가 오줌 누는 소리도 그럴듯하게 흉내낸다. 이런 새를 기르는 것은 무료함을 달래기 위해서이고, 근심과 고독을 달래기 위해서이다. 예전에 부잣집에서 극단을 초청하여 잔치를 열던 것처럼, 도시의 새는 새장에서 우쭐대며 쉬지

---

[102] 꼬리치렛과의 새. 머리 위, 날개, 꽁지는 감람녹색이고 머리는 붉은 갈색이며 머리에서 목까지는 검은 점이 있고 눈 가장자리에는 길고 흰 무늬가 있다. 대숲에서 사는데 우는 소리가 매우 곱다. 중국이 원산지이다.

않고 재잘댄다.

베이징인은 사람의 말을 따라할 줄 아는 새를 기르고 싶어한다. 물론 앵무새가 으뜸이다. 따오기나 딱따구리처럼 진귀한 새는 거의 자취가 끊어졌지만 앵무새는 갈수록 늘어난다. 앵무새는 말을 잘 듣고, 사람의 말을 그대로 따라하고, 도시의 분위기와 사람의 요구를 너무나도 잘 이해한다. 그런 의미에서 앵무새는 다른 어떤 새보다 뛰어나며, 사람의 충실한 동물인 개보다도 한결 낫다. 개는 충실하지만 짖기만 할 뿐 말은 할 줄 모른다. 사람이 기르고 싶어하는 새 가운데는 사람에게 맛있는 음식재료를 주는 것도 있다. 닭과 오리가 대표적이다. 베이징 훈제오리구이와 KFC는 세상을 휩쓸고 있고, 다양한 스타일의 훈제 닭과 오리가 베이징의 거리와 골목에서 전기오븐에 거꾸로 매달려 향기를 풍긴다. 도시의 새는 퇴화하여 더 이상 날지 못하고 날개깃만 자랄 뿐이고, 닭이나 오리처럼 오븐에 뛰어들 수밖에 없다.

사람의 뱃속으로 들어가지는 않지만 사람의 손아귀를 벗어나지는 못하는 새도 있다. 예전에 징, 북, 세숫대야를 두드려 쫓아낸 비둘기나—그것은 당시 베이징인의 쾌거였고 자랑이었다.— 베이징의 옥연담玉淵潭에 내려앉았다가 엽총에 맞아서 호숫가 풀숲에서 죽은 고니는—그것은 베이징인의 치욕으로, 여러 신문에 보도되어 베이징인의 얼굴에 먹칠을 했다.— 논외로 하자. 오색찬란한 공작만 하더라도, 지금은 동물원의 새장에 갇혀서 부채 모양의 깃털을 펼쳐서 사람들에게 즐거움을 주거나, 깃털이 뽑혀서 집안을 꾸며줄 뿐이다. 도시의 새는 도시인을 따라서 떨칠 수 없는 어두운 그림자를 드리웠다. 사람은 갈수록 물질적이 되고, 새는 갈수록 사람처럼 되면서, 서로서로 비극을 만들어낸다. 사람이 숲을 벗어나 도시로 들어선 것은 진화임에 틀림없지만, 새가 수풀에서 도시로 날아든 것은 오히려 말로임에 분명하다. 도시에 새가 없을 수는 없지만, 도시의 새는 점점 줄어들 것이다.

새가 없는 도시는 유감이지만 도시의 새는 비애다.

32 베이징에 하천이 많아지기를

물이 없는 도시는 여인이 없는 집과 같고 꽃이 없는 화단과 같다. 베이징에 물이 없는 것은 아니다. 북쪽에는 곤명호昆明湖[103]가 있고 남쪽에는 용담호龍潭湖[104]가 있고, 중간에는 호성하護城河[105]가 있다. 하지만 이것들은 오랜 역사를 지닌 드넓은 수도 베이징의 갈증을 풀기에는 너무도 부족하다. 그리고 곤명호와 용담호가 해마다 진흙이 쌓이고 오염되는 것은 차치하더라도―곤명호는 손을 봐서 상당히 개선되었다.― 호성하는 시꺼매져서 양쪽 기슭에 있는 나무와 입체교차로를 비추지 못하고, 여름이 되면 악취가 풍겨서 가까이 가기조차 어려웠다.

베이징은 물이 부족하고, 특히 도시를 가로지르는 아름답고 넓은 강이 없다.

세느강이 없다면 파리는 어떤 모습일까? 라인강이 없다면 본은 어떤 모습일까? 다뉴브강이 없다면 비엔나는 어떤 모습일까? 나일강과 템즈강이 없다면 이집트와 런던은 또 어떤 모습일까? 상상하기 어렵지 않다. 세계적으로 유명한 이들 도시는 운치가 떨어질 것이고, 관광객의 발길도 크게 줄어들 것이다.

물이 있어야만 생명도 존재하고 도시도 존재한다. 도시가 형성된 뒤에는 물이 도시를 적시고 길러 준다. 물은 마치 비타민이 아이를 길러주고, 로션이 여인의 피부를 촉촉하게 적셔주는 것처럼, 도시가 아이나 여인처

---

103) 이화원(頤和園)에 있는 인공 호수.
104) 베이징 충원구(崇文區) 동남쪽에 있는 호수 이름.
105) 명나라 때에 처음 만든 자금성(紫禁城) 외곽을 싸고 흐르는 인공 수로.

럼 예쁘고 건강한 얼굴을 갖게 만든다.

옛날 황제들은 토목공사에 치중하여, 남북과 동서로 대로를 만들고, 좌우에 종묘와 사당을 세우고, 조정과 저자를 설치하고, 구중궁궐을 지었는데, 황궁을 특히 중요하게 여겼고, 그 다음으로는 종묘와 제단의 설치에 많은 힘을 기울였다. 다양한 명목과 갖가지 기능을 가진 사당과 제단이 있는 베이징에 비견될 수 있는 도시는 없을 것이다. 유가의 사당, 도가의 도관道觀, 불교의 사찰이 도성의 구석구석에 널리 퍼져 있는 것은 논외로 하고, 조상·토지·일월日月·하늘에 제사 지내는 다양한 양식의 제단만 하더라도 세상의 사방팔방을 아울렀다고 할 것이다.

비는? 물은 증발하여 말라버리고, 오염되고 혼탁해진다. 베이징을 찾은 관광객들은 내국인이든 외국인이든, 황궁만 보이고 사당만 보일 뿐이어서, 그것들을 보느라 지쳐서 땀이 날 지경이다. 그들은 늘 먼지에 뒤덮인 허공을 보면서 한마디 내뱉는다.

"베이징은 여섯 왕조의 옛 도성임에 손색이 없다. 흙먼지는 너무도 거세고 너무도 건조하다."

베이징은 확실히 건조한 도시이다.

일찍이 전문가들은 베이징에 대해 "수자원 문제를 해결하지 않으면 수도를 옮길 가능성도 배제할 수 없다."고 경고한 적이 있다. 베이징은 식욕이 더욱 커졌고, 필요한 물도 많아졌다. 하지만 우리는 한 줄기 강을 바랄 뿐이다. 도시를 관통하여 흐르는 맑은 강 말이다.

"산은 푸른 옥비녀를 이루고, 물은 푸른 비단 띠를 이루는"(山作碧玉簪, 水作靑羅帶.) 것은 불가능한가? 베이징에는 시산西山이 있고 대운하가 있는데 어째서 불가능하겠는가? 물이 산의 경치를 비추고 성의 위엄을 키워준다면, 베이징이 촉촉한 도시가 되지 못하겠는가?

중등학교에 다닐 적에 고향집에서 머무르며, 미윈密雲 저수지의 물을 베이징으로 끌어대는 공사에 참가한 적이 있었다. 진흙웅덩이에서 진흙과 돌을 삽으로 퍼내 광주리로 옮기면서, 베이징에 "강물이 넘실대며 흐르는" 꿈을 꾸었다. 하지만 미윈 저수지의 맑은 물을 베이징까지 끌어오지는 못했다.

많은 도시를 가보았는데, 파리와 런던에서 세느강과 템즈강을 보고 감탄한 것은 말할 것도 없고, 하얼빈의 쑹화강松花江이나 난징南京의 창강長江을 보면서 베이징에는 그런 강이 없다는 현실에 안타까움을 금할 수 없었다. 쉬저우徐州와 우후蕪湖의 경우는 결코 크지 않은 도시임에도 쉬저우는 황하黃河가 도시를 관통하고, 우후는 창강이 도시를 감싸고 춤을 추며 흐른다. 그런 광경을 보면서 다시금 베이징에 "강물이 넘실대며 흐르는" 꿈이 불타올랐다.

베이징에서 수자원 살리기 운동이 한창이던 무렵에, 융딩먼永定門, 쭤안문左安門, 여우안문右安門을 지나노라면, 호성하의 양쪽 기슭에는 시멘트 부대가 쌓여 있고 하천 바닥에서는 불도저가 굉음을 내며 작업하는 모습을 볼 수 있었다. 그것은 사람을 기쁘게 하는 일이었다. 베이징은 수자원이 부족하고 맑은 강이 없다는 현실을 직시하는 사람들이 많아지기 때문에 이제 꿈은 요원한 것만은 아니다.

33 나이트클럽 풍경

나이트클럽은 예전에는 퇴폐의 대명사이자 부패한 자본주의의 상징으로, 영화 속이나 카메라의 비판적 렌즈 속에서 스쳐 지나가는 것일 뿐이었다. 평범한 베이징인에게 있어서 나이트클럽은 자본주의와는 무관하더라도 여전히 남방의 대도시에나 존재하는 것일 뿐이었다. 추운 겨울은 너무도 길고, 베이징에는 밤의 유흥이 기본적으로 없었기 때문에, 어둠이 내리면 베이징 거리에는 인적이 끊어지고, 바람과 가로등만이 서로 시시덕대며 살풍경하기 그지없었다.

하지만 나이트클럽이 당당하게 베이징 번화가의 유흥가에 발을 들여놓은 지도 이제 오래되었다.

문화궁文化宮[106]과 구락부에서 시작해 나이트클럽에 이르기까지는, 베이징은 수십 년의 세월을 어렵사리 걸었다. 수천 년 동안 거드름을 피우던 고국古國의 옛 도성에서 명칭의 변화와 내용의 변화는 똑같이 세상의 모든 풍파를 거쳤다. 사람들은 나이트클럽이라는 이름을 자주 보고 들으면서 차츰 익숙해졌고, 마침내 풍선껌처럼 일상적인 것이 되었지만, 베이징의 심장은 그것 때문에 부정맥을 앓았다.

물론 지금도 나이트클럽을 들어보기만 한 베이징인은 적지 않다. 우연히 주변을 지나다가 흘긋 보았을 뿐인데, 그곳은 문화궁도 아니고 구락부도 아니고 댄스홀도 아니고 가라오케도 아니다. 나이트클럽은 음악이 매혹적이고 조명이 화려하고 시설이

[106] 규모가 크고 설비도 잘 갖추어진 대중문화센터로, 대개 영화관·강당·도서관 같은 시설이 들어 있다.

호화롭고 짧은 셔츠에 미니스커트를 입은 하얀 나비 같은 아가씨가 무릎을 꿇고 서비스를 한다.

일찍이 한 나이트클럽을 찾은 적이 있었다. 전혀 화려하지 않은 곳으로, 예전에 만든 방공호―중국은 물론 세계의 그 어느 도시에도 베이징처럼 그렇게 많은 방공호가 있지는 않을 것이다.―를 개조한 곳이었다. 그렇지만 가장 기본적인 음료조차도 평범한 시민들이 마시기에는 턱없이 비쌌고, 게다가 몇 십 퍼센트나 되는 세금과 봉사료가 더해졌다. 사실 무릎을 꿇고 하는 서비스, 그들의 미소, 그곳의 조명, 그곳의 음악 따위는 모두가 돈을 필요로 하는 것이었다. 평범한 시민 가운데 그런 곳에서 하루 이틀 즐기려고 월급을 몽땅 털어넣을 사람이 누가 있겠는가? 근근이 식솔을 부양하는 것이 무릎을 꿇고 몸을 절반이나 접어서 하는 서비스보다는 훨씬 급선무일 것이다.

나는 나이트클럽을 수시로 들락거리는 사람들은 아마도 부자이거나 부자를 따라다니며 기생하는 젊은 여성들일 것이라고 생각했다. 블루스가 울려 퍼지자 서로 낯익은 파트너들이 플로어에 나가 지칠 줄 모르고 춤을 추었는데, 남자는 나이가 지긋한 사람들로 마치 맥주통처럼 작달막하고 뚱뚱하지 않으면 마른 장작처럼 비쩍 말랐고, 젊고 꽃처럼 아름다운 여성들은 청춘의 활력을 마음껏 발산했다.

나이트클럽의 절정은 자정 무렵이었는데, 가장 흥분되고 눈길을 끄는 볼거리가 펼쳐졌다. 그날 밤, 정체불명의 여가수가 무대에 오르더니 항히스타민제를 복용해야만 가라앉을 것 같은 닭살 돋는 노래를 부르면서 양배추를 벗기듯이 무대의상을 한 겹씩 벗어던졌다. 손님들을 살펴보니, 아마도 그런 광경에 익숙한 듯 대부분 덤덤한 표정이었다.

나이트클럽은 비록 수줍어서 말은 못하지만, 바쁜 베이징인—소수이다.—과 베이징에 일을 보러 온 외지인—다수이다.—에게 스트레스를 풀 수 있는 자리를 제공한다. 바둑을 좋아하는 사람에게는 바둑판을 주고, 골초에게는 재떨이를 주고, 지갑이 두둑하고 밤 시간이 무료한 사람에게는 안락한 소파, 시원한 음료, 달콤한 노래, 그리고 성에 차지 않는 자극과 몽롱한 꿈을 준다.

나이트클럽이 결코 밤문화의 전부이거나 평범한 시민들의 진정한 밤문화는 아니다. 그렇지만 나이트클럽의 등장은 사람들에게 선택의 기회를 하나 늘려주었음은 틀림없는 사실이다. 사람들은 더 이상 집에 들어앉아서 불을 끄고 TV를 보다가 잠들지 않아도 된다. 그렇지만 대다수 사람들에게 나이트클럽은 황금 만년필의 펜촉 끝에 있는 금처럼 진귀한 것으로, 아직도 대중들의 연인은 아니며, 모든 베이징인에게 무릎을 꿇고 서비스하지도 않는다. 아직은 일종의 호사이고 차등이고 과시이고 신분의 상징이다. 당시 나는 그것은 베이징의 일반 시민에게 봉사하는 것이 아니라 베이징에서 사업을 하는 외지 손님들, 특히 외국 사업가나 홍콩과 타이완 손님들을 끌어들이기 위한 것이라고 생각했다. 그래서 베이징의 서민은 나이트클럽의 이런 씁쓸한 목적을 알기에, 자신의 가련한 병력을 이끌고 타인의 총부리를 향해 과감하게 돌진하지는 않을 것이라고 생각했다. 하지만 나의 추측은 잘못된 것이었다. 나이트클럽의 지배인은 내게 "이곳을 찾는 손님들 대부분이 결코 부자이거나 외국 사업가, 홍콩 사람이나 타이완 사람이 아닙니다. 우리 집안의 공금을 쓰는 손님들이죠."라고 귀띔해

주었다. 내가 식견이 짧았던 것이다. 공금으로 접대하며 선심을 베푸는 일은 사실 어디에든 있다. 나이트클럽에서도 공금을 쓸 수 있고, 호스티스에게도 공금을 쓸 수 있다. 나는 플로어에서 춤을 추는 남녀들을 보면서, 일종의 비애가 솟구쳤다.

'저들 가운데 누가 공금을 쓰는 손님일까?'

베이징은 강철로 만든 위장과도 같아서 무엇이든지 먹고 소화할 수 있다. 베이징은 비옥한 토지여서 어떤 씨앗을 뿌리더라도 우리가 바라는 꽃을 피운다.

34 명품점에 들어서니

거리에는 짝퉁 물건이 갈수록 넘쳐나고 명품점도 늘어난다.

두 가지가 필연적 관계가 있다고 단언할 수는 없지만, 우후죽순처럼 생기는 명품점 가운데는 짝퉁 물건을 감춰놓고 파는 경우가 있게 마련인데, 근사하게 포장한 짝퉁 물건은 정품보다도 더 정품처럼 보인다.

한 예를 들면, 베이징에서 가짜 피에르 가르댕을 단속했는데, 그 수량이 엄청난 것은 물론이고 대부분이 명품점에서 나와 사람들을 놀라게 만들었다.

유명 브랜드일수록 더욱 과감하게 짝퉁을 만들고 명품점에서는 더욱 과감하게 진열한다. 조금도 부끄러운 줄을 모르고, 마치 사당祠堂의 제기祭器처럼 당당하게, 독버섯처럼 퍼져나간다.

한번은 명품점에서 옷을 사는데 주인은 수입품이라고 했다. 어째서 상표가 없냐고 내가 물었더니, 주인은 웃으며 되물었다.

"어떤 브랜드를 원하세요? 어느 나라 제품? 여기에는 연합국이 모여 있습니다. 달라는 대로 드리죠!"

의기양양하고 솔직한 주인의 말은 사실 그대로였다.

베이징에서 인테리어가 화려하고 조명이 눈부신 명품점은 번화한 시가에 번듯하게 자리 잡고 있는 것이 아니라 규방에 깊이 들어앉은 아가씨처럼 대부분 상가의 안쪽에 자리 잡고 있다. 하지만 어느 명품점이든 순정 소녀 같은 청춘의 숨결은 넘치지 않는다. 사람들도 반드시 그래야 한다고 생각하지는 않는다. 명품점은 짙은 화장에 장신구를 온몸에 걸친 부티가 나는 귀부인이나 한순간에 팔자가 달라진 벼락부자를 닮았다. 사실 거기에는 정품도 있고 짝퉁도 있지만, 주인은 손님에게 조급, 사치, 탐욕의 마음을 판다.

갈수록 화려해지는 명품점의 눈부신 조명 아래 진열된 상품들을 보노라면 황당한 생각마저 든다. 마치 어떤 것이 진짜 얼굴인지 알 수 없는 천극川劇[107]의 변검變臉[108]처럼, 어떤 것이 정품이고 어떤 것이 짝퉁인지 구별할 수 없다.

사실 명품점을 원망할 수만도 없다. 모든 명품점에서 짝퉁을 파는 것은 아니기 때문에 자신의 형편없는 안목을 탓할 뿐이다. 안목이 없으면 속게 마련이지만, 속다가 보면 저절로 안목도 생긴다. 하지만 쓰라린 교훈을 금세 잊어버리는 명품점의 단골손님들은 치료약이 없는 사람들이다. 그들은 명품점을 어슬렁거리는 것이 아편소굴에 들어가는 것과 같아서, 발만 들여놓으면 이내 기분이 좋아진다. 평범한 일상과 비좁은 집안에서는 결코 느낄 수 없는 그런 기분을 느낄 수 있고, 마치 진열대에 놓인 짝퉁 물건처럼 당당해진다.

화려한 포장이 내용물을 능가하고, 말솜씨는 학식보다 중요하다. 가치 없는 허영심은 천금만금으로 치장해 아름다운 낯짝으로 공격하면 무너뜨리지 못할 것이 없기에, 명품점에 진열된 짝퉁은 정교해지고 또 널리 팔려 나간다. 값은 비쌀수록 오히려 잘 팔리고, 사람들은 바가지를 쓸수록 차츰 아픔도 느끼지 못하게 된다.

그리하여 명품점에서는 혀를 내두르게 만드는 비싼 물건이 판매를 걱정하지 않고, 명품점의 짝퉁 물건

---

107) 쓰촨성(四川省)의 대표적인 전통 지방극.
108) 쓰촨성의 전통극인 천극(川劇)에서 배우가 신속하게 얼굴 분장을 바꾸는 기술.

은 단속을 두려워하지 않는다. 새로운 짝퉁은 마치 떨어진 나무에 새잎이 돋는 것처럼 그렇게 이어진다. 그러므로 사람들은 명품점에 들어서면 언제나 기분이 좋다. 바가지를 씌운다고 욕을 하면서도 목에 힘을 주고 기꺼이 지갑을 연다. 까닭 없이 배가 부르고 눈은 행복하다. 주인의 심보는 전갈처럼 시커멓고, 고객이 지불하는 돈은 정상적으로 버는 것이 아니라고 욕을 하고, 부자가 구입한 것은 모두 짝퉁이라고 말해야만 비로소 마음의 응어리가 풀린다.

그리하여 명품점에 들어가는 사람은 마치 정품과 짝퉁이 함께 몸값이 치솟아 신분이 가파르게 오르는 것처럼, 모두 신사·귀족·공주·황후로 변신하고, 미운 오리 새끼는 백조로 변신한다. 명품점을 드나드는 것은 오븐에서 갓 구워낸 빵과 같고 갓 구워낸 훈제오리와도 같다. 사람이든 물건이든 명품점에 들어가면 모두 명품으로 바뀌어 반들반들 윤기가 나고 향기가 진동한다.

베이징의 명품점은 다른 곳보다 다양한 물건을 취급하는 것은 아니지만 다른 곳보다는 비싸다. 베이징인이 돈벌이가 좋고, 또 돈다발을 들고 베이징을 어슬렁거리며 유행을 좇고 화려한 꿈을 꾸는 허영심에 들뜬 맥박이 뛰어다닌다는 사실을 잘 알고 있기 때문이다. 베이징 거리의 명품점에는 모든 명품이 갖추어진 것은 아니지만, 세태와 풍정을 담고 있다. 베이징 거리의 명품점은 거리의 심리학사이며, 베이징이라는 도시의 온도계이다.

35 발은 신발수선가게를 그리워하고

베이징에는 신발수선점이 다른 도시와는 비교할 수 없을 정도로 많다. 여기서 말하는 신발수선점은 점포는 없이 작은 나무상자에 가죽과 못을 넣고 곁에 작은 접이식 의자를 매달아 놓은 곳을 말한다. 베이징의 신발수선점은 대부분 외지인, 특히 남쪽 지방 사람들이 하는 경우가 많다. 베이징인은 이런 일을 하지 않는다. 몇 푼 벌이도 안 되면서 종일 거리에서 바람과 뙤약볕에 시달리는 이런 일은 몹시 체면이 깎이는 일이라고 생각하기 때문이다. 외지인은 베이징인의 이런 속내를 정확하게 읽어냈다. 그들은 유행을 좇는 여성들이 베이징에 있는 한, 하이힐이 존재하는 한, 그들과 운명을 함께할 것이다. 넓은 베이징에는 유행을 좇는 여성이 전국에서 가장 많을 것이기 때문에 수선점이 없을 수가 없다.

베이징에서는 이런 노래가 유행한 적이 있었다.

의복의 품질을 알려거든 세탁소에 가고,
신발의 품질을 알려거든 수선점에 가라.

신발수선점이 베이징에서 늘어나는 이면에는 마치 온도계의 수은주가 오르내리는 것처럼, 들쑥날쑥한 제화製靴의 품질 문제가 있다. 영리하고 대담한 수선점은 남향의 꽃나무가 일찍 봄을 맞이하는 것처럼, 아예 신발가게 어귀로 자리를 옮기고, 도시미관감시원이 아무리 쫓아내도 꿋꿋이 버틴다. 신발가게에서는 신발을 사고, 가게 밖에서는 신발을 수선하니, 두

곳은 지척에서 하나로 이어져 있다.

수선점을 찾는 사람이 모두 여성인 것은 아니지만 여성이 압도적으로 많다. 수선점을 찾는 사람이 모두 하이힐을 수선하는 것은 아니지만 하이힐을 수선하는 사람이 많은 편이다. 하이힐 수선이 많은 것은, 마치 나무가 잔가지를 많이 뻗으면 오히려 연약해져서 바람에 쉽게 부러지는 것과 같은 이치 때문이다.

베이징 여성이 하이힐을 너무 험하게 신는다고 나무라지는 말라. 어느 도시의 여성이라고 험하게 신지 않을 수 있겠는가? 출퇴근길이든, 춤을 추든, 공놀이를 하든, 길을 가든, 산책을 하든, 조문을 가든, 파티에 가든, 시장에 가든, 석간신문을 사러 거리에 나가든, 하이힐을 신고 버들가지가 바람에 날리듯이 사뿐사뿐 걸어갈 것이다. 신발제조업자들이 하이힐을 튼튼하게 만들지 않는다고 나무라지도 말라. 그들은 항상 베이징 여성이 유행을 리드하게 하려고 새로운 디자인을 만드느라 눈코 뜰 새 없이 바쁘다. 유행을 좇는 베이징 여성에게는 디자인이 내구성보다 훨씬 중요하기 때문이다. 베이징은 차량의 물결이 끊이지 않지만 여성들 가운데 승용차를 타는 사람은 많지 않고, 베이징의 도로는 넓고 평탄하지만 여성들은 많이 걸을 수밖에 없으며, 시내버스를 타려고 뛰다가 발을 접질릴 수도 있다. 그러니 하이힐이 제아무리 튼튼하더라도 꾸준히 손질하지 않으면 견뎌낼 수가 없다. 그런 까닭으로 수선점이 성업 중인 것이다.

겨우 며칠을 신었는데 밑창이 떨어져 나갔다고 신발을 그냥 내버리겠는가? 새로운 디자인의 신발은 다른 곳에서 다시 사기도 어렵다. 그러므로 수선해서 본래의 느낌을 되찾을 수밖에 없다. 베이징 여성은 남쪽 지방 사람들의 유행을 쫓아가지는 못하지만, 남쪽 사람들이 따르지 못할 정도로 고통과 어려움을 잘 참고 견디며, 근검하고 소박하게 생활한다. 수선점은 남쪽의 도시보다 베이징에서 시장이 훨씬 크다.

신발의 품질만을 비난하는 것은 단지 문제의 일면일 뿐이다. 어떤 물건도 음양이 조화를 이루지 못하면 서로 충돌한다. 수선점과 제화업은 서로 결탁한 것처럼 연계되어 하이힐을 다루는데, 마치 서로 호흡을 맞추는 혼합복식과도 같다. 신발을 신는 사람은 전병에 넣은 소처럼, 이들 양자 사이에 끼여서 한편으로는 신발을 구입하고, 한편으로는 신발을 수선한다. 어느 쪽도 비난할 수 없다. 한쪽에서는 신기려고 하고 다른 한쪽에서는 망가지기를 바란다. 한쪽에서는 수선하려고 하고 다른 한쪽에서는 보기 좋게만 만들려고 한다.

고난을 겪는 것은 언제나 발이다. 신발가게에서 신발을 사서 발을 아름답게 치장하고, 수선가게에 가서 다시 발을 아름답게 치장하는, 마치 얼굴을 가린 노새가 맷돌을 돌리는 식의 수고를 되풀이하면서도 오히려 이를 발로 지구의 거리를 재는 새로운 장정長征의 놀이라고 생각한다.

이런 것을 깨닫게 되면 우리 자신을 깨닫게 된다. 베이징의 여성 내지 하이힐을 즐겨 신는 여성들만 나무라지는 말라. 우리 모두가 다를 것이 없다. 사람은 나뭇잎으로 몸을 가리고 풀을 엮어서 발을 싸매는 것을 배우면서 허영을 배웠고, 투정을 배웠고, 자신을 꾸미고 과시하는 것을 배웠다. 사람은 공작처럼 아름다운 깃털을 펼칠지라도 똥구멍을 내보이는 어리석은 일은 하지 않으며, 아울러 가끔씩 똥구멍을 입으로 만들어서 남을 속이고 명성을 도둑질하는 방법을 배웠다. 그리하여 햇빛 찬란한 도시의 대낮에, 번화가나 유흥가의 밤에, 의기양양한 때에, 현란한 때에, 흥분한 때에, 하이힐은 당신을 일깨워 준다. 쇼핑센터에서 걸어 나오거나, 호텔의 엘리베이터에 올라타거나, 스테이지에 오르거나, 발꿈치를 들고 키스를 하려고 하거나, 타이트한 스커트를 걷어 올려 뽀얀 허벅지를 드러내고 가드레일을 넘어 도로를 가로지르려고 할 때, 하이힐의 굽은 틀어지고 흔들리고 떨어져 사소한 웃음, 사소한 징벌, 사소한 낭패를 준다. 하이힐 굽이 땅에 닿는 낭랑한 소리는 은은한 냉소를 닮았다.

이 모든 것은 수선가게에서 가장 또렷하게 볼 수 있다. 까발리지 않고 들쑤시지 않고, 한층 낭랑한 하이힐 발걸음 소리가 베이징을 누비도록 내버려둔다.

남쪽 지방에서는 신발수선가게가 점점 줄어들고, 외국에서는 신발수선가게를 찾아보기 어렵다고 한다. 외국의 신발이 품질이 뛰어나다는 뜻이 아니라 소비수준과 소비관념이 달라서, 망가지면 그냥 내버리는 것일 뿐이다. 신발수선가게는 중국, 특히 베이징의 특산물이다. 그것은 새 신발을 얼마 동안 신다가 내버리는 부유한 정도에 이르지 못한 우리의 현실을 잘 보여준다. 그것은 또한 우리가 신발을 사거나 수선할 적마다, 자신을 굽히고 자신의 발을 꾸민다는 것을 잘 보여준다. 따라서 신발수선가게는 베이징에서 오랜 동안 일거리가 없어질 것을 걱정하지 않아도 될 것이다. 그 옆에는 언제나 지난 날 베이징의 구호가 울려 퍼지기 때문이다.

"신발을 신지 않으면 곤궁해진다!"(脚底下沒鞋窮半截!)

36 우표시장과 문화

베이징 주식시장은 상하이나 선전深圳만큼 흥청대지 않았지만, 우표시장만큼은 전국의 어느 도시보다 흥청댄 시절이 있었다.

두 가지 현상을 비교해 보면 자못 흥미롭다. 경제적 관점에서 보면, 주식시장과 우표시장은 모두 돈을 벌기 위한 것이고, 모두 위험성을 안고 있지만, 액수와 위험성은 주식시장이 우표시장보다 훨씬 크다. 문화적 관점에서 보면, 주식시장은 경제적 활동이지만 우표시장은 문화적 색채를 지닌 것이다. 게임이론에 근거하면, 주식시장은 우표시장에 비해 '제로섬 Zero sum'의 개념이 훨씬 크다. 주식시장은 상대가 이익을 보면 내가 손실을 보고, 내가 이익을 보면 상대가 손실을 보아서, 양자의 합계는 항상 제로가 되지만, 우표시장은 상대와 내가 모두 이익을 볼 수가 있고, 설령 모두가 손실을 보더라도 제로가 되는 것은 아니며 우표의 액면가치는 그대로 보존된다. 이는 베이징인은 근본적으로 경영관념과 모험정신이 모자라고, 돈을 벌더라도 좀 고상하고 문화적 색채가 있는 벌이를 원한다는 사실을 보여준다. 베이징인의 이런 소중한 문화적 숨결은 자못 사랑스러운 구석이 있다. 하지만 베이징인의 보수적 태도는 주식시장과 우표시장을 선택함에 있어서 잠재 의식이 지닌 특징을 왜곡할 수도 있다.

베이징의 우표시장은 1980년대 말부터 1990년 초반까지 가장 호황을 누렸다. 당시 우표시장은 베이징 전역에 널리 퍼져 있었다. 북쪽의 월단月壇, 남쪽의 선무문화궁宣武文化宮, 숭문문화궁崇文文化宮, 도연정陶然亭, 동쪽의 동구집우문시부東區集郵門市部, 서쪽의 황장黃莊 등이 있었는데, 그 가운데 가장 규모가 크고 모범적인 곳은 월단공원의 우표시장이었다.

월단공원의 우표시장은 공원 북쪽 구석에 있었다. 철책을 두르고 플라스틱 차양을 설치해, 비가 오나 눈이 오나 전천후로 마니아들이 거래를 할 수 있었다. 1988년에 처음 형성되어 큰 성황을 누렸는데, 매일 오후 특히 주말이나 일요일이면 몰려든 사람들로 골머리를 앓을 지경이었다. 그 열기는 나중에 개장한 상하이나 선전의 주식시장에 못지않았다.

전성기에는 액면가 2.88원인 「T89 사녀도仕女圖」 3매 1세트가 40원에 거래되었다. 몇 년 뒤에는 5원을 밑돌아도 사려는 사람이 없게 된 마왕퇴馬王堆[109] 우표도 당시에는 13원에 거래되었다. 후표猴票,[110] 문혁표文革票[111]와 메이란팡梅蘭芳[112] 우표는 말할 것도 없었다. 도매와 소매가 함께 이루어졌고, 거래량과 거래금액이 엄청나 도처에서 연신 계산기를 두드려대는 모습을 볼 수 있었다. J, T 우표는 가격이 천정부지로 올랐는데, 특히 기념우표 시트의 가격은 입이 벌어질 정도였다. 당시 우표시장은 '강세 장세'였다.

우표가 의외로 돈벌이가 된다는 것은 돈을 벌고 싶어하는 약삭빠른 사람들과 소심한 베이징인을 매료시켰고, 유행성 감기처럼 다른 베이징인을 감염시켰다. 그리하여 우표시장에는 사람들이 밀물처럼 몰려들었다. 1988년 말에 전국적으로 투기현상이 벌어지자 베이징인은 적금을 헐어서 가전제품, 의복, 이불 따위를

109) 1971년 서한 초기의 고분이 발견된 후난성(湖南省) 창사(長沙) 교외의 지명.
110) 중국우표총공사가 1980년에 발행한 중국 최초의 12띠 우표. 경신후(庚申猴). 화금후(和金猴).
111) 문화대혁명 기념우표로, 1967년 발행한 「모주석어록(毛主席語錄)」부터 1973년 발행한 「중국출구상품교역회(中國出口商品交易會)」까지 80종이 넘는다.
112) 1894~1961. 유명 경극(京劇) 배우.

사들이는 대신 우표를 사들였다. 우표는 저축보다 수익률이 나았고, 냉장고나 세탁기보다 보관하기에 좋았다. 특히 전문가들은 신판 미국 스콧우표도감—세계 4대 우표도감[113] 가운데 하나이다.—을 뒤적이며 가격을 살폈다. 중국의 「용표龍票」는 새로 발행된 것은 125달러이고, 예전에 발행된 것은 37.5달러이며, 「문1마오주석휘수文1毛主席揮手」는 132달러이고, 「전국산하일편홍全國山河一片紅」은 4,500달러이고, 「메이란팡기념우표시트」는 500달러, 「후표」는 10달러였다. 중국의 신판 우표도감에 실린 가격으로는, 「문표文票」[114]는 1,250원, 「메이란팡기념우표시트」는 1,200원, 「후표」는 30원이었지만, 액면가는 각각 0.88원, 3원, 0.08원에 지나지 않았다. 추세는 여전히 강세 장세였다. 베이징인은 엄지로 다른 손가락을 짚어가며 수시로 바뀌는 시세와 꾸준히 늘어나는 자산을 계산하며 기뻐했다. 우표시장은 번창했고, 불어난 강물은 배를 높은 산마루로 올라가게 만들었다.

우표시장과 주식시장을 비교해 보면, 투자자의 심리는 매우 유사하다. 단지 우표시장은 우표를 수집한다는 개념이기 때문에 문화를 이해할 필요가 있어 보였다. 최소한 외국 문자를 좀 알아야 했던 것이다. 그렇지 않으면 스콧우표도감을 보아도 알아볼 수 없고, 외국우표를 팔려고 하면서 웃음거리가 될 수도 있었다. 하지만 우표수집책의 무늬 넣은 테두리는 보기 좋게 꾸민 장식물에 불과했고, 거래 횟수가 많아지면 저절로 기교가 생기고 꽃을 피우게 되었다. 우표시장은 선생 없이 스스로 터득하는 학교

---

[113] 세계 4대 우표도감은 스콧(Scott) 도감 이외에 밋헬(Michel), 스탠리 기븐스(Stanley Gibbons), 이베르 엣 테일러(Yvert et Tellier)가 있다.
[114] 문화대혁명 기간인 1967년부터 1970년까지 발행된 일련번호가 없는 우표.

였던 셈이다.

주식시장과 또 한 가지 비슷한 구석은 우표시장에도 큰손이 있었다는 점이다. 그들은 수중에 돈을 갖고 다니지 않았으며, 여간해서는 우표시장에 얼굴을 내밀지도 않았다. 그들은 주식시장의 큰손과 마찬가지로 전적으로 휴대전화에 의지해 우표시장의 동향과 변화를 파악하고 조종했다.

우표시장에서 볼 수 있는 우표상은 대부분 '중개인'이었다. 그들은 대개 큰손에게서 받아온 우표를 거래하고 중개료를 먹었다. 그들은 소매도 했지만 수입은 많지 않았고, 도매에 치중했는데, 전장全張으로 거래하는 것은 물론이었다. 1980년대 말에 우표시장이 뜨겁게 달아오른 무렵은 바로 그들이 한창 호황을 누린 때로, 1년 안에 억만장자가 되는 경우도 드물지 않았다.

세 번째나 네 번째로 거친 사람들은 대개 둥단東單 등지에서 소매를 했다. 그들은 밑천이 적어서 수입도 적었는데, 우표 한 세트를 거래해 봐야 고작 0.8원이 남았다. 하지만 하루 종일 팔아도 10원, 20원이 남는 소소한 장사였을 것이라고 생각하지는 말라. 그들도 손이 매울 때가 있었다. 예컨대 마왕퇴 우표와 판다 우표는 손에 들어오면 절대로 되팔지 않았다. 그들은 시세를 꿰고 있고 또 구매자의 심리를 정확하게 꿰뚫어서 시시각각 바뀌는 우표시장을 손아귀에 움켜쥐고 있었다.

우표시장이 주식시장과 다른 점은 거래가 성사되어도 세금을 낼 필요가 없다는 것이었다. 그들은 월단의 입장료 1원만 내면—입장료는 나중에 올랐다.— 그만이었고, 다른 곳에서는 그마저도 들지 않았다. 우표시장에서 새나가는 세수가 어느 정도인지는 정부에서도 파악하지 못했다. 우표시장의 관리인은 공중화장실의 이용료를 받는 관리인처럼, 다른 것은 일체 상관하지 않고, 날마다 자신의 수입 5, 6원만 챙기면 그만이었다. 따라서 주식시장에서 시대적 필요에 따라 생긴 증권회사의 경영방식 같은 것은 당연히 없었기에 발전은 꿈도 꿀 수 없었다.

주식시장과 또 한 가지 다른 점은 우표시장에서 거래되는 전장의 우표가 어디에서 나오는가 하는 점이었다. 이는 많은 사람들이 이해할 수 없는 것이었다. 주식은 각 기업이 증권회사를 통해 상장하기 때문에 출처가 분명하고 합법적이다. 그런데 우표시장에서 거래되는 엄청난 양의 우표는 어떤 경로를 거쳐서 나온 것이었던가? 우표는 국가가 발행하고 각급 우체국과 우표판매회사를 통해서 판매되는데, 어떻게 개인이 그렇게 많은 우표를 소장하고 또 판매할 수 있었던 것일까? 주식시장에는 공금을 횡령해 투자하거나 내부정보를 이용하는 부정한 풍조가 있는 것처럼, 우표시장의 건전하지 못한 출처는 어디였을까?

사실 주식시장과 우표시장은 애당초 본질적인 차이가 있다. 우표와 주식은 본래 다른 것이다. 우표는 비록 상품의 속성을 지니지만 그렇다고 순수한 의미의 상품인 것도 아니다. 우표는 세월이 흐르면서 가치가 오를 수도 있고 떨어질 수도 있는 것이어서 주식 시세의 오르내림과는 범주가 다르다. 주식은 돈의 대명사라고 할 수 있지만 우표는 국가의 명함과도 같은 것이다. 그러나 베이징의 우표시장이 활황을 누릴 무렵에 우표는 우편물을 부치는 본연의 기능은 소홀해지고 오히려 주식과 동등해졌는데, 이는 운명적으로 우표시장의 왜곡을 가져왔다. 우표시장은 빠르게 성장했기에 빠르게 쇠퇴하는 것도 당연했을 것이다.

그 후 베이징의 우표시장은 월단 한 곳만 남았다. 그리고 월단에서 거래되는 중국 우표 가운데 어떤 것은 놀랍게도 액면가보다 낮아도 사려는 사람이 없게 되었다.

우표시장에 투자한 많은 사람들이 우표시장에서 발을 뺐지만 그들은 그 돈을 주식시장에 투자하려고 하지는 않았다. 그들은 저울질했고, 새로운 방향을 겨냥했다. 대다수 베이징인은 주식시장을 그다지 달가워하지 않으며, 안전하게 생각하고 투자하려고 하지 않는다.

베이징인은 돈벌이에 있어서 모험을 하려고 하지 않으며, 또 체면을 생각한다. 베이징에서 우표시장이 짧은 몇 년 동안에 흥쇠를 거친 것은 베이징인의 이런 심리를 잘 보여준다. 문화는 베이징이라는 이 오래된 도시에서 살아가는 베이징인의 자부심이며, 베이징인이 얼굴에 바르고 싶어하는 로션이나 메이크업베이스 같은 것이다. 이런 문화가 기인旗人[115] 문화와 관계가 있는지는 모르겠다. 청인淸人은 산하이관山海關을 넘어선 이후 300년의 세월을 거치면서 한족漢族의 문화에 동화되었지만, 오히려 한인漢人을 지배하고 한족의 문화를 개조했다. 청나라는 멸망했지만 팔기자제八旗子弟의 유풍遺風은 오랫동안 전해 내려온다. 베이징인은 가난하더라도 새를 기르고 귀뚜라미를 기른다. 집이 비좁아서 몸을 뒤척이지도 못할 지경이더라도 화초를 키우고 큰 어항을 들여놓으려고 한다. 책 한 권 없더라도 화병, 향로, 자기 따위에 정성을 쏟는다. 그들은 이런 문화적 정취를 바란다. 이런 문화가 베이징인이 고단한 생활환경 속에서 살아갈 수 있는 낙천적 숨결을 지탱했고, 아울러 베

[115] 만주족이 세운 청나라가 민족 고유의 부족제도에 따라 만든 정치와 군사 조직인 팔기제도(八旗制度)에 속한 사람들의 총칭.

이징인의 예기를 무디게 만들었다. 항상 만족할 줄 알고 적당한 때에 물러나는 중용中庸의 도리가 베이징에서 사람의 마음을 얻은 것이다.

우표시장이 쇠퇴할 무렵에 베이징의 일부 약삭빠른 사람들은 다시 도자기와 서화書畵 시장을 주시하기 시작했다. 이는 베이징인에게는 매우 정상적인 사유의 궤적이다. 우표시장은 베이징인의 일면을 보여주는 작은 거울일 뿐이다.

37 베이징의 리듬

베이징의 리듬은 자동차의 타이어에 나타나고, 공항의 활주로에 나타나고, 횡단보도를 건너는 인파의 바쁜 발걸음에서 나타나고, 출퇴근의 러시아워 때에 빠르게 돌아가는 자전거의 체인에서 나타난다.

베이징의 리듬은 대낮에 상점 앞의 스피커에서 울려나오는 시끄러운 록큰롤에서 나타나고, 밤중에 호텔의 네온사인에서 나타나고, 공원에서 빗방울처럼 숱한 입맞춤에서 나타나고, 무도장에서 음악처럼 가쁜 심장에서 나타난다.

베이징의 리듬은 여인의 옷차림에서 나타나고, 아이의 장난감에서 나타나고, 라디오 방송의 유행가 차트에서 나타나고, 신문잡지 가판대의 숱한 타블로이드판 신문에서 나타난다.

베이징의 리듬은 상점의 쇼윈도에서 나타나고, 바의 진열대에서 나타나고, 색깔·디자인·소재가 빈번하게 바뀌는 포장에서 나타나고, 농축수산물 시장에서 소고기·양고기·돼지고기·닭고기·오리고기·새우·과일·채소의 날마다 달라지는 가격표에서 나타난다.

베이징의 리듬은 냉동만두, 인스턴트커피, 라면, 즉석 죽과 패스트푸드점의 일관작업열에서 나타나고, 「이옌헤이(一染黑:단번에 검게 염색해 준다는 뜻)」, 「커비팅(咳必停:기침이 반드시 멎는다는 뜻)」, 「췌반추(雀斑除:주근깨를 제거한다는 뜻)」 따위의 의약품과 화장품에서 나타나고, 즉석 사진, 즉석 세탁 같은 즉석 서비스 분야에서 나타난다.

베이징의 리듬은 뱀이 혀를 날름거리듯이 날마다 뻗어나가는 입체교체로, 기린의 목처럼 날마다 높이 올라가는 고층 빌딩, 선지宣紙[116]에서 사방으로 퍼져나가는 수묵화처럼 무성하게 뻗어나가는 녹지, 낙엽을 하소연하는 것 같은 겨울새의 지저귐에서 나타난다.

베이징의 리듬은 미친 듯 울리는 콘서트의 드럼에서, 운동장을 질주하는 건강한 다리에서, 급류를 헤치며 과감하게 나아가는 놀이동산의 물결에서, 증권거래소의 객장에서 팔을 내흔들며 베틀의 북처럼 왔다갔다하는 증권맨과 오르내리는 증권시황판에서 나타난다.

베이징의 리듬은 전시회를 열었다가 패션쇼를 열었다가 하는 박물관의 광고판에서, 왼쪽을 쪼개 커피숍을 만들고 오른쪽을 쪼개 노래방을 만든 영화관에서, 연애를 하는 젊은이들이 여친이나 남친을 걸핏하면 바꿔치우는 것에서, 애인을 찾는 중년인이 봄에 한번 깨지고 가을에 한번 헤어지면서 시간이 나를 기다려주지 않는다고 탄식하는 속에서 나타난다.

베이징의 리듬은 이른 아침 공원의 새장·기공氣功·태극권과, 황혼이 내린 거리에서 한나절이 지나도록 '졸卒' 하나 움직이지 않는 장기판에서 나타난다.

베이징의 리듬은 좀체 바뀌지 않는 사거리의 신호등에서, 아무리 기다려도 버스는 오지 않는 정류장의 표지판 아래에서, 언제나 미어터져 열차에 오르지도 못하는 기차역의 플랫폼에서, 연발하기 일쑤인 공항의 대합실에서 나타난다.

베이징의 리듬은 아직 파티 테이블에 오르지 않은 음식, 못 다 마신 술, 다 못한 설날의 이야기, 다 보지 못한 사무실의 신문, 다 못한 잡담,

116) 안후이성(安徽省) 쉬안청(宣城) 징현(涇縣)에서 생산되는 고급 화선지.

다 못 먹은 과쯔瓜子[117]에서, 결정하지 못하고 고민하는 비즈니스 현장의 계산과 못 다 셈한 현찰에서 나타난다.

베이징의 리듬은 바람 빠진 자전거의 타이어에서, 아무리 빨리 달려도 차량행렬에 거듭 막히는 승용차에서, 불량상품을 퇴치하려고 열심히 상점을 뛰어다니는 정화위원에서, 관청 입구에서 일처리를 놓고 옥신각신하는 모습에서 나타난다.

베이징의 리듬은 신축한 빌딩에서 물이 나오지 않고 전기가 들어오지 않는 것에서, 가스불이 켜지지 않고 전화가 불통인 기숙사에서, 편지함을 들여다보며 집배원이 가지고 올 소식을 기다리는 소망에서 나타난다.

베이징의 리듬은 화장실 물탱크가 수리를 할수록 더 새고, 옷장의 문이 수리를 할수록 틈새가 더 벌어지고, 깨진 창문을 고치려고 추운 날씨에 오지 않는 수리공을 무력하게 기다리는 데서 나타난다.

베이징의 리듬은 아이를 탁아소에 넣으려고 선심을 썼지만 기다려도 소식은 없고, 병원에 입원하려고 남에게 부탁하여 연줄을 대보지만 번번이 병원 문밖만 배회하고, 프로젝트의 결제가 떨어지길 기다리지만 번번이 메아리조차 없는 데서 나타난다.

베이징의 리듬은 마라톤회의석상에서 재떨이에 수북하게 쌓인 담배꽁초에서, 서류에 둥근 원을 그려서 결재를 하는 데서 나타난다.

베이징의 리듬은 양쪽 바퀴의 자국이 균형을 이루고, 고음과 저음이 서로 어울리고, 음양陰陽이 어우러지고, 하늘과 땅이 조화를 이루는 것이다.

베이징의 리듬은 자신이 자신의 적수이다.

117) 해바라기씨나 호박씨 따위에 소금과 향료를 넣어 볶은 중국인의 일상 간식거리.

베이징의 리듬은 싸워서 이기고 속도를 낸다.
베이징의 리듬은 갈수록 빨라져서 아무도 막지 못한다.
베이징의 리듬은 겉으로는 우리의 팔뚝에 둘러져 있지만 자력磁力은 지구의 한가운데에 있다.

38 베이징의 먹을거리

베이징인은 먹을거리에 신경을 많이 쓰지만, 먹을거리는 갈수록 이상해진다.

옛사람은 "백성은 음식을 하늘처럼 여긴다."(民以食爲天)고 하고, 또 "대궐에는 아홉 겹의 궁문이 있으니, 천자의 존귀함을 어찌 알겠는가!"(城闕九重門, 安知天子尊.) 라고 하였다. 옛날 베이징에서는 하늘과 황제는 똑같은 존재였고, 음식은 하늘에 견주어졌다. 베이징인은 먹을거리를 중요하게 여긴 지 오래되었다.

베이징인의 먹을거리는 기세가 대단하고 새로운 스타일이 끊임없이 창출되어 마치 좌조우사左祖右社,[118] 전랑후하前廊後廈[119]로 중첩된 베이징의 건축물처럼 화려하고 또 복잡한 절차를 중시하게 되었다. 베이징의 먹을거리는 예전에는 노채(魯菜:산둥 요리)에 점령되었고, 지금은 월채(粤菜:광둥 요리)가 이끈다. 자랑스럽게 떠벌이는 담가채譚家菜[120]가 궁궐에서 나왔지만, 이미 가련하게도 바오두爆肚,[121] 차오간炒肝,[122] 아이워워艾窩窩,[123] 샤오워터우小窩頭[124] 같은 소소한 것만 남았을 뿐, 지난날의 영광은 사라지고 말았다. 베이징인의 입맛에는 전

118) 예전에 천안문(天安門)의 동쪽과 서쪽에는 각각 태묘(太廟)와 사직단(社稷壇)이 있었는데, 이는 옛날 도성을 만들 때, '좌조우사左祖右社'의 관념을 반영한 것이다.
119) 앞쪽에는 회랑(回廊)을 두고 뒤쪽에는 전각(殿閣)을 배치하는 것을 말한다.
120) 중국에서 유명한 궁중요리의 하나. 본래 청나라 말기에 관료인 담종준(譚宗浚)의 가문에서 전해지던 연회음식이었다. 방안채(榜眼菜).
121) 소나 양의 천엽을 가늘게 썰어 끓는 물이나 기름에 살짝 데치거나 튀겨낸 음식.
122) 돼지의 간과 대장을 주재료로 하여 녹말을 넣어 걸쭉하게 만든 베이징의 특색 요리.
123) 찹쌀밥에 콩으로 만든 소를 넣고 둥글게 빚은 다음 야자열매의 배젖을 으깬 가루에 굴려낸 간식거리.
124) 옥수수 가루나 수수 가루 따위의 잡곡 가루를 원뿔 모양으로 빚어서 쪄낸 음식.

국의 8대 유명 요리와 심지어 서구식의 피자와 KFC, 맥도날드도 포함될 수 있지만 정작 자신의 것은 이미 사라졌다. 식욕이 왕성한 베이징인은 거침없이 먹어치우고 몇 번 트림을 하더니 지난날의 아름다운 꿈을 추억하면서 어선御膳의 메뉴판을 뒤적여 몇 가지 어설픈 궁중요리를 만들어 외지인을 속이고 자신도 속인다.

베이징인의 먹을거리는 지금은 광둥인의 유행을 좇아서 닭털로 만든 먼지떨이를 제외하고는 무엇이든 과감하게 먹는다. 먹는 모양새는 세력 범위를 확장하고, 먹으려는 욕망은 도시의 공간을 침식한다. 서점은 음식점에 자리를 내주고, 문화센터와 도서관도 음식점에 공간을 내주어서, 요리업이 우후죽순처럼 늘어난다. 심지어 베이징의 변두리에서 구정물을 받아 먹는 돼지도 살이 포동포동하게 올랐고, 베이징에서 돼지 살코기를 사기도 점점 어려워진다. 유명 요리사의 수입은 대학교수를 크게 앞지르니, 글 한 줄 읽지 않고도 만호후萬戶侯가 되는 것도 이상하지 않은 일이 되었다.

베이징인의 먹을거리는 갈수록 간편해지고 호사스러워진다. 음식점의 인테리어는 쇼핑센터와 화려함을 다툰다. 음식점과 쇼핑센터는 지금 베이징에서 눈부시게 모던한데, 사람을 유혹하는 한 쌍의 눈동자다. 먹는 등급도 당연히 높아져서 어떤 음식점에서는 비키니를 걸친 여성들이 공연을 하기도 한다. 먹을거리의 범위가 늘어나고, '음식문화'라는 그럴듯한 말을 덧붙여서 구미를 자극한다. 아름다운 여성이 후춧가루를 잔뜩 뿌리거나 겨자기름을 듬뿍 쳐서 먹는 것도 유행이 되었다. 베이징의 먹을거리는 거액을 소비한다. 통계에 따르면, 전국적으로 매년 서호西湖[125] 하나 이

---

125) 저장성(浙江省) 항저우(杭州)에 있는 호수 이름.

상을 마셔대는데, 베이징은 곤명호昆明湖 하나쯤은 마셔치울 것이다. 교육투자와 비교한다면, 숨이 막힐지경이다. 긍정적으로 생각하면, 기름이 번들대는 입은 다른 사람을 비방하는 입보다는 그래도 나은 셈이다. 게다가 비즈니스의 거센 물결은 회의실을 술자리로 옮기게 만들었는데, 술잔을 서로 부딪치면 거래는 성사되고 골치 아픈 일도 술술 풀린다. 그야말로 "술병 속의 세상은 드넓고, 술잔 속의 세월은 길다."(壺中天地大, 杯中日月長.)는 격이다. 술이 위장을 촉촉하게 적셔주면 비즈니스의 성사를 위한 길과 관공서의 일처리를 위한 문도 빗장이 풀리고 부드럽게 열린다. 베이징인 가운데는 무위도식하면서 피둥피둥 살이 찌는 사람도 있고, 마음에 남은 한 방울의 피를 먹는 사람도 있고, 공금을 펑펑 쓰면서 집에서는 먹을 수 없는 것을 마구 먹어치우는 사람도 있다. 고급호텔에서 먹는 것은 단순히 먹기 위한 것이 아니라 정치·경제·문화의 앞마당과 뒷마당을 포괄하는 것이다.

베이징의 먹을거리는 아이들에게는 식욕을 채워주고, 젊은이에게는 겉치레를 충족시킨다. 그러나 중년인에게는 회고의 기능이 있는데, 베이징의 동서남북에는 순식간에 '라오산제老三屆', '헤이투디黑土地', '라오차老揷', '이구쓰톈憶古思甛'이니 심지어 '리훈離婚' 같은 이름을 내건 중년인만을 겨냥한 식당이 등장했다. 그것이 중년인의 지갑을 겨냥한 것이라도 중년인들은 대단히 반긴다. '전국산하일편홍全國山河一片紅'이라는 요리가 기실 토마토 무침에 지나지 않고, '지청과강知靑過江'이라는 요리가 파를 뿌린 국에 지나지 않는대도, 그저 유쾌하게 먹는다. 그곳에 가서 먹는 것은 흘러간 세월이고, 잊을 수 없는 사랑이고, 한번뿐인 청춘이다. 어스름한 전등불 아래에 놓인 음식은 하나하나가 모두 추억이기에, 진한 기억이 떠오르고, 자신도 모르게 오랜 세월과 삶 속으로 녹아 들어간다. 베이징인의 먹을거리는 소비만을 이야기하거나, 실용만을 이야기하거나, 인정만을 이야기하거나, 수입만을 이야기하는 것처럼 그렇게 단조로운 것이 아니다.

상술한 베이징인의 먹을거리는 어쨌든 나름의 이유가 있다. 한탄을 하더라도 즐거움과 괴로움은 서로를 안다. 하지만 사람을 곤혹스럽게 만드는 경우가 있다. 한 친구가 이런 이야기를 들려주었다. 교외에 사는 한 농민 출신 졸부가 특급 호텔을 찾았다. 그는 거액을 내보이면서 로열스위트룸에서 하룻밤 잘 수 있는지 물었다. 스위트룸에 들어간 졸부는 룸서비스를 불러 어떤 음식이 가장 비싼지 물었고, 가장 비싼 어자장(魚子醬:생선알로 담근 젓갈)을 주문했다. 룸서비스가 빵조각으로 어자장을 받쳐서 오자, 졸부는 빵만 깨끗이 먹어치우고 어자장은 그대로 남겨 두었다. 호기롭게 먹어치우는 모습을 동물적 본능으로 만들어버린 졸부는 우스꽝스럽고 서글프다. 나는 한 프랑스인이 자신들은 레미 마르땡을 마시지 않고 모두 중국인에게 내다 판다고 한 말이 생각난다. 어떤 중국인이 마실까? 아마도 이런 졸부들일 것이다. 그들은 많은 돈을 주고 양주를 마시는 것을 아까워하기는커녕, 스스로 기세를 마신다고 여긴다. 만약 그들이 그렇게 먹고 마시는 돈을 교육에 기부하고 예술에 협찬하고 생산에 재투자한다면, 그들은 몇 푼까지도 좀스럽게 따질 것이니, 그저 많이 먹고 특별하게 먹고 게걸스럽게 먹어서 위장운동을 거쳐 똥이 되고 비료가 되어 사람에게 복이 되게 하는 수밖에 없다. 그들은 현대적 기업가가 될 수 없고 미식가도 될 수 없다.

베이징인은 대소 관료부터 남녀노소 서민에 이르기까지 누구도 먹는 것에서 벗어날 수 없다. 그렇지만 이처럼 기형적으로 먹고 게걸스럽게 먹고 물리게 먹고 배가 터지도록 먹고 마음이 썩게 먹고 맛이 가게 먹는 것은 먹는다는 것의 본래 의미와는 너무도 다른 것이다. "백성은 음식을 하늘처럼 여긴다."는 말에서, '하늘'의 의미는 부득이 지옥에 떨어지고 말았다.

39 베이징에서 두려운 것

베이징에서 생활하는 것에 익숙해지면, 그것이 지닌 변화함과 편리함을 누리는 한편으로 그것이 지닌 근심과 아픔도 함께 나누게 된다. 많은 곳이 사람들에게 사랑을 받지만, 또 많은 곳은 사람들을 두렵게 만든다.

거리에 나서기가 두렵다. 도로는 갈수록 늘어나고 넓어진다. 입체교차로는 갈수록 높아지고 까마득해진다. 하지만 교통은 갈수록 미어터진다. 날마다 명절을 쇠고, 날마다 휴가를 즐기는 것 같다. 베이징인뿐 아니라 외지인과 외국인도 대로에 쏟아져 나와 베이징의 명절을 축하하는지, 거리마다 인파로 넘치고, 어수선하기가 벌집과도 같다. 택시를 타려니 주머니에 '실탄'이 부족하고, 미터기를 꺾지 않는 불법차량을 타려니 도착한 뒤에 터무니없는 요금을 요구하며 바가지를 씌울까 두렵다. 시내버스에 비집고 타려니 성질을 죽여야 하고, 미어터지는 것은 두렵지 않다고 해도 못이 박힐 정도로 귀를 단단하게 단련해 두어야 한다. 버스에서는 사소한 일 때문에 언제 욕설이 터져나올지 모르기 때문이다. 최신 패션으로 차려입은 어린 아가씨라도 사돈의 팔촌까지 들먹이며 과감하게 욕설을 퍼부어서, 당신을 마치 사창가에 떨어진 것처럼 부끄럽게 만들지 모른다. 물론 가장 두려운 것은 차가 막히는 것이다. 별로 멀지도 않은 길도 순식간에 아득해지고 언제 도착할지 기약조차 사라진다. 바다 한복판에서 배를 댈 곳을 찾지 못하는 것처럼 마음은 조급해지고 뾰족한 수가 없다.

물건을 사기가 두렵다. 절대로 "고객은 왕이다."라고 생각하지 말라. 그건 사실 누릴 수가 없는 것이다. 돈을 조금 더 주더라도 품질을 믿을 수 있고 가격도 적당하다면 즐거울 수 있다. 하지만 화려하고 당당하게 치장하고 이름을 '쇼핑센터'나 '쇼핑타운'으로 바꾸었지만, 빛 좋은 개살구일 뿐이어서 구입한 물건은 형편없는 짝퉁인 경우가 적지 않다. 크지도 않은 점포에 '쇼핑센터'라는 이름을 붙이고, 입술을 새빨갛게 바른 외지 출신의 아가씨가 문전에서 마치 매춘부가 행인을 잡아끄는 것처럼, 안으로 잡아끌어 불쾌하게 만드는 것이 두렵다. 또 '바람잡이'가 두렵다. '낚시질'을 하는 사람이 모두 외지인이라고는 생각하지 말라. 베이징에는 작은 이득을 챙기려는 사람들이 많다. 그들은 자신이 외지인보다 똑똑하다고 생각하지만 자기 꾀에 자기가 넘어가기 일쑤다. 오히려 성실한 외지인들은 어쩌다 '바람잡이'를 만나면, 오히려 착한 사람으로 여기고 마음이 통하는 벗을 만나기라도 한 것처럼 여기는데, 파리를 삼키고도 '십전대보탕'을 먹었다고 생각한다. 물론 느닷없이 검문을 당하는 것은 더욱 두렵다. 베이징의 상점, 특히 규모 있는 상점과 합자 상점에서는 도도하기가 다이애나비 같고 브룩 실즈 같은 판매원 아가씨가 갑자기 평지풍파를 일으킬지도 모른다. 상점의 값비싼 물건이 없어졌다고 억지를 부리면서 당신을 의심할지도 모른다. 입은 있지만 아무 변명도 하지 못하고, 물건은 사지도 못하고 속만 부글부글 끓는다. 일순간에 '왕'에서 '범죄혐의자'로 둔갑하니, 불쾌해 견딜 수 없다.

음식점에 가기가 겁난다. 가는 곳마다 '음식문화'라고 떠들어대지만, '음식'으로 구체화되기는 쉬워도 '문화'로 구체화되기는 쉽지 않다. 음식은 선진先秦이나 성당盛唐의 문화를 찾으려고 하거나 궁중의 어선御膳의 맛을 찾으려는 것이 아니다. 단지 입을 즐겁게 하고 배를 채우려는 것일 뿐이다. 예리한 칼로 바가지를 씌우는 것이 두렵다. 국에는 선혈이 둥둥 떠다닌다. 지저분한 접시가 두렵다. 흐르는 물에서 대충 건져서 세균을 잔뜩 먹인다. 명실이 걸맞지 않을까 두렵다. 음식 이름은 그럴듯하지만 막상 나온 음식은 입맛을 달아나게 만든다. 차가운 말투에 상처를 받을까 두렵다. 미소를 한가득 머금은 여종업원이 갑자기 태도를 바꾸어 식욕이 뚝 떨어지게 만든다. 음식에서 이물질이 나올까 두렵다. 위험하지는 않더라도 무척 놀랄 것이다. 어떤 사람이 먹던 음식에서 요리사가 빠뜨린 금반지가 나왔다는 보도가 있었다. 안타깝게도 보통 사람들이 먹는 음식에서는 모래나 파리 심지어 구두굽이 나올 뿐이다.

시장에 가기가 두렵다. 저울의 속이 검기는 어느 것이나 매일반이기에, 편리함을 찾는다면 그저 참는 수밖에 없다. 억지거래가 두렵다. 거래가 성사되지 않으면 시장의 무뢰배들이 무자비하게 주먹질을 해댄다. 닭의 똥구멍으로 물을 집어넣고, 쑹화단松花蛋[126]에 감자를 넣고, 양고기에 말고기나 돼지고기를 섞고, 어깨를 으쓱대며 돈을 버는 것이 두렵다.

예전에는 공중전화를 걸기가 두려웠다. 요금을 엿장수 마음대로 부르는데, 전화 주인의 입이 시계이고 가격이었다. 3분을 통화하면 화끈하게 30분의 요금을 요구하고, 난징南京에 걸면 도쿄東京에 건 요금을 과감하게 요구하기도 했다. 또 전화 부스에서 한없이 마지馬季[127]의 만담을 듣고, 하염없는 정담情談을 듣는 것이 두려웠다. 또 전화를 거노라면 뒤에서 기다리는 사람은 마치 보디가드처럼 바짝 달라붙어서, 그들의 숨소리와 심장의 고동소리는 똑똑히 들리지만,

---

[126] 찰흙, 소금, 왕겨, 석회를 섞은 것으로 달걀이나 오리알을 밀봉해 삭힌 것.
[127] 1934~. 유명 연예인. 만담가. 본명은 마수화이(馬樹槐).

오히려 상대방의 말소리는 제대로 들리지 않는 것이 두려웠다.

사람을 찾기가 두렵다. 베이징은 너무 넓다. 제4순환도로와 제5순환도로에 이어 제6순환도로가 건설되었다. 사람을 찾으려면 반나절이나 한나절이 걸려도 찾지 못하는 경우가 흔하다. 작은 호동胡同은 마치 미궁迷宮과도 같아서 이리저리 방향을 틀며 들어가면 다시 나오기가 쉽지 않다. 그리고 많은 호동이 이미 철거되어 고층빌딩이 들어서고 그 자리에는 이름만 남아 있어서, 지도에서는 찾을 수 있어도 현장에서는 그림자조차 찾을 수 없다. 외지인은 물론이고 베이징 토박이도 헷갈리기는 마찬가지다.

이웃집에 놀러가기가 두렵다. 초인종을 누르면 먼저 천지가 진동하는 소리가 울려서 깜짝 놀라면 그제야 주인이 사뿐사뿐 걸어 나온다. 방범문의 작은 구멍이 두렵다. 먼저 안쪽에서 누군지를 살핀다. 개가 뛰어나와 '왕왕' 짖는 것이 두렵다. 환영하느라 혀를 내밀어 손이나 발을 핥는데, 거북하기 짝이 없다. 카펫이 두렵다. 주인이 슬리퍼로 갈아 신으라고 말할까 두렵고, 담배를 피우다가 재를 카펫에 떨어뜨릴까 두렵다. 헤어질 적의 인사가 갈수록 격식을 차려서 다시 만날 기회가 점점 줄어들까 두렵다.

병원에 가기가 두렵다. 아무 것도 없으면 돈이 있어야만 하고, 무언가 있으면 병이 없으면 안 된다. 치료비와 약값이 수은주처럼 올라가는 것이 두렵다. 의사와 간호사의 얼굴이 냉동고처럼 차가운 것이 두렵다. 약이 가짜일까 두렵다. 주사바늘로 인해 바이러스에 감염될까 두렵다. 병원에 입원하기가 두렵다. 의사와 간호사에게 '바치는' 인사치레의 돈이 두렵고, 필요하지도 않은 수술로 기력이 더욱 떨어질까 두렵다. 만에 하나라도 무책임한 의사와 간호사를 만나거나, 만에 하나라도 주사를 잘못 놓거나 편도선을 신장결석으로 오진할까 두렵다. 수술용 펜치나 붕대를 혹시라도 뱃속에 남겨두고 절개면을 봉합할까 두렵다. 기침은 낫지 않고 오히려 천식이 생길까 두렵다.

베이징의 두려움은 베이징의 병이다. 베이징이 아무리 좋더라도 병이 없을 수는 없다. 건장한 사람이라도 곡식을 먹고 살고 사소한 질병에라도 걸리지 않을 수 없는 것과 마찬가지다. 병은 두렵지 않지만 치료하지 못할까 두렵다. 베이징의 병에 있어서는 모두가 환자이고 모두가 의사다.

40 베이징의 사랑

베이징의 사랑은 여러 가지가 있다. 아버지와 아들의 사랑, 어머니와 딸의 사랑, 그리고 넓히고 넓힌 박애博愛가 있다. 그렇지만 이 모두는 유행하는 사랑을 막지 못한다. 유행하는 사랑은 꽃이 지고 잎이 져도 홀로 남아서 사랑의 꽃을 피우지만, 겸애兼愛나 박애는 문어文語가 되어서 사전에서나 찾아볼 수 있을 뿐이다. 유행하는 사랑은 허물을 벗은 매미처럼 아름답게 펼쳐진다.

사랑은 축하카드의 문구처럼 감미롭지만 천편일률적이 되어 간다. 성탄절, 설날, 발렌타인데이가 되면 작은 새떼가 나뭇가지에 오르는 것처럼, 알록달록한 축하카드는 감미로우나 천편일률적인 이야기를 노래한다. 노래하는 사람은 즐겁고 듣는 사람은 편안하다. 누구나 이런 정담을 한다면, 가사·박자·당김음까지 똑같은 합창처럼 되어 버릴까 두렵다. 대량생산에 의해서, 언어가 지닌 능력은 퇴화하고 사랑은 복제가 가능한 사본처럼 되어 버린다.

사랑은 유행하는 멜로디와 랩으로 바뀌어 거리와 상점의 시끄러운 스피커와 유치원 아이들의 입에서 흘러나온다. 한참을 씹다가 땅바닥에 내뱉은 풍선껌처럼 교외로 옮겨져 담배꽁초, 가래침, 분뇨와 함께 뒤섞일 수도 있다. 어린아이들도 모두 똑같은 노래를 부른다면, 사랑은 더 이상 신성하거나 신비하다고 할 수 없으며, 누구나 씹다가 버릴 수 있는 풍선껌으로 전락한다. 그 유행가가 너무도 애절하여 사람을 감동시키고, 아무리 기세가 크고 영향력이 엄청나다고 하더라도 말이다.

사랑은 라디오방송과 TV방송의 인기 프로그램이 되었다. 연인을 위하여 남편을 위하여 아내를 위하여, 생일이나 기념일 같은 특별한 날은 물론이고, 무슨 특별한 날이 아니어도 누구나 사랑의 프로그램에 음악을 신청할 수 있다. 본래는 두 사람만이 은밀하게 속삭이고, 마음으로 느낄 수만 있을 뿐 말로는 표현할 수 없는 것이지만, 전파를 통해 이러쿵저러쿵 늘어놓아 모든 사람이 알게 만든다. 사랑은 전람으로 바뀌었고, 사랑은 불티나게 팔리는 것으로 바뀌었고, 사랑은 왁자지껄한 도매시장이 되었다. 그것은 돌아가며 던지고 다시 섞어서 나누어 주는 트럼프의 패에 불과하다. 사랑은 이미 놀이로 바뀌었다.

사랑은 꽃가게의 인기 있는 장미로 바뀌었다. 꽃을 선물하는 것은 핫라인에 노래를 신청하는 것보다 더 낭만적인 것 같다. 꽃집의 꽃은 가위로 반듯하게 잘리면서 낭만도 잘려버렸다. 사랑은 화려함과 가격에 자리를 내주었다. 사랑은 유행이 되었고, 과시가 되었고, 교태가 되었고, 추종이 되었다. 이런 꽃은 사랑이라는 꽃병에 꽂을 수 있고, 사랑의 파티복에 꽂을 수는 있지만, 들판의 향기와 자연의 신선함은 없다.

사랑은 영화에 나오는 호텔식의 사랑으로 바뀌어, 갈수록 호화스러워지고 갈수록 투정을 부린다. 그것은 남에게 보여주려는 것으로, 짙게 화장하여 못난 얼굴을 감출 수는 있지만 진실한 감정을 분칠하지는 못한다. 수시로 바뀌는 옷차림은 패션쇼를 열 수는 있어도 사랑을 새롭게 하지는 못한다.

사랑은 이미 '샤오미(小蜜: 정부情婦 겸 수행 여비서)'나 '방자얼(傍家兒: 정부情婦)'로 바뀌었고, 홍콩 달러, 타이완 달러, 미국 달러에 칵테일을 더한 것으로 바뀌었고, 다이아몬드 반지, 목걸이, 팔찌에 사우나를 더한 것으로 바뀌었고, 인스턴트 커피로 바뀌었고, 노골적인 브래지어, 팬티, 콘돔으로 바뀌었다. 입맞춤은 더 이상 가슴 두근거리는 것이 아니고, 또 호흡을 멈추고 기다릴 필요도 없게 되었다. 그것은 순식간에 신비하지 않게 되었고, 공공장소에서 닭이 모이를 쪼아 먹는 것 같은 가벼운 키스는 새로운 조류라고 생각되어 도시의 풍경선을 이루면서 아무렇지도 않게 되었다. 사랑은 불타오르는 정욕 때문에 짧은 간주곡이 되었다. 사랑은 세단뛰기를 하여 바로 본론으로 들어가고 즉석에서 얻으려고 한다. 영혼과 육체는 물과 불처럼 서로 받아들이기 어려운 것이지만, 사랑은 이미 섹스와 빠르게 등호를 그었고, 감정은 사랑과 멀어져 거추장스러운 장식이 되었다. 칼 시그만[128]의 「러브 스토리」가 얼마나 많은 사람들을 기만했는지는 모르겠지만, 베이징의 방송에 나오고, 베이징의 테이프 노점에서 팔려나간다. 유행하는 사랑은 바람에 말린 생선처럼 애처로운 겉모습만을 남길 뿐 사랑의 이야기는 사라져버렸다.

[128] Carl Segman, 1909~2000. 미국 브루클린 출신의 작사가 겸 작곡가.

41 베이징의 가짜

베이징에는 「세상에서 오직 엄마만이 좋다」는 영화 제목을 한 글자만 바꾼 "세상에서 오직 엄마만 진짜다."라는 말이 있다. 세상에는 엄마가 진짜인 것 말고 무엇이든 가짜일 수 있고, 심지어 아버지도 가짜일 수 있다는 말이다. 가짜는 확실히 베이징인의 생활과 베이징의 공기 속에 가득하여, 베이징인으로 하여금 진짜와 가짜를 구별하기 어렵게 만든다.

사실 가짜는 베이징 거리의 상점과 시장에서 가짜 약품, 가짜 술, 가짜 구두, 가짜 명품 등에서 볼 수 있거나 면화에 인조솜을 섞거나 돼지고기에 물을 넣거나 저울에 돌을 눌러 놓는 것에서만 볼 수 있는 것은 아니다. 2000년 올림픽 개최를 신청했을 때, 실사단은 베이징을 실사하면서, 우선 도시의 오염에 대해 이맛살을 찌푸렸다. 바람이 들판에서, 초원에서, 설산雪山의 꼭대기에서 불어오는 것처럼 신선하지 않았음은 물론이고, 공기는 공장 굴뚝의 연기와 자동차의 매연으로 뒤섞였으니, 이맛살을 찌푸리지 않을 수 있었겠는가? 하지만 베이징인은 오랫동안 그런 공기에 익숙해져서 전혀 이상하게 생각하지 않는다. 뿐만 아니라 베이징인이 물가와 주택 같은 기본적인 생활 여건 때문에 발버둥을 치던 시절에 신선한 공기는 사치였다. 그래서 바쁜 베이징인은 머리 위의 푸른 하늘을 살필 시간과 여유가 너무도 부족했다. 하늘은 더 이상 물로 씻어낸 것처럼 푸르지 않고, 폭우가 쏟아지고 나서 하늘에 아름다운 무지개가 피어도 하늘은 여전히 어두침침하여, 아무리 씻어도 깨끗해지지 않는 얼굴과도 같다. 그리고 허공에 뜬 달은 오염의 위협을 받을 뿐 아니라 베이징의 자랑이라고 여기는 마천루와 베이징의 미녀라고 여기는 네온사인의 이중압박을 받아서, 중추절이 되어도 얼굴조차 볼 수 없고, 견우성과 직녀성을 본다는 것은 꿈도 꿀 수 없다.

물론 전적으로 도시의 오염에 달린 것이 아니라 우리 자신의 손과 두뇌, 심미와 가치 시스템에 달려 있고, 관습에 달려 있고, 습관에 달려 있고, 무감각에 달려 있고, 사치스러움에 달려 있고, 허영에 달려 있다고 하더라도, 아직 먹고살 만한 형편에도 이르지 못했으면서 단번에 세계적 대도시에 진입하기를 꿈꾼다. 그리하여 가녀린 베이징의 꽃은 성형한 여인처럼 바뀌었고, 군사훈련을 받는 학생처럼 가지를 곧게 쳐냈다. 베이징의 정수한 물은 산골짜기를 흐르는 맑은 물이 아니며, 민들레 분수와 음악 분수가 뿜어내는 물은 오색 전등 불빛 아래에서, 물의 빛깔과 형상마저 변해 버렸다.

사람들은 가짜에 휘둘려서 가짜를 진짜로 여기고 가짜를 영광으로 여긴다. 가짜가 만연되어서 가짜를 두려워할 줄 모른다. 가짜는 아름다움이고 닮음이고 응석받이고 등급이고 품질이고 유행이 되었다. 여성은 가짜에 쉽게 넘어간다. 베이징 여성은 상하이 여성의 아름다움에 지지 않으려고 하고, 광저우 여성의 솜씨에 지지 않으려고 애쓴다. 그래서 사람을 현혹하는 거리의 광고를 보고 우르르 몰려가 머리끝에서 발끝까지, 속부터 겉까지, 기꺼이 가짜를 받아들인다. 머리에는 말총 가발을 쓰고, 얼굴에는 화장품을 찍어 바르고, 눈꺼풀은 잘라서 쌍꺼풀로 만드는 것은 물론 젖가슴에도 화학물질을 집어넣는다. 베이징 여성은 말은 잘해도 재주는 없거나 말은 과감하게 해도 행동은 과감하지 못한 사람이 적지 않은데, TV 드라마에서의 거짓 사랑과 입으로만 떠드는 사랑이 그녀들의 눈물샘을 자극한다. 어떤 가짜인들 그녀들을 주무르지 못하겠는가?

물론 베이징의 일부 남자도 이에 못지않다. 기사騎士의 면모는 사랑의 세계에서만 표현되고, 사내다움은 술자리에서만 넘칠 뿐이다. 뽐내고 놀려면 가짜가 필요하다. 탁상공론은 가짜를 두려워하지 않는다. 그렇지 않다면 어째서 건달이 사람을 두드려 패는 것을 보고 용감하게 달려드는 사내를 갈수록 찾아보기 어려워지는가? 호성하護城河에 빠진 노인을 용감하게 구한 사람은 톈진天津의 사내이지 베이징의 사내가 아니다. 베이징인의 거짓은 허풍쟁이들에게서 갈수록 늘어난다. "톈차오의 고수는 떠벌이기만 하고 무술은 보여주지 않는다."(天橋的把式, 光說不練.)는 속담은 갈수록 생명력을 갖는다. 내뱉는 말이 물고기가 뿜어대는 물방울처럼 많아도 그것은 현금으로 바꿀 수 없는 위조 수표일 뿐이다.

가장 큰 피해를 보는 것은 아이들이다. 천안문 광장에 오성홍기가 게양되는 것을 보면서 선생님은 그 상황을 진지하게 묘사하라고 하지만 아이들은 주머니에 넣어둔 올리브 열매를 묘사한 글을 지어 불합격한다. 자기가 잃어버린 돈지갑을 주워서 선생님께 갖다 드리고 칭찬을 받는다. 이런 일은 베이징에서는 아라비안나이트 같은 이야기가 아니다. 가짜는 영리한 아이들에게 세상의 급소가 어디인지를 알려주고 가려운 곳을 긁어준다.

그러므로 인조 실, 인조 해파리, 인조 게살 따위가 우리 주변에 널려있는 것이 이상할 것도 없는 것이다. 여성이 가짜 진주 목걸이를 걸고 가짜 다이아몬드 반지를 끼는 것을 나무랄 필요는 없다. 또 만병통치약이라고 떠벌이는 떠돌이 약장수, 조수를 고용한 가짜 작가, 남의 논문을 베끼는 사기꾼 학자, 거창하게 내보이며 채권을 발행하는 가짜 회사, 가짜 공을 차는 축구선수, 립싱크를 하는 가수 등이 여전히 줄지 않고, 높은 직함은 도처에 널려 있고, 돈을 주고 가짜 졸업장을 살 수 있고, 가짜 지폐가 언제인지도 모르게 수중에 들어와 있는 것이 이상할 것도 없게 되었다.

황혼녘이나 밤중에 베이징의 화려한 번화가에서 우연히 만난 최신 패션에 날씬하고 아름다운 여성이 달콤한 미소를 지어서 마음을 흔들기에 가까이 다가가 보니 쇼윈도에 서 있는 패션 마네킹인 것도 무슨 특별한 만남이 아니다. 그런 자신 때문에, 더욱이 그것 때문에 얼굴을 붉힐 필요는 없다.

42 유행 패션

지금 베이징에서는 어떤 패션이 가장 유행할까? 진 종류도 아니고 당고바지도 워싱복도 아니고 거리에서 흔히 볼 수 있는 노란 치마도 아니다.

수영복이다.

상업의 물결이 넘실대면서 남쪽지방이 부단히 베이징을 공격하자 수백 년 동안 정치와 문화의 중심지로 전국의 세수稅收에 기대어 부양되던 황제의 도성 베이징 사람들은 장사를 언급하는 것조차 부끄럽게 여겼지만, 이제는 오히려 마음이 바빠졌다. '샤하이下海'[129]는 사용 빈도가 가장 많은 말이 되어서, 예전에 '혁명'이니 '계급투쟁'이니 '반수反修'[130]니 "세계의 3분의 2의 고통받는 인민을 해방시킨다."느니 하고 말하던 것처럼, 거침없고 자신만만하고 열정이 넘친다. 공工, 농農, 병兵이 상商을 배워서 동서남북에서 바다로 뛰어드는 소리가 끊이지 않는다. 물로 뛰어드는 자세는 아름답고, 건져 올린 보배는 사람을 유혹한다. 자라에게는 자라의 길이 있고, 세상에는 세상의 이치가 있다. 권력을 가진 자가 장삿길에 나서 권력을 상품과 바꾸니, 세상물정 모르는 권력자나 부잣집 자식의 이름은 바로 회사의 간판이 된다. 권세 없는 백성들은 바다에 뛰어들어도 고작 일요일 벼룩시장에 물방울 몇 개를 더할 뿐이다. 대학교수가 좌판을 벌이고 작가가 회사를 차리고 가수가 음식점을 열고 대학생이 영업을 뛰는 것이 모두 뉴스의 초점이 되니 예

---

[129] 중국의 개혁개방 이후에 유행한 말로, 본래는 '바다에 뛰어든다'는 말이지만, 직업을 바꾸어 장사나 사업에 뛰어드는 것을 비유적으로 표현하는 말로 쓰인다.

[130] 1960년대에 중국 공산당과 소련 공산당이 논쟁을 벌일 적에 중국측이 내놓은 구호로, "소련의 수정주의에 반대한다."는 뜻이다.

전에 대비판大批判, 상산하향上山下鄕, 마오쩌둥의 저술을 활용하고, 큰 바람이 불어 구름이 흩날리는 것처럼 사기가 솟구치고, 분주하게 내달리는 주마등처럼 오색찬란하다. 10억의 인구 가운데 9억이 장사꾼이 되어서, 베이징도 거센 바람이 불고 구름이 피어오르는 상업의 바다가 되었고, 모두들 바다에 뛰어들어 세상을 건지고 싶어서 안달을 하니, 지금 유행하는 패션이 수영복이 아니면 또 무엇이겠는가?

어쩌면 과장이고 우스갯소리이고 황당한 비유이고 블랙 유머에 지나지 않을지도 모른다. 그렇지만 장사에 나서는 것은 가장 보편적인 추세가 되었고, 돈을 버는 것이 최고라는 것이 베이징인의 보편적인 심리가 되었다. 이는 결코 우스갯소리가 아니며 유머러스하지도 않다. 하늘에서 불어오는 것이 눈과 비가 아니라 엄청난 돈인 것만 같다. 돈이면 귀신도 부린다는 말은 옛말이 아니라 새로이 유행하는 어록처럼 보인다. 불이 돼지머리를 푹 고아버리듯, 돈은 더 이상 야유나 조롱의 대상이 아니게 되었다. 돈은 가난에 익숙하고 오랫동안 돈을 비천하게 여겨온 베이징인에게 친근감을 느끼게 만들어서, 하룻밤 사이에 봄바람이 불어와 나무 가득 배꽃을 활짝 피우는 것처럼, 돈을 활짝 피우고 마음을 활짝 열게 만들었다.

돈은 개자식이 아니라 좋은 것이 되었고, 돈은 악의 심연에 빠진 것이 아니라 모든 것이 가능한 산마루로 올라섰다. 베이징은 더 이상 신데렐라 같은 동화를 믿지 않고, 주周나라의 곡식을 먹지 않았다는 청빈하고 고상한 전설 따위는 믿지 않고, 금전이 모든 것을 지배하고, 바다에 뛰어든 잉어가 용문龍門을 뛰어오르는 식의 신화를 만들어냈다. 공부를 하고 남음이 있으면 벼슬을 한다던 옛말은 이제 장사를 하고 남음이 있으면 벼슬을 한다는 말에 자리를 내주었고, 욕심이 없으면 강직하다던 옛말은 욕심이 없으면 강직하지 않다는 말로 바뀌었다. 돈이 있으면 학위, 호구戶口, 주택, 첩, 외국 여권을 살 수 있고, 공공연한 거래는 더 이상 부끄러워할 필요가 없다. 돈은 아름답고 공개된 홍보담당 여직원으로, 어디를 가든지 반드시 승리한다. 남성들은 먼저 돈을 손에 넣어야 아름다운 여인을 품에 안을 수 있다고 신봉하고, 여성들은 먼저 부자의 품에 안겨야 돈을 품에 안을 수 있다고 신봉하여, 마치 재배한 버섯처럼 또 다른 사랑을 길러낸다. 초등학생은 "수학, 물리, 화학, 지리를 잘 배우면 세상 어디에 가도 두렵지 않다."는 낡은 격언 대신 "돈이 있어야 산뜻하게 한 바퀴 돌 수 있다."는 사실을 믿게 되었고, 그래서 지능지수가 일류인 사람은 장사를 하고 이류인 사람은 관리가 되고 삼류인 사람은 학문을 한다고 믿게 되었다. 대학교수는 장사를 하면서 다른 한편으로 과학적 성과를 얻어낼 수 있다고 믿게 되었고, 작가는 회사를 경영하면서 다른 한편으로 훌륭한 작품을 창작할 수 있다고 천진난만하게 믿게 되었다. 중국에서 인기를 누리는 홍콩과 타이완의 작가들처럼, 수 년 안에 장사로 돈을 벌면서 다른 한편으로는 수십 권의 책을 창작하는 기적을 이룰 것이라고 말이다.

장삿길에 나서는 데는 이처럼 숱한 유혹이 있는데, 어떻게 동경하지 않을 수 있겠는가? 수영을 할 줄 몰라도, 얕은 바다에서 몇 번 첨벙대면 가려움을 해소할 수 있다. 이처럼 숱한 사람들이 바다에 뛰어들었으니 수영복이 유행하는 것은 당연하지 않은가?

"살아 있는 것은 돈을 벌기 위해서니, 빨리 돈을 버는 것 말고는 다른 행복이 있다는 것을 모른다."는 엥겔스의 비판은 잊혀진 지 오래되었고,

마르크스가 「자본론」에서 "양심이나 명예처럼, 본래는 사고팔 수 없는 것도 소유자에 의해서 화폐로 교환될 수 있고, 그 가격을 통해서 상품의 형태가 될 수 있다."고 말한 것처럼 되었다.

장사를 비천하게 여기는 것은 치졸한 생각이지만, 모든 국민이 장사에 매달리는 것은 모든 국민이 군인이 되는 것처럼 웃기는 일이다. 궁핍한 시절을 겪은 사람들이 풍요하기를 바라는 것은 잘못이 아니다. 대박의 꿈도 결코 베이징인만이 꾸는 것은 아니다. 대박의 꿈이 베이징을 격려하여, 먼저 부유해진 남쪽 지방과 필사적으로 다투게 만드는 것은 비난할 것이 아니다. 곤궁해지면 혁명을 하고 부유해지면 타락한다는 불합리는 아무도 믿지 않을 것이지만, 세상은 물질의 축적에 의지하는 동시에 정신의 고양과 발전에도 기대야 한다는 사실을 분명하게 인식해야 한다. 휘황해 보이는 금전 위에 마르크스가 지적한 인간의 양심과 명예를 함께 지니고, 아울러 한 시대의 사람이 만든 영혼을 지녀야 한다.

금전은 결코 모든 것을 살 수는 없다.

수영복은 결코 구명복이 아니다.

43 호동과 인정

베이징인 가운데는 베이징의 호동胡同[131]을 이야기하려면, 나처럼 마음이 복잡해져서 선뜻 뭐라고 말하지 못하는 사람이 많을 것이다. 사랑한다고 말할까? 미워한다고 말할까? 아니면 사랑과 미움이 교차한다고 말할까?

베이징의 호동은 베이징의 오랜 역사와 문화의 상징이다. 근자에는 베이징의 호동에 관한 서적, 사진, 화보, 영화, 드라마가 부쩍 늘었다. 고층 빌딩이 늘어나면서 호동은 점차 모습을 감추어, 고유한 문화의 정화를 잃게 되지 않을까 염려스럽다.

베이징의 호동은 결코 명확하고 통일된 개념은 아니다. 마치 사람을 뭉뚱그려서 말하는 것처럼, 아주 모호한 개념이다. 사람 가운데는 좋은 사람도 있고 나쁜 사람도 있고 가난뱅이도 있고 부자도 있고 남자도 있고 여자도 있고 어른도 있고 아이도 있는 것처럼, 베이징의 호동도 마찬가지다. 베이징의 호동은 원나라 때에 처음 생겼는데, 지금 베이징에는 6천 개가 넘는 호동이 있다. 일반적으로 호동은 베이징의 전통 가옥인 사합원四合院과 연계하여, 사합원이 없으면 호동도 없다고 생각한다. 사합원과 호동은 기하학적 평면배분방식으로 조금씩 베이징의 모습을 이루었는데, 당초에는 황성皇城이 확대되는 것이었다. 그러나 인구가 늘어나고 지반이 넓어지면서 북경성은 점차 음양의 조화와 좌우의 대칭을 고려한 반듯한 기하학적 구조를 지킬 수 없게 되었다.

외국인에게 보여주는 멋진 호동에 있는 전형적인 사합원에는 본래 고관대작들이 살았는

---

131) 베이징 전통 주택가의 골목길.

데, 세월이 지나면서 차츰 사업가나 정치인이 살게 되었고, 또 중국이 건국된 이후나 문화대혁명 이후에는 베이징에 새로 들어온 간부, 노동자 내지 관직을 지닌 민주인사들이 거주하게 되었다. 이들 사합원은 옛날 왕부王府나 관저는 아니지만, 역시 앞에는 회랑回廊을 두고 뒤로는 건물을 배치하였으며, 두 개의 정원과 수화문垂花門[132)]이 있고, 이방耳房[133)]이 딸린 표준 사합원이다. 호동은 작은 사합원의 차일·어항·석류나무 따위와 이어졌는데, 넓지도 않고 시끄럽지도 않아서 속세에서 멀리 떨어진 것 같은 분위기를 지닌다.

하지만 베이징의 대다수 호동에는 이런 시적인 운치가 없다. 황성에서 갈수록 멀어지거나, 기존 사합원이 커다란 잡원雜院[134)]으로 변했거나, 아니면 애당초 커다란 잡원으로 만들어졌기 때문이며, 더 많은 경우는 그저 막사에 지나지 않는다. 부서진 벽돌과 낡은 기와 그리고 삼거웃[135)]을 넣고 시멘트를 바른, 비바람을 막는 원시적 주택과 같을 뿐이다. 내화벽돌에 기와를 얹고, 비늘 같은 처마에, 회랑이 앞에 있고 뒤로는 건물이 서 있고 커다란 영벽影壁[136)]이 세워진 그런 사합원은 아니며, 숱하게 지어서 베이징의 평민들이 대대로 살아온 그런 주택들이다.

지금 주스커우珠市口, 톈차오天橋, 화스花市, 타오란팅陶然亭 인근에 가면 번화한 건물과 상점 뒤쪽에서 이런 호동과 사합원을 아주 쉽게 찾아볼 수 있다. 이는 베이징시 당국이 주도하는 '주거환경개선 프로젝트'의 주요 대상이기도 한데, 정비를 위

132) 문 위를 지붕처럼 만들고, 네 모퉁이에 조각을 하고 짧은 채색기둥을 늘어뜨린, 구식 저택의 중문.
133) 정방(正房)의 양쪽으로 있는 작은 곁방.
134) 여러 가구가 함께 모여 사는 집.
135) 벽을 바르는 석회에 섞어 넣는 썬 삼.
136) 밖에서 안이 들여다보이지 않게 대문을 가린 벽. 문병(門屛).

해서는 대규모 프로젝트가 필요하다는 것을 쉽게 짐작할 수 있다.

그래서 시적 운치를 지닌 호동과는 다른 호동이 생겨나게 되었다. '세제斜街', '자다오夾道', '반자이半截', '볜단扁擔', '얼와사오耳挖勺', '주이발錐把兒', '더우야차이豆芽菜', '샤와쯔下洼子'같은 다양한 이름에, 에돌거나 구부정하거나 비좁거나 짧거나 낮거나 습한 호동이 등장했다. 하지만 사호동(死胡同 : 막다른 골목)은 하나도 없다는 사실은 매우 인상적이다. 이것은 사실 베이징인의 지혜이다. 길이 막혔다고 표현하지 않고 '죽었다'고 표현한 것은 그런 호동에 대한 절망적 심정과 태도를 드러내는 것이다.

이런 호동은 비가 내리면 진창이 되고 또 바람도 전혀 통하지 않는다. 베이징의 옛 민요에서는 "바람이 불면 향로와 같고, 비가 내리면 검은 상자와 같다."고 노래했는데, 이런 호동을 아주 생생하게 묘사한 것이다. 이런 호동은 산책할 생각을 말아야 한다. 오동나무가 비추는 상하이의 이롱里弄[137]이나 톈진天津의 바닷가 오솔길을 걷는 것과 같은 느낌은 전혀 느낄 수 없다. 베이징인은 산책하는 것을 일러서 '류왈遛彎兒'이라고 하는데, 구불구불하고 좁은 호동을 어슬렁어슬렁 빠져나가 강변이나 공원에 가는 것을 말한다.

이런 호동으로 이어진 잡원에서 만들어진 이웃 관계는 베이징인을 자랑스럽게 만들고 외국인들을 부럽게 만든다. 속담에 "멀리 있는 친척보다 이웃사촌이 낫다."거나 "천금을 주고 집을 사고, 만금을 주고 이웃을 산다."는 말은 모두 이웃지간의 친밀함과 협동하는 인정미를 일컫는 것이다. 베이징인이 인정미가 많은 것은 이런 호동과 잡원에서 거주하는 것

---

137) 상하이 방언으로, 골목 또는 골목길을 이르는 말.

과 무관하지 않다. 하지만 그렇더라도 또 다른 측면도 공존한다. 사실 이런 호동으로 이어진 잡원은 인간의 선량한 측면과 추악한 측면을 한꺼번에 길러냈다. 붐비고 비좁은 생존공간은 인간이 지닌 본성의 일부분을 동물적 속성으로 만들었다. 대문이 마주하고, 창문과 창문이 바짝 붙은 잡원에서는 숨소리와 심장의 고동소리마저도 서로 들을 수 있기 때문에, 사람들에게 프라이버시는 전혀 없다. 문화대혁명이 터지자 잡원에서 가까이 지내던 이웃은 서로에게 폭탄을 던졌고, 대자보를 붙여 상대방을 까발렸다. 사악함은 이런 대원과 호동에서부터 시작되었던 것이다.

이런 호동은 베이징에게 안위와 추억을 준다. 사계절 이른 아침과 늦은 저녁이면 각종 먹을거리를 파는 소리, 머리를 깎는 바리캉 소리, 가위나 칼을 갈라는 나팔소리, 기름 장수의 딱따기 소리, 바느질용품을 파는 낫질 소리, 사탕을 파는 징소리가 여기저기서 마치 음악처럼 울려서 옛 정취를 떠올리게 만들고, 옛 베이징 호동의 생활 정경을 상상하게 만든다. 사실 호동에 메아리치는 행상꾼의 목소리는 호동과 이어진 잡원처럼 가난한 삶의 축소판이자 베이징 서민의 고단한 삶의 모습으로, 호동처럼 마음을 답답하고 시리게 만들 뿐이지 결코 시적인 정취를 불러일으키지는 못한다. 1933년에 한 외국 음악가가 「베이핑北平 호동의 노래」라는 곡을 만들어서 다광밍희원大光明戲院에서 공연한 적이 있었다. 하지만 쉬쉬徐訏라는 작가는 "그것이 지닌 모든 환상은 깨어졌다. 눈 내린 땅을 덜덜 떨며 걸어가는 것이 식구들의 생존 때문이라는 사실은 모를 것이다."라고 비판했다. 분명 베이징 호동의 영광은 아니다.

호동은 쉽게 달아올랐다가 이내 식어버리는 변덕스러운 고질병을 지니고 있다. 우리는 그것을 잊었거나 아니면 익숙해졌을 것이다. 바로 베이징의 호동이 이름을 바꾸기를 좋아한다는 사실이다. 호동이 눈에 거슬려서가 아니라 유행과 추세를 즐겨 좇기 때문이다. 중국이 건국되기 이전에는 '다자오大脚' 호동을 '다자오達敎' 호동으로 고쳤고, '구이먼관鬼門關'을 '구이런관貴人關'으로, '거우웨이바狗尾巴'를 '가오이보高義伯'로, '리스驢市'를 '리스禮士'로, '쿠쯔褲子'를 '쿠쯔庫資'로, '뉴티牛蹄'를 '류티留題'로 바꾸는 등 대단히 많았다. 문화대혁명은 베이징인에게 다시금 호동의 이름을 바꿀 기회를 주었다. 통계에 따르면, '둥東'자로 호동의 이름을 시작하게 바꾼 것만 해도 3백 개가 넘었고,—예를 들면 '둥펑로東風路' 등으로 고쳤다.—'훙紅'자로 시작하게 바꾼 것도 1백 개가 넘었다.—예를 들면 '훙다오디紅到底' 등으로 고쳤다.—'장짜오쯔將棗子' 호동은 '훙창紅強'으로, '샤와쯔下洼子'는 '쉐마오주學毛著'로, '바바오러우八寶樓'는 '몌쯔滅資'로 바꾸는 등 이루 헤아릴 수 없었다. 가장 영향이 컸고 또 반응이 뜨거웠던 것은 둥즈문 밖 옛 소련대사관 앞에 있는 양웨이로揚威路를 '판슈로反修路'로 바꾼 것이었다. 당시 홍위병이 주연을 맡았고 수많은 군중이 운집하였는데, 그 기세는 대형 희곡에 못지않았다. 사실 이름은 이렇게 바꿔도 좋고 저렇게 바꿔도 그만인데, 본질을 말하자면 호동이 많이 바뀐 것이 아니라 사람이 크게 바뀐 것이다.

베이징의 호동은 베이징인을 길러냈다. 베이징의 호동은 베이징인에게 많은 추억을 주었다. 하지만 그 추억이 모두 따스하고 향기로운 것만은 아니었다. 젊은 세대는 호동과는 점점 멀어지고 거리감을 느끼지만, 나이 지긋한 사람치고 호동과 얽히고설킨 관계가 없는 사람이 있을까? 회상하는 것이야 상관없지만, 회상하다 보면 흘러간 청춘과 생명에 대한 감정이 개입되기 때문에, 후동 본연의 진실한 모습을 회상한다고 할 수는 없다. 후동을 촬영하는 것도 무방하지만, 예술적인 관점에서 바라보고 예술로 바꿔놓는 경우가 많기 때문에, 이 또한 후동 본연의 모습은 아니다. 후동은 감정을 지니고 있지만 오늘날 우리가 새로운 시각으로 바라보는 그런 감정과는 다르다. 후동에 사는 사람은 후동을 빠져나와 새로운 보금자리로 옮겨가고, 후동은 베이징의 지도에서 점점 줄어드는 그런 감정이다.

베이징의 후동은 결코 베이징인의 자랑거리가 아니다. 그것을 축소하고 그것을 개조하고 그것을 없애는 것이 베이징인의 자랑거리이다.─물론 베이징 역사의 표본으로 삼아서 후세 사람들이 연구하고 회상할 수 있도록, 몇 개는 남겨 두어야 한다. 또 후동으로 돈을 벌 수도 있겠지만, 많아서는 곤란하고 또 많지도 않을 것이다.─

44 베이징의 언어

일반인들은 베이징인은 말을 하면서 '얼[兒]' 발음을 즐겨 덧붙이거나, 그렇지 않으면 TV 드라마에 나오는 허풍쟁이처럼 말재주가 좋아서 볏짚으로 금괴를 만들어낸다고 생각한다. 하지만 그것은 베이징의 언어에 대한 커다란 오해다.

나는 감히 말하건대, 전국 각지의 방언 가운데, 베이징어가 가장 풍부하고 다채로우며, 그것이 지닌 형상, 여유, 일어쌍관—語雙關,[138] 풍자, 유머, 특히 유머는 비견될 말이 없을 것이다. 하지만 이것이 결코 자랑인 것은 아니다. 베이징어의 이런 특징은 베이징의 특수한 역사, 정치, 문화, 경제적 지위와 나누어 생각할 수 없다. 현대 베이징어에서는 여전히 진秦·한漢·위魏·진晉·당唐·송宋·원元·명明나라 때의 어휘를 찾아볼 수 있고, 게다가 소수민족의 낱말도 적지 않게 섞여 있다. 예컨대 '아오자오嗷糟',—마음이 답답하고 짜증스럽다는 뜻이다.— '수이사오水筲'—물통— 같은 것은 각각 원나라와 명나라 때에 사용되던 옛 말이고, 베이징인이 즐겨 사용하는 '닌您'[139]은 몽골어에서 나왔고, '다이푸大夫'—의사—는 여진어女眞語에서 나왔다. 동시에 베이징은 옛 도성이었기에 위로는 황제가 사용하는 궁중 언어가 있고, 아래로는 각종 직업을 가진 시정市井의 언어가 있어서, 베이징어가 고상한 것과 통속적인 것을 두루 융합하게 만들었다. 단지 지금은 어느 것이 궁중에서 나왔고 어느 것이 민간에서 나왔는지 구분하지 못할 뿐이다.

138) 표면적인 의미와 숨어 있는 의미가 이중으로 들어 있는 말.
139) 경칭에 해당하는 2인칭 단수 대명사.

베이징어는 사실 역사적으로 오랫동안 담금질한 것이고, 북방 여러 민족의 언어가 다양하게 융합한 결과물인데, 베이징어의 형성과 발전에 끼친 영향은 후자가 훨씬 컸다. 요遼·금金·원元나라부터 청淸나라까지 베이징은 내내 북방민족이 세운 정권의 지배 아래에 있었기 때문에, 언어 또한 그들의 영향을 받지 않을 수 없었다.

언어학자들은 북방의 한어漢語는 1천여 년 이전에는 알타이어계의 거란어·여진어·몽골어와 밀접한 관계를 가졌는데, 그것은 아주 자연스러운 현상이었다고 말한다. 마찬가지로 한어도 다른 민족의 언어에 영향을 끼쳤는데, 그 가운데서 청나라를 세운 만주족의 언어에서 가장 두드러진다.

명나라 초기에 베이징으로 수도를 옮기면서, 뒤따라 베이징으로 들어온 강회江淮 일대[140]의 관리·수종·백성들은 자신도 모르는 사이에 북방의 언어와 중원中原의 언어를 융합시켰는데, 언어의 이종교배는 풍부하고 신선한 활력을 드러냈다. 이런 활력은 청나라에 이르러 베이징어를 현대의 베이징어로 탈바꿈시켰다. 「홍루몽紅樓夢」[141]은 이런 베이징어로 쓴 작품으로, 전국적으로 언어의 새로운 물결을 이끌었다. 지방희地方戱는 방언을 사용하지만, 문예물과 문학작품은 대부분 베이징어를 사용하여 통용되고 또 평가를 받는다. 「홍루몽」에 나오는 베이징어는 지금으로부터 그다지 오래되지 않은 것이기 때문에 지금 우리가 읽기에도 그리 어렵지는 않다.

섬세하게 다듬은 순수한 베이징어에서는 베이징인의 지혜를 엿볼 수 있는데, 베이징어를 사용하노라면 마치 볼 수 있고 만질 수 있을 것처럼

---

140) 지금의 창강(長江) 북쪽, 화이허(淮河) 남쪽, 다볘산(大別山) 동쪽, 황해(黃海) 서쪽 일대로, 장쑤성과 안후이성 대부분과 장시성, 후베이성, 허난성의 일부지역을 포괄한다.
141) 청나라 때 조설근(曹雪芹)이 지은 장편소설로, 고전소설의 최고봉으로 평가된다.

생동감이 넘치고 기운이 솟구친다.

예컨대 베이징인은 '가격을 흥정한다'는 말을 '다자打價'라고 한다. '다打'라는 글자는 가격을 의인화하는 셈이다. 뒤늦게 베이징어에 등장한 '자이런宰人'이라는 말은 '가격을 터무니없이 불러서 바가지를 씌운다'는 뜻으로, 같은 맥락에서 유래한 말이다.

예를 들어보자. 베이징인은 '주시한다'는 것을 일러 '제이저賊着'라고 하는데, '제이賊'는 적대적으로 노려본다는 뜻이다. '일하는 것이 형편없다'는 것을 일러 '부자오야오不着調'라고 하는데, '가락에 맞추어 노래할 줄도 모르는데' 일을 제대로 하겠는가? '일을 그르쳐 어쩔 수 없다'는 것을 일러 '메이저沒轍' 또는 '좌샤抓瞎'라고 하는데, 바퀴 자국을 찾지 못하면 어떻게 수레를 몰고 가겠으며, 눈이 보이지 않으면 무엇을 붙잡고 나아가겠는가? 이처럼 추상적인 것을 구체적인 것으로 바꿔놓았다.

또 '일을 그르침'을 일러 '짜궈(砸鍋:솥이 깨진다는 뜻이다)'라고 하는데, 솥이 얼마나 중요한 것인지 생각해 보라. 가족이 모두 그것으로 밥을 해먹는데, 솥이 깨졌다면 얼마나 난감하겠는가! '헛수고'를 '샤바이瞎掰'라고 하고, '마음이 답답함'을 '워신窩心'이라고 하고, '내친 김에 겸사겸사하는 것'을 '다이서울帶手兒'이라고 한다. 또 귀가하지 않으려는 것을 일러 "사람이 발뒤꿈치가 없다."(這人沒後脚跟)고 표현하고, '진상을 은폐하는 것'을 일러 "자리를 깔아서 우물을 덮는다."(蒙席蓋井)고 말한다. 베이징인은 말다툼을 할 적에도 "오늘 끝장을 보자. 절대로 승복할 수 없다."고 말하지 않고, '라오라오姥姥'[142]라고 내뱉을 것이다.

142) 베이징어에서 '허튼소리', '터무니없는 말'의 뜻이다.

이처럼 생생한 베이징어는 사전으로 엮을 수도 있다. 세상이 달라지면서 일부 베이징어는 예전에는 흔히 사용했지만 이제는 잘 사용하지 않는 경우도 있다. 예를 들면 '타오환淘喚'—찾다—, '사커우殺口'—맛—, '좐잉비轉影壁'—숨다—, '거우스狗食'—세상물정을 모른다—, '충렁쯔蹭棱子'—목적을 이루려고 갖은 방법으로 사람을 괴롭히다—, '파이화쯔拍花子'—아동인신매매— 같은 말이다.

언어는 강물과 같다. 어떤 것은 씻어내고, 어떤 것은 가라앉히고, 어떤 것은 모래나 진흙에 흘려보낸다. 생명력이 넘치는 무수한 물보라를 일으키면서 새로운 대지를 향해 도도하게 흘러간다. 물결은 평야를 따라 흘러가며 드넓어지고, 달빛은 강물에 흔들리며 떠내려간다. 많은 베이징어는 이미 알게 모르게 전국적으로 퍼져나가서 도처에서 사용되지만, 그것을 아는 사람은 드물다. 예를 들어 '바제(巴結: 아첨하다)', '추터우(怵頭: 주눅들다)', '청둬(撑攍: 버티다)', '와이콰이(外快: 부수입)', '짜이건터우(栽跟頭: 곤두박질치다. 실패하다)', '장뤄(張羅: 기획하다)', '타오진후(套近乎: 곰살궂게 굴다)', '옌몐첸(眼面前: 눈앞. 흔한.)', '자오찰(找碴兒: 트집을 잡다)', '다오텅(倒騰: 뒤적거리다)', '차두이(拆兌: 임시변통하다)', '후친(胡吣: 헛소리하다)' 등은 본래 오리지널 베이징어였다. 물론 외지인은 일반적으로 사용하지 않거나 가끔 사용하지만, 들어보면 베이징어라는 사실을 알 수 있는데, 그것이 베이징어의 특색 내지는 베이징의 맛이다. 이런 말을 가장 정통적으로 구사하는 사람은 베이징의 나이 지긋한 배우들이나 깊은 호동에서 햇볕을 쬐는 노인들이다. 이런 말은 베이징에 색채를 더하고 역사와 현실이 교차하는 느낌을 갖게 한다.

현대의 베이징어는 청인淸人이 산하이관山海關을 넘어 들어온 이후에 만주인과 한인漢人이 함께 만들어낸 결정체라고 할 것이다. 수이舒乙는 "만주인은 언어에 천부적 재능이 있는데, 베이징어의 형성에 크게 기여했다."고 말했는데, 자못 근거가 있는 말이다. 수이는 만주족으로, 그의 부친인 라오서老舍는 정통 베이징어를 사용하여 베이징의 정취가 물씬 풍기는 소설을 창작했고, 만주어를 수집하고 연구한 적이 있었다. 오늘날 베이징어에서 사용되는 만주어 어휘를 연구하는 한 학자는 하오성(好生:정성껏), 짜오가이糟改—폄하 내지 모욕의 의미—, 부아이스(不碍事:문제없다), 펜偏—밥을 먹다—, 야선(牙磣:듣기 민망하다), 와이다오(外道:서먹서먹하다), 관샹關餉—급여를 지급하다—, 다파(打發:해고하다), 하라哈拉—맛이 상하다—, 거써各色—특별하다—, 창카알(敞開兒:마음껏), 바부더(巴不得:갈망하다), 양거央格—남에게 부탁하다—, 다라(耷拉: 숙이다, 처지다), 샤러러瞎勒勒—말하다— 등은 모두 만주어에서 유래하였으며, 또 젊은이들 사이에 유행하는 '판랄盤亮兒'—얼굴이 예쁘다—, '솨이率'—성격이 좋고 몸매가 예쁘다—도 만주인이 만들어낸 말이라는 사실을 밝혀냈다.

서구의 한 학자는 "언어는 마음과 자신의 계약이다."라고 말했고, 이탈리아의 철학자 크로체[143]는 언어는 "기계적이거나 인위적이거나 발명해 낸 것이 아니라, 창조적 활동과 인간의 정신활동의 최초 긍정이다."라고 말했다. 베이징어는 '얼[兒]' 발음만 덧붙이기 좋아할 뿐이라고 오해하지는 말라. 베이징어는 허풍이나 떨 줄 안다고 깔보지 말라.

---

143) Benedetto Croce, 1866~1952. 이탈리아의 철학자. 헤겔주의의 전통 속에서 생의 철학을 받아들여 실증주의를 지배하고자 했다.

45 베이징의 오래된 음식점

베이징 반장飯莊[144]의 연원은 금金나라 때로 거슬러 올라갈 수 있다. 해릉왕海陵王이 1153년에 베이징을 중도中都로 정한 이후부터 반장은 모습을 드러내기 시작했는데, 당시에는 '주루酒樓'라고 불렀다. 이런 사실은 「동경몽화록東京夢華錄」[145]에 기록되어 있다. 원나라와 명나라 두 왕조 때에 베이징의 주루는 번영을 구가했는데, 이런 사실은 마르코 폴로가 「동방견문록」에서 언급한 바 있다. 청나라 때에 이르러, 특히 청나라 중기 이후로 베이징에는 반장이 점점 늘어나서 전국적인 물결을 이끌었다.

베이징의 반장에는 오랜 세월에 걸쳐 자연스럽게 만들어진 기준이 있었다. '탕堂'으로 불리는 것은 각종 연회를 개최할 수 있을 정도로 규모가 큰데, 식탁 이외에도 근사한 무대가 있어서 각종 공연을 펼칠 수 있었다. 최초의 '탕'은 도성의 관리가 공식 연회나 개인 연회를 갖던 곳이어서, 대개 황성皇城에 가까이 있었고, 또 왕부(王府:황족의 저택)와 관저(官邸:공관)에 바짝 붙어 있었다. 진위金魚 호동의 룽푸탕隆福堂, 둥황청東皇城 아래의 쥐바오탕聚寶堂, 다마창打磨廠의 푸셔우탕福壽堂, 다자란大柵欄의 옌칭탕衍慶堂, 베이샤오순北孝順 호동의 옌시탕燕喜堂—'연衍'과 '연燕'은 모두 '연宴'자와 해음諧音으로, '주연을 열어 후히 접대한다'는 뜻이다.—과 둥단東單 관인觀音 호동의 칭후이탕慶惠堂과 쳰먼 밖 잉타오셰가櫻桃斜街의 둥린탕東麟堂은 모두 그런 곳이었다. 이 두 곳은 오늘날의 구내식당처럼 외부 손님은

144) 비교적 규모가 크고 격조가 있는 전통적 음식점.
145) 남송(南宋) 맹원로(孟元老)가 북송 말기 변경(汴京)의 건축, 하거(河渠), 가항(街巷), 상점, 주루(酒樓), 야시(夜市), 음식, 풍속 등을 기록한 필기집.

받지 않고 오직 대형 연회만을 전문적으로 맡아하는, 이른바 '냉반장冷飯莊'이라는 곳이었다. 「청패류초淸稗類鈔」에는 "경사 관리의 연회는 반드시 반장에서 열었는데, …… 룽푸당과 쥐바오당이 가장 유명하다. 임대료는 한 번에 백금 6냥 내지 8냥이다."라고 기록했는데, 일반인은 쳐다볼 엄두도 내지 못할 정도로 비쌌다.

'탕'보다 규모가 약간 작은 것이 '좡莊'이고, 그 다음 규모가 '쥐居'였다. '좡'이나 '쥐'가 '탕'과 크게 다른 점은 주연酒宴만 대행하고 당회堂會[146]는 대행하지 않았으며, 도성을 찾은 관리나 과거를 치르러 도성에 온 수재秀才들이 머무르는 곳이었다는 점이다. 청나라 말기에서 민국民國 초기까지 베이징 '8대 쥐居'로 불린 곳은 모두 그러했다. '8대 쥐'는 쳰먼 밖의 푸싱쥐福興居, 완싱쥐萬興居, 퉁싱쥐同興居, 둥싱쥐東興居,—이 네 곳은 '4대 흥興'으로도 불렸다.— 다자란의 완푸쥐萬福居, 베이반제北半截 호동의 광허쥐廣和居, 시단의 퉁허쥐同和居, 시쓰西四의 사궈쥐沙鍋居이다. 특히 푸싱쥐의 기스면은 제법 이름을 떨쳤는데, 광서제光緒帝는 8대 호동을 돌아볼 적이면 반드시 푸싱쥐를 찾아서 기스면을 맛보았다. 퉁현通縣 장자완張家灣에서 키운 새끼돼지로 만든 사궈쥐의 수육은 종류만도 66가지나 되었는데, 장소는 좁고 손님들은 줄을 서서 "사궈쥐의 영업을 알리는 깃발은 한낮을 넘기지 않는다."는 말이 있을 정도로 장사가 잘 되었다. 광허쥐는 루쉰魯迅[147]이 벗들과 함께 즐겨 찾던 곳이다. 광허쥐는 도광(道光 : 1820~1850)연간에 남방인을 위해 문을 연 남방 풍미의 음식점으로, 난차오야오화南

---

[146] 명절이나 집안에 경사가 있을 적에 음식점 등을 빌려서 열던 축하연.
[147] 1881~1936. 현대 중국의 작가, 사상가. 본명은 저우수런(周樹人). 「광인일기(狂人日記)」, 「아큐정전(阿Q正傳)」 등 세계적 수준의 작품을 남겼다.

炒腰花, 장더우푸醬豆腐, 판스칭쩡위潘氏清蒸魚, 칭쩡간베이清蒸乾貝, 쩡산야오니蒸山藥泥 등은 한 시절 이름을 떨쳤다.

남방관南方館은 지금 비로소 베이징에 퍼진 것이 아니다. 남방관은 강희(康熙:1661~1711)와 건륭(乾隆:1711~1799) 연간에 이미 있었다. 강희제와 건륭제는 여섯 번씩 강남江南을 찾은 적이 있는데, 그때마다 남방의 애완물과 식품을 가지고 돌아와 베이징인의 눈과 입을 즐겁게 해주었다. 남방관은 가경(嘉慶:1796~1820)과 도광 연간에 이르러서는 더욱 번창했다. 당시 남방관은 대부분 난청南城에 있었는데, 그곳에는 회관이 많이 있어서 과거시험을 보러 오는 남방의 수재들이 그리로 모여들었기 때문이었다. 아울러 난청에는 유명한 8대 호동이 모여 있고 밤거리가 번화한 것도 음식점이 자연스럽게 모여든 이유가 되었다.

당시에는 월채粤菜도 시류에 부응하여 베이징에 선을 보였다. 월채는 베이징에 가장 먼저 들어온 외지 음식이었는데, 당시의 기세는 지금의 아징웨차이관阿靜粤菜館이나 홍콩의 메이스청美食城보다는 좀 못했다. 베이징 최초의 월채관은 주이치웅린醉瓊林이며, 광서(光緒:1874~1908) 연간에 호황을 누린 월채관으로는 산시항陝西巷의 치위안奇園과 웨보러우月波樓가 있었다. 산시항은 베이징 8대 호동 가운데 하나로, 남북방향으로 뻗어 있는데, 치위안과 웨보러우는 산시항 남쪽 끝 번화가에 있었다. 「경화춘몽록京華春夢錄」에는 당시 베이징에서 전성을 구가하는 월채의 모습을 묘사하여 "동월東粤의 상인들은 꿀벌이 꽃을 찾는 것처럼 먼 길을 달려와 도성에 술집과 음식점을 열었는데, 음식솜씨가 아주 훌륭했다. 산시항의 '치위안'과 '웨보러우'에는 주기酒旗가 펄럭였고 ……"라고 하였다.

금나라 때부터 시작된 반장의 역사와 청나라 말기부터 민국 초기까지 한 시대를 풍미하던 전통 있는 음식점들은 지금 베이징에서 어디로 갔는가? 앞서 언급한 반장 가운데 사궈쥐와 퉁허쥐가 남아 있는 것 이외에 나머지는 일찌감치 바람 따라 어디론가 사라지고 말았다. 신장개업한 퉁허쥐는 지난 날 루쉰이 음식을 맛보던 당시의 운치는 사라졌고, 사궈쥐는 시류를 좇아서 외관과 내부를 완전히 뜯어고쳤지만 여전히 사과沙鍋와 수육만을 파는데, 종류는 많아도 새로운 메뉴는 찾아보기 어렵다. 베이징에는 "바오쯔包子에 넣은 고기는 주름과는 상관이 없다."(包子有肉不在褶上)는 속담이 있다. 외관을 꾸며도 내용이 바뀌지 않으면 시골 처녀가 화장한 것처럼 촌티가 나게 마련이다.

근자에 한 음식점이 즈메이자이致美齋라는 옛 상호를 다시 내걸었다고 한다. 베이징에서 '자이齋'라는 곳은 본래 간식거리를 팔던 가게에서 등급이 올라간 반장으로, 등급과 규모에 있어서 탕·쥐·러우에 미치지 못한다. 즈메이자이는 동치(同治: 1856~1875) 연간에 개업했는데, 이위쓰츠一魚四吃, 훙샤오위터우紅燒魚頭, 뤄보쓰빙蘿卜絲餠이 아주 유명했고, 훈툰餛飩도 맛이 좋았다. 나는 일부러 메이스가煤市街를 찾아가서 북쪽 끝에서 남쪽 끝까지 둘러보았지만, 즈메이자이는 그림자도 보이지 않았다. 한 노신사에게 물어보고서, 즈메이자이는 오래전에 동쪽의 량스뎬가로 이전했고, 즈메이자이가 있던 자리는 잡원으로 바뀌었다는 사실을 알 수 있었다. 그래서 다시 길을 더듬어 가다보니 왕피王皮 호동에 있는 중허희원中和戲院 옆에 한 음식점이 보였다. 즈메이자이가 아니라 '취안쥐더全聚德'라는 패스트푸드점이었는데 안은 텅텅 비어 있었다. 그곳은 '즈메이자이'라는 옛 상호를 내걸었지만, 몇 년 가지 못하고 간판을 다시 내렸다고 한다.

옛 상호를 내걸어 사람들의 눈길을 모은 또 다른 곳으로 정양러우반장 正陽樓飯莊이 있다. 정양러우반장은 함풍(咸豊 : 1850~1861) 연간에 개업하여, 청나라 말기에 호황을 누렸다. 쳰먼에 가까운 번화가에 자리 잡은 정양러우반장은 양고기구이가 유명했는데, 가격도 저렴해서 평범한 백성들이 자주 찾았다. 그곳의 명성은 신문, 잡지, 도서에서 오르내린 것이 아니었다. 「구도문물략舊都文物略」에는 다음과 같이 기술했다.

> 8, 9월이 되면 양고기구이를 먹기 위해 많은 사람들이 정양러우에 모여든다. 고기를 써는 기술은 산시山西 사람에게서 전해진 것으로, 잰 칼놀림으로 얇고 반듯하게 저민다. 화덕에 석탄을 넣고 철망을 얹은 다음, 고기에 식초와 간장을 발라 구우면 냄새가 사방에 진동한다. 먹는 데도 일정한 자세가 있다. 한쪽 다리는 땅을 딛고 한쪽 다리는 나무탁자를 밟고, 술잔을 곁에 놓고 젓가락으로 불판의 고기를 구워가며 먹는다. 한 사람이 서른 접시 이상을 먹는 것도 예사인데, 한 접시가 고기 4량이니, 그 양이 놀랍다.

지금의 정양러우는 예전의 정양러우가 아니다. 자리도 옛날 그 자리가 아니고 내용은 더더욱 예전과는 다르다. 역사를 되돌리기는 불가능하고, 역사도 결코 사람에게 미소를 되풀이하지 않을 것이다. 그러므로 정양러우든 즈메이자이든 퉁허쥐든 사궈쥐든, 오래된 음식점은 모두가 퇴락하는 형세를 돌이키기 어렵다. 그 까닭은 무엇일까?

도도하게 퍼져나가는 월채와 천채(川菜 : 쓰촨요리)에 맞서 경채(京菜 : 베이징요리)와 노채(魯菜 : 산둥요리)를 위주로 하는 베이징의 반장은 단지 맞선다는 의미가 있을 뿐, 서글픈 추억만이 남았을 뿐이다. 아마도 전통을 고집하고 과거에 매달리는 경영 관념이나 방식과도 무관하지 않을 것이다. 베이징의 반장이 결코 노력하지 않는 것은 아니다. 근자에 베이징의 반장은 시민들의 입맛과 취향을 좇아가려고 애쓴다. 고급문화를 겨냥하여 홍루채紅樓菜[148] 같은 새로운 요리를 내놓았고, 대중문화를 겨냥하여 고급 호텔에서 산나물이나 워터우窩頭[149] 같은 구황식품을 고상한 자리에 올려놓았는데, 이는 모두 베이징의 반장을 부흥시키려는 시도였다. 효과가 없었다고 말할 수는 없지만, 그렇다고 가시적 성과도 얻지 못한 채 그저 몸부림치는 모습을 보여줄 뿐이다. 혹자는 무슨 일이든지 전성을 누리게 되면 머지않아 쇠퇴한다고 주장한다. 지나치게 비관적인 생각일지 모르지만, 베이징 반장의 부흥을 이룩하려면 오래된 상호에만 기대서는 아니 된다. 모든 사물은 흥망성쇠의 과정을 거치게 마련이므로 휘황함은 역사가 될 뿐이다. 늙으면 죽는 것이 신진대사의 법칙이다. 오래된 상호에 대해서는 비관적이고 무기력한 말이겠지만, 이런 단계를 넘어서야만 비로소 미래의 길이 열릴 것이다.

---

148) 고전소설 「홍루몽」에 나오는 음식에 근거하여 만든 요리.
149) 옥수수 가루나 수수가루 따위의 잡곡 가루를 원뿔 모양으로 빚어서 쪄낸 음식.

46 베이징의 간식거리

베이징은 간식거리가 아주 유명하다. 청나라 왕조가 베이징에 둥지를 틀고부터, 특히 청나라 말기에 이르러서는 간식거리가 아주 다양해졌는데, 지금 전하는 간식거리는 모두 만주족에게서 나왔다고 할 수 있다.

베이징의 간식거리는 세 가지 유래가 있다. 하나는 청나라 황실의 어선御膳에서 나온 것이다. 싸치마薩其馬,[150] 미궁蜜供,[151] 완더우황豌豆黃,[152] 나이라오奶酪, 샤오워터우小窩頭,[153] 화성잔(花生粘:호콩엿), 아이워워艾窩窩[154] 같은 것이다. 이런 것들은 모두 어선의 메뉴에 등장한다. 나이라오는 우유에 설탕과 술을 약간 넣어 차갑게 응고시킨 것으로, 몽골인의 전매특허품임에 분명한데, 청나라를 세운 만주족은 산하이관을 들어서기 이전부터 이미 나이라오를 먹었고, 베이징의 황성에 들어온 이후에는 더욱 정교해졌다. 또 샤오워터우는 자희태후慈禧太后와 관련된 전설 때문에 널리 알려진 것이다. 8국 연합군이 베이징을 공격하자, 피란길에 오른 자희태후는 중도에 음식이 바닥나서 황실 요리사가 부득이 잡면雜麵으로 워터우를 만들어 바치자 아주 맛있게 먹었다. 나중에 대궐로 돌아온 자희태후가 다시 워터우를 찾자, 영리한 황실요리사는 잡면 대신에 율자면栗子麵으로 워터우를 만들어 올려 늙은 태후에게 칭찬을 받았다고 한다.

베이징의 간식거리가 민간에 전해지고 퍼진 것은 청나라가 망한 이

---

150) 기름에 튀긴 가늘고 짧은 면발에 물엿을 발라 덩어리로 만든 다음에 사각형으로 자른 강정 모양의 과자.
151) 설탕물이나 꿀에 잰 과자의 일종.
152) 삶은 완두를 갈아서 수분을 빼고 설탕 따위를 넣어 쪄낸 완두떡.
153) 옥수수 가루나 수수가루 따위의 잡곡 가루를 원뿔 모양으로 빚어서 쪄낸 음식.
154) 찹쌀이나 기장 반죽에 단 소를 넣어 찐 떡.

후의 일이다. 왕조는 멸망했지만 팔기자제는 그대로 남았고, 그들의 사치스럽고 빈둥거리는 기질은 사라지지 않았다. 일찍이 1930년대에 쉬샤춘徐霞村[155]은 팔기자제를 일러 "그들은 퇴폐적으로 생활하고 오직 주전부리로 시간을 보냈기 때문에 베이핑北平 각 호동에는 주전부리를 파는 행상인들이 국내 어느 도시보다 많았다."고 말했다. 이것이 아마도 베이징 간식거리의 두 번째 유래일 것이다. 베이징의 간식거리는 황실에서 민간으로 전해졌고 나아가 새로운 후손을 낳았다.

그런데 그들의 후손에게서는 황제나 귀족의 분위기는 전혀 찾아볼 수 없다. 예를 들어 발효시킨 녹두 당면이나 전분 찌꺼기에 물을 타서 만든 더우즈豆汁는 더우장豆醬과 비슷해 보이는데, 신맛이 나고 푸른곰팡이로 구정물처럼 풀빛을 띠며, 두장보다 값이 싸다. 또 리다군驢打滾은 경단에 흑설탕물을 넣고 콩가루에 굴린 것인데, 거친 이름에서는 어떤 흥취가 느껴지기보다는 짐의 무게를 이기지 못하고 비틀대는 노새의 모습이 연상된다. 민간의 간식거리는 모두 시대의 모습을 담아내게 마련이다. 잉몐보보硬麵餑餑는 밤중에 멜대에 지고 소리치고 다니면서 팔던 것인데, '보보'는 '간식거리'를 일컫는 베이징의 방언이다. 잉몐보보는 곡물가루를 데쳐서 불에 구운 아주 초라한 간식거리에 불과하지만, 모양은 팔찌모양, 원보元寶[156] 모양, 꽈배기모양 등을 비롯해 설탕을 넣고 빨간 색으로 '희囍'자를 장식한 것 등 매우 다양하다. 탄탄하고 실해서 허기를 달래주었는데, 아편을 실컷 빨았거나 한밤중에 먹을거리를 찾는 사람들이 주로 사먹었다.

이런 것들이 베이징인이 내세우

---

155) 1907~1986. 상하이 출신의 문학이론가, 번역가.
156) 옛날 중국 화폐의 하나로, 다섯 냥과 열 냥짜리 금원보와 쉰 냥짜리 은원보가 있었다.

는 간식거리였다.

물론 그럴듯한 것도 있었다. 여름철에 곶감이나 말린 살구로 만든 탕湯이나 얇게 저민 배나 연근을 넣고 얼음을 채운 말린 과일 같은 것은 베이징에서만 맛볼 수 있는 여름철 별미로, 갈증을 풀고 허기도 달래기에는 안성맞춤이었다. 차茶도 볶은 메기장가루, 각종 과일, 목서木樨 따위를 넣어서 우렸는데, 당시 무척 인기가 좋았다. 또 행인차杏仁茶는 껍질을 벗긴 살구씨를 곱게 빻아서 찹쌀과 설탕을 넣고 푹 끓여낸 것이었다. 청나라 때의 시에 "미음 한 사발이 정말로 맛있으니, 향긋하고 감미롭기 행인차가 으뜸이라."(一碗瓊漿眞適合, 香甜莫比杏仁茶.)라고 노래했다. 사고전서四庫全書[157]를 편찬한 청나라의 학사 기효람紀曉嵐은 도성의 음식을 소재로 32수의 시를 지었는데, 베이징은 먹을거리가 형편없다고 조롱한 내용이지만, 유독 한 수에서는 행인차를 찬미했다.

하지만 대궐의 간식거리로 한 시절 근사했더라도, 이 모두는 이제 쇠락한 처지일 뿐이다. 지난날 제법 이름을 떨치던 샤오워터우를 지금은 베이하이北海에 있는 팡산반장仿膳飯莊에서 엇비슷한 맛을 볼 수 있을 뿐, 나머지는 이름만 남았다.

베이징 간식거리의 또 다른 유래는 민간의 풍속이다. 이런 부류는 본래 토박이 백성들이 즐겨 먹던 음식이었다. 민속적 관점에서는 이런 음식을 통해 평민의 사고와 문화, 절기에 따른 농사의 특징을 살필 수 있다. 자세하게 연구하면 무척 재미있을 것이다. 몇 가지 예를 들어 보자. 설을 쇠고 나면 노새고기를 먹는 '작귀(嚼

---

157) 청나라 건륭제 때에 편찬한 총서. 3,458종, 7만 9582권의 도서를 모아 경(經)·사(史)·자(子)·집(集)의 4부로 나누어 수록했다.

鬼: 귀신을 씹는다)'라는 풍속이 있었다. 민간에서는 '노새[驢]'를 일러 '귀신[鬼]'이라고 불렀다. 입춘에는 부자든 가난뱅이든 모두 무를 먹는 '교춘(咬春: 봄을 씹는다)'이라는 풍속이 있었다. 이는 행운이 오기를 바라는 마음을 담은 것으로, 그 무렵이면 한밤중에 멜대를 지고 무를 파는 행상의 목소리가 낭랑하게 퍼졌다. 봄이 시작되는 4월에는 유전고楡錢糕, 등라고藤羅糕, 매괴고玫瑰糕를 먹었고, 6월에 먹는 앵도櫻桃는 처음 맛보는 햇과일이었고, 5월에 수확한 햇옥수수는 '진주순珍珠筍'이라고 불렸다. 또 중양절에 먹는 화고花糕, 섣달 23일에 먹는 당과糖瓜 등은 모두 계절이나 절기와 관계가 있었는데, 자연에 대한 친근감과 전원에 대한 정감이 배어 있었다.

베이징의 간식거리는 베이징의 역사에 대한 보충설명이라고 하기에는 다소 무리더라도 베이징의 역사책에 실린 한 폭의 삽화라고는 할 수 있다.

지금도 베이징의 간식거리는 거리 곳곳에 널려 있지만 그 모습은 예전과는 다르다. 둥쓰東四 룽푸사隆福寺 앞의 먹자거리는 철거되었고, 시쓰西四와 차이스커우菜市口 북쪽과 남쪽의 유명한 간이식당은 그대로지만 더우푸나오(豆腐腦: 중국식 순두부), 자가오(炸糕: 찹쌀 도넛), 마퇀(麻團: 참깨를 묻힌 찹쌀 도넛), 리다군 따위의 몇 가지만 남아 있을 뿐이다. 설날에 서는 가설 시장이나 유명한 시쓰샤오츠西四小吃 호동에도 이런 몇몇 간식거리만 남았을 뿐이다. 종류에 있어서는 쓰촨四川의 간식거리를 따라갈 수 없고, 맛에 있어서는 남쪽 지방의 간식거리를 따라가지 못하며, 새로 등장한 일본이나 한국의 간식거리를 따라가지 못한다. 베이징의 간식거리는 비록 명맥이 끊어질 정도라고는 할 수 없지만, 베이징의 전통적인 간식거리는 대부분 거칠게 만들어서 맛은 예전만 못하고 포장은 더욱 형편없다는 것이 솔직한 느낌이다. 이름을 듣고 맛을 본 외지인들은 모두 고개를 내젓고, 심지어 베이징인 자신, 특히 젊은이들은 갈수록 외면한다.

한번은 한 외지 친구가 내게 더우즈를 마시고 싶다며 안내를 부탁했다. 당시 베이징에는 츠치커우磁器口에 더우즈점 한 곳이 남아 있었다. 작은 점포는 예전 그대로였지만 맛은 이전보다 훨씬 못했다. 그 친구는 이내 이맛살을 찌푸렸고, 기대는 한순간에 실망으로 바뀌었다.

한번은 아들과 함께 루이전허우瑞珍厚에서 잉멘보보 두 개를 사서 돌아오면서 베이징의 특별한 전통 간식거리라고 일러주었다. 집에 돌아와 아이는 잉멘보보를 한 입 깨물더니 이내 내던졌다. 아이의 행동이 이상한 것일까? 사실 잉멘보보는 야심한 밤에 출출한 사람들이 아쉬운 대로 허기를 달래던 것이다. 요즘 만드는 것은 모양이 예전만 못하고 딱딱한 정도도 알맞지가 못하다. 그러니 케케묵은 것으로 젊은이들을 유혹하기란 아마도 경극京劇이 젊은이를 끌어들이기보다도 어려울 것이다.

수백 년 역사를 지닌 베이징의 간식거리는 지금 국내외에서 협공을 받으며 온전히 서 있기도 힘들게 되었다. 지난날의 위풍과 활력을 되찾고, 젊은 세대가 독특하고 맛있다고 느끼게 만드는 것은 하루아침에 될 수 있는 일이 아닐 것이다.

47 쏸메이탕

쏸메이탕酸梅湯[158]은 베이징에서 아주 유명하다. 청나라 말기 민국 초기의 문헌 기록에 따르면, 당시에는 첸먼대가의 주룽자이九龍齋, 시단 패루의 추자샤오푸邱家小鋪, 류리창의 신위안자이信遠齋를 비롯한 거리 곳곳에 루위자이路遇齋니 루위안자이路緣齋니 하는 작은 점포가 널려 있었다. 점포 어귀에는 노란 바탕에 검은 글씨로 '빙전메이탕冰鎭梅湯'이라고 공들여 쓴 간판이 걸려 있었다. 하얀 파라솔 아래에는 청동 얼음잔이 늘어서 있고, 갖가지 상쾌한 간식거리는 행인을 유혹했다. 경극京劇의 명배우 메이란팡梅蘭芳과 마롄량馬連良은 신위안자이의 쏸메이탕을 즐겨 먹어서 은연중에 그 몸값을 높여주었다.

지금 베이징에서 쏸메이탕을 파는 곳은 신위안자이가 남았을 뿐이다. 신위안자이의 쏸메이탕은 확실히 훌륭하다. 언젠가 신문에서 이런 기사를 읽은 적이 있다. 문화대혁명 기간에 군선대軍宣隊가 신위안자이에 진주했는데, 쏸메이탕을 만드는 나이 든 주방장이 지배인보다 급여가 높다는 것을 알고, 쏸메이탕을 만드는 것이 무슨 대단한 일이냐는 생각에 주방장의 급여를 삭감하자, 화가 난 주방장은 그만두고 고향으로 돌아가 버렸다. 마침 캄보디아의 펜 노우스[159]가 중국을 방문했다. 쏸메이탕을 좋아한 펜 노우스는 인민대회장에서 쏸메이탕을 마시다가, 이전과는 맛이 다르다는 것을 알아차리고 저우언라이周恩來[160]

---

158) 매실을 물에 담그거나 끓여서 설탕을 넣고 만든 새콤달콤한 음료. 오매탕.
159) Penm Nouth, 1906~1985. 캄보디아의 재무장관, 국무장관, 프놈펜시장, 수상을 지낸 인물.
160) 1898~1976. 중국의 혁명가이자 정치가로 중화인민공화국의 초대 총리를 지낸 인물.

에게 까닭을 물었다. 결국 저우언라이가 간여하자 신위안자이에서는 나이 든 주방장을 재고용했다.

이 일화는 신위안자이의 쏸메이탕을 세상에 널리 알리게 되었다. 신위안자이의 쏸메이탕은 무언가 특별했음을 보여주는 일화이다. 「연경세시기燕京歲時記」[161]와 「춘명채풍지春明采風志」에는 모두 "매실에 빙당氷糖을 넣어 끓인 다음, 장미·목서木犀·얼음물을 섞는데, 어찌나 차가운지 이빨이 덜덜 부딪친다."고 기록했다. 불의 세기와 끓이는 솜씨가 관건인데, 세세한 구석에서도 솜씨가 남달랐다.

신위안자이는 지금도 류리창에 있는데, 여전히 같은 방식으로 쏸메이탕을 만든다. 그러나 동잔銅盞으로 떠서 팔던 옛날 방식과는 달리 원터치 캔이나 페트병으로 바뀌었고, 가격은 코카콜라보다 약간 비싸다.

1886년부터 판매된 코카콜라는 지금 세계 곳곳을 누비고, 신위안자이는 도광道光 연간에 문을 열어 당시 베이징에서 인기를 누렸다. 도광은 1821년부터 1851년까지에 해당하므로, 도광 말년으로 잡더라도, 쏸메이탕은 역사가 코카콜라보다 30년 이상 앞선다. 예전 쏸메이탕은 생산 기술이 낙후되어 뒤처졌다고 한다면, 지금은 원터치 캔 같은 선진적 기술을 도입하였는데도 어째서 여전히 코카콜라에 뒤지는 것인가? 국제시장에 진입하지 못하는 것은 말할 것도 없고, 과거 명성을 누린 베이징에서조차 관심을 갖는 사람이 많지 않은 것은 무엇 때문인가? 광고 때문인가? 광고가 코카콜라만 못해서인가? 신위안자이의 쏸메이탕을 대신해 불평을 늘어놓아 본다.

---

161) 청나라 돈숭(敦崇)이 1900년 무렵까지의 베이징의 연중행사, 명승, 고적, 풍속 등을 기록한 책.

식음 전문가에게 물어보니, 이는 나의 희망사항일 뿐이란다. 펜 노우스, 저우언라이 그리고 쏸메이탕은 전설일 뿐이다. 신위안자이의 쏸메이탕이 코카콜라를 능가하지 못하는 것은 코카콜라의 엄청난 광고 공세 때문만은 아니다. 1백 년 동안 명성을 떨친 신위안자이의 쏸메이탕이 뒤떨어진 데는 그 자신의 문제가 있다. 역시 베이징의 고유한 문화유산인 베이징훈제오리구이는 역사가 쏸메이탕보다 짧지만 어째서 전국적으로 확산되고 또 세계 곳곳에 널리 알려진 것일까?

그 자신의 문제가 무엇인지 물었더니, 그는 단숨에 다섯 가지 문제점을 지적했다.

첫째, 기술의 차이다. 쏸메이탕이 '탕'으로 불리는 것이 문제이다. 중국에서 '탕'은 본래 중약中藥을 가리키는 말이었다. 신농씨神農氏[162]가 백초百草의 맛을 보았다는 기록에 매실이 언급되고, 또 「서경書經」에는 "간이 맞는 국을 만드는 데는 네가 오직 소금이요 매실이로다."(若作和羹, 爾惟鹽梅.)라는 구절이 있다. 지금도 신강위구르자치구에 사는 일부 위구르인은 열이 나면 매실을 넣은 탕을 끓여 마시고 땀을 낸다. 송나라 때에 편찬한 「태평어람太平御覽」[163]에는 매실로 만든 탕을 청량음료로 삼았다는 기록이 있다. 탕은 달이고 삶고 졸여서 만드는 것으로, 쏸메이탕은 이런 경험에 기술이 더해진 것이다. 그러나 외국의 음료는 과학에 기술이 접목된 것이다. 코카콜라는 조제하여 만든다. 현대의 음료, 특히 과학기술이 접목된 제품은 달여서 만들지 않는다. 둘째, 도구의 차이다. 쏸메이탕은 여전히 구리 솥 같은 원시적 도구로 달여서

---

162) 중국 고대 전설상의 제왕으로, 농업과 의약의 신으로 일컬어진다.
163) 송나라 이방(李昉) 등이 편찬한 백과전서.

만든다. 하지만 외국에서는 이미 현대화된 벨트컨베이어 방식으로 생산한다. 셋째, 수원水源의 문제다. 신위안자이는 원래 물맛이 좋은 우물물을 사용했지만 지금은 수돗물을 사용한다. 베이징의 수질오염은 1백 년 전과 비교하면 심각할 정도로 악화되었다. 넷째, 성질의 차이. 쏸메이탕은 성질이 부드러워서 달콤하면서도 신맛이 나지만 콜라형 음료는 혀에 닿는 느낌이 날카롭다. 다섯째, 가장 중요한 점으로, 국제적 음료 추세를 보면, 점점 자연 상태에 가까운 음료가 인기를 끌어서, 가볍고 담담하고 부드러운 것이 대세다. 가볍다는 것은 미량원소를 함유했다는 것이고, 담담하다는 것은 색깔이나 맛이 없다는 것이며, 부드럽다는 것은 자극성이 없다는 것이다. 이런 추세에 비추어 보면, 쏸메이탕은 차츰 도태될 수밖에 없는 숙명을 지니고 있다. 과학기술이 전혀 발달하지 않았던 농업사회에서 탄생한 쏸메이탕은 이제 그 역사적 기능을 다한 것이다.

그의 주장이 옳은 것인지는 모르겠지만 근거가 없는 것은 아니라고 생각된다. 하지만 신위안자이의 쏸메이탕을 위해서는 받아들이기 어렵다. 오랜 역사를 지닌 것이 사라질 수밖에 없다는 말인가? 꽃이 피고 지는 것은 필연적인 것이지 부득이한 것은 아니다. 쏸메이탕을 편애하기에 마음이 내내 시큰하다.

48 워터우

베이징의 상징을 들자면 만리장성, 자금성, 이화원, 천안문 등 많은 것이 있지만, '워터우窩頭'도 그 가운데 하나라고 할 수 있다.

워터우는 예전에 가난한 사람들이 먹던 음식이다. 라오서老舍와 량스추梁實秋[164]는 서민들의 음식을 글로 묘사한 적이 더러 있었지만, 아마도 자주 먹지는 않았을 것이다.

중국이 건국되기 이전에 베이징 거리에는 워터우를 파는 노점이 대단히 많았다. 위생 따위를 따질 겨를이 없던 당시에 마대에 담아 놓고 팔던 워터우는 가난한 사람들이 허기를 때우던 음식이었다. 당시 베이징인은 가난한 사람들이 워터우를 먹는 모습을 일러 "워터우를 안고 뜯어 먹는다."고 말했는데, 워터우가 가난한 사람들에게는 몹시 중요한 것이었음을 생생하게 표현한 말이었다. 부자들은 절대로 워터우를 안고 뜯어 먹지는 않았다. 그들은 오리구이를 먹더라도 난화지蘭花指[165]를 하고 제법 고상하게 먹었다.

「청궁비사淸宮秘史」를 저술한 야오커姚克[166]는 일부러 한 식당을 찾아가 워터우를 먹고 당시 느낌을 솔직하게 털어놓은 바 있다.

> 노점에서 파는 것보다는 좀 나아서 콩나물, 좁쌀죽, 탕면, 밀전병이 따라 나왔다. 하지만 너무 마르고 굵어서 먹기 힘들었다. 탕을 한 사발 곁들여 억지로 한 접시 먹었는데, 밀전병은 고작 3분의 2

---

164) 1902~1988. 중국의 문학비평가. 계급을 초월한 인성론과 천재론을 주장했다.
165) 엄지와 중지를 안으로 구부리고 나머지 손가락은 위로 치켜드는 손놀림.
166) 1905~1991. 중국의 저명 번역가, 극작가.

밖에 먹지 못했고, 좁쌀죽은 한 사발 마시자 배가 터질 것 같았다. 배가 몹시 고프지 않다면 사실 먹기 어렵다. 어쩌다 맛보는 것은 일종의 체험이기 때문에 워터우를 그럴듯하게 묘사할 수는 있다.

나는 워터우를 먹으며 자랐다. 적어도 중학교 때까지는 워터우를 먹었다. 결코 워터우를 좋아하지 않았지만, 먹지 않을 수 없었다. 아버지는 내가 워터우에 대해 좋은 감정을 갖고 스스로 먹게 하려고 갖은 묘안을 쥐어짰다. 예를 들면 당시 무척 귀하던 사카린을 워터우에 조금 넣어 단맛을 내거나 워터우를 납작하게 썰어 불에 노릇노릇 구워 바삭하게 만들었다. 또 옥수수 가루를 발효시켜 찌면 워터우가 살짝 부풀어올랐다. 그 가운데 가장 돋보인 것은 어른들이 지어낸 "어려서 워터우를 많이 먹으면 커서 높은 관리가 된다."는 말이었다. 워터우를 먹을 적마다 이 말을 들먹였는데, 한나라를 세운 유방劉邦에서부터 명나라를 세운 주원장朱元璋에 이르기까지, 역사적으로 고관이 된 사람들을 일일이 거론하면서, 그들도 모두 어려서 워터우를 많이 먹었다고 말했다. 그리고 내가 워터우를 억지로 삼키는 것을 보면서 아버지는 한마디 덧붙였다.
"그래. 힘들게 먹을수록 더 큰 복을 누린단다."
하지만 솔직히 말해서 나는 워터우가 먹기 싫었고, 아버지 말씀도 믿지 않았다. 아버지를 포함해, 워터우를 먹은 숱한 사람들 가운데 높은 자리에 있는 사람은 아무도 없었다. 씁쓸한 거짓말, 워터우의 맛과 더불어 나는 유년 시절과 소년 시절을 떠나보냈다. 중학교에 들어갈 무렵이 되어서야 비로소 워터우는 사실 맛있는 음식이라는 생각을 갖게 되었다.

당시 자연재해와 인재가 3년 동안이나 계속되었는데, 중학교에 다니던 나는 한참 크는 때여서 식욕이 마치 밑 빠진 항아리와도 같았다. 하지만 갑자기 온가족은 양식이 부족해졌고, 모든 것을 배급에 의지하게 되었는데, 특히 월말이면 끼니조차 잇기 어려웠고, 워터우조차 마음대로 먹을 수 없었다. 당시 아버지는 비지를 사와 옥수수 가루에 버무려 워터우를 쪘고, 어머니는 천단天壇 인근에서 들나물을 따 옥수수 가루와 반죽하여 반대기를 지어 떡을 쪘다. 시큼한 비지와 씁쓸한 들나물 맛이 뒤섞인 워터우는 더욱 입에 맞지 않았지만, 아버지가 걸핏하면 하던 말을 다시 꺼낼 필요도 없이, 나는 그것을 맛있게 먹어치웠다. 견딜 수 없을 정도로 배가 고플 때는, "턱 근육은 기차 바퀴 굴대처럼 움직인다. 워터우는 입에서 젤리처럼 바뀌고, 삽시간에 흔적도 없이 사라진다."는 야오커의 묘사가 절대로 거짓말이 아니라는 사실을 알 수 있었다.

중학교 2학년 때, 하루는 등굣길에 꽃시장을 지나다 작은 식당 앞에 사람들이 길게 줄지은 모습을 보았다. 워터우를 사려는 사람들이었다. 한 사람에게 깨장을 바른 워터우 반쪽씩을 팔았다. 나도 반쪽을 사서 먹었는데, 아주 맛있었다. 깨장을 바른 워터우는 마치 신선한 버터크림을 바른 케이크처럼 고급스럽게 느껴졌다.

오랜 세월이 흐르면서 많은 지난 일들은 잊었지만, 이 작은 일은 또렷하게 기억에 남아서, 내게 워터우가 얼마나 소중한 것이었는지 일깨워 준다. 그 시대를 살아온 사람치고 누군들 워터우에 관한 추억이 없겠는가? 워터우가 베이징의 상징이라는 것은 조금도 과장이 아니다.

워터우는 베이징에서 간식거리가 되었다. 자희태후가 즐겨 먹은 율자면栗子麵으로 만든 워터우는 베이하이北海의 팡산반장仿膳飯莊에서 맛볼 수 있고, 대량생산되어 멋진 상자에 담겨 베이징 곳곳에서 선물용으로 팔린다. 크고 작은 음식점에서 파는 워터우는 유행 음식으로 자리 잡았고, 종류와 모양도 다양해져서 새로운 맛을 경험할 수 있다. 평범한 사람들도 가끔씩 워터우 한 봉지를 사들고 집에 돌아가 기호에 따라 약간 가미하여 즐긴다. 워터우는 대추알만하게 작아졌지만, 베이징인은 워터우에 대해 잊을 수 없는 감정을 지니고 있다. 세상은 바뀌는 법이다. 가장 하층민에서 시작한 워터우는 이제 용문龍門을 뛰어올라 제왕의 자리에 앉았다.

단지 워터우 맛은 예전과는 다르다. 워터우는 한껏 치장했고, 결코 주식이 아니며, 상당한 정도로 조작을 가했다. 가난하던 것이 순식간에 고귀하게 되었으니, 결국 가짜 귀족인 셈이다. 자칫 공작이 깃털이 빠져 밑구멍이 드러나는 것처럼 워터우 본연의 허점이 드러날지도 모른다.

49 타오샹춘을 말하다

베이징의 타오샹춘稻香村이 언제 개업했는지는 모르겠지만, 나는 어릴 적부터 그곳 식품을 먹었다. 아버지가 살아계실 적에는 명절이 다가오면 늘 둥안東安 시장에 있는 타오샹춘에서 남방 풍미의 간식거리를 사다 먹었다. 그 후 문화대혁명이 벌어지면서 타오샹춘은 이름을 '둥팡훙東方紅' 따위로 바꾸었던 것 같지만, 맛은 전혀 달라지지 않아서 여전히 그곳 식품을 사다 먹었다. 베이다황에서 지낼 적에는 겨우내 감자·배추·홍당무만 먹었는데, 비참한 환경에서 갖는 상상 속 만찬에는 언제나 타오샹춘의 간식거리가 올랐다. 당시 가족을 만나러 베이징에 돌아오게 되면, 류비쥐六必居의 장아찌, 왕즈허王致和의 처우더우푸臭豆腐 따위를 한 아름 짊어지고 베이다황으로 돌아갔는데, 타오샹춘에서 파는 남방 풍미의 간식거리도 결코 빠지지 않았다. 타오샹춘의 간식거리는 오랜 벗처럼 어린 시절부터 청년 시절을 나와 함께 보냈다. 지금도 나는 외지에 갈 적이면 친구에게 줄 선물로 후이저우마빙徽州麻餠, 싸치마薩其瑪, 쑹화단가오松花蛋糕, 장미주江米酒,[167] 계화桂花, 매괴玫瑰 같은 타오샹춘의 먹을거리를 준비한다. 이는 빙당후루冰糖葫蘆,[168] 연, 점토 인형처럼 베이징의 상징이라고 생각된다.

내가 타오샹춘을 소중하게 여기는 것은 수십 년 동안 안정적 품질을 지켜오기 때문이다. 사람들이 물건을 사면서 브랜드를 따지는 것은 단지 허영심 때문이 아니라 구입하는 물건이 틀림없기를 바라기 때문이기도 하다. 오래된 브랜드가 무조건 좋은

---
167) 찹쌀로 빚은 감주.
168) 산사자와 해당화의 열매 따위를 꼬챙이에 꿰어 설탕물이나 엿을 발라 굳힌 것.

것은 아니고, 새로운 브랜드라고 모두 좋지 않은 것은 아니다. 그런데 새로운 브랜드는 멋지게 치장했어도 겉만 근사하고 속은 형편없는 경우가 있어서 사람들은 화려한 겉포장 앞에서 종종 망설인다. 겉모습이 그럴듯할수록 오히려 내용물이 부실할까 의심하는 것인데, 마치 시내버스에서 최신 패션으로 차려입은 여성이 욕설을 마구 쏟아내는 것과 다르지 않다. 타오샹춘의 식품은 포장에는 전혀 신경을 쓰지 않는다. 작년 추석에 친구에게 선물할 월병月餠[169]을 사는데, 타오샹춘의 철합鐵盒 월병은 다른 것에 비하면 전혀 특색이 없었다. '항아분월姮娥奔月'이나 '화호월원花好月圓'을 그려 넣은 그림은 엉성하고 인쇄도 형편없었다. 하지만 그래도 나는 그것을 샀다. 품질을 믿을 수 있고 가격이 적당하기 때문이었다.

금년 정월대보름에 원소元宵[170]를 사면서도 나는 자연스럽게 아침 일찍 타오샹춘에 가서 줄을 섰다. 지금 물건을 사려고 장사진을 치는 모습은 보기 드문 일이다. 복숭아나무와 자두나무는 말이 없지만 꽃과 열매가 사람을 끌어들여 저절로 길이 생기는 법인데, 이것이 타오샹춘의 말없는, 그리고 비용을 들이지 않는 광고일 것이다.

타오샹춘의 원소는 평소에도 즐겨 먹는다. 예전에 허핑리和平里에서 살 때는 가까운 타오샹춘 분점에서 원소를 사다 먹었다. 그런데 이번 대보름에 구입한 원소는 내게 각별한 느낌을 주었다. 장방형 종이 상자에는 두 개의 플라스틱 상자가 들어 있고, 거기에 각각 쌀가루 한 근씩과 검은 깨, 계화, 코코아 등 세 가지 소가 들어 있었다. 이와 같은 남방 스타일은

---

[169] 중국에서 추석에 먹는 시절음식으로, 온 가족이 한자리에 모여 단란한 시간을 보낸다는 의미를 상징한다.
[170] 중국에서 정월 대보름에 먹는 시절음식으로, 찹쌀가루로 만든 소를 넣은 새알심 모양의 떡.

먹을 만큼만 직접 빚어 먹을 수 있다.

물방아로 곱게 빻은 쌀가루는 시장에서 물방아로 빻았다며 파는, 가축 사료처럼 거친 쌀가루와는 전혀 다르다. 부드럽고 이빨에 붙지 않고 쫀득하다. 나의 경험으로는, 원소는 삶으면 곡물입자가 떨어져서 물이 뿌옇고 끈적끈적해진다. 그러나 물방아로 곱게 빻아 만든 원소는 삶은 뒤에도 바닥이 보일 정도로 물이 맑고 끈적이지도 않는다. 이번 대보름에 구입한 타오샹춘의 원소가 바로 그랬다.

소는 아주 정교하고 섬세하게 만들었다. 진한 계화향은 분명 천연의 것이다. 이름은 계화라고 하면서 단맛만 살짝 풍기는 것과는 확연히 다르다. 계화 소에 넣은 호두는 무척 신선하고, 검은깨에 섞은 해바라기씨나 호박씨는 작지만 향긋하다. 타오샹춘의 검은깨 소는 검은 가운데 흰색이 감돌고 달콤한 가운데 향이 있어, 세세하게 신경을 썼음을 알 수 있다. 작은 원소로 지금도 이렇게 장사를 하는가 하고 감탄하게 된다.

오직 이익만 도모하는 시대에 타오샹춘은 전통적 박리다매의 영업방식을 고수한다. 팝콘조차도 합작생산을 하려는 대기업에서는 거들떠보지 않겠지만, 타오샹춘은 양심의 돈을 번다. 비록 작지만 탄탄하다. 가짜가 판을 치고 짝퉁이 속출하는 시대에, 타오샹춘은 합리적 가격에 좋은 물건을 공급하기 때문에, 나는 수십 년 동안 믿음을 버리지 않았다. 결코 남의 장점을 내보이거나 광고를 하려는 것이 아니다. 단지 그곳 원소를 먹어 보니 참 좋더라는 사실을 말하려는 것뿐이다.

정월대보름은 한참 지났고, 원소도 진즉에 모두 먹었다. 원소를 좋아하지 않는 아이들도 이번에는 잘 먹었고 게다가 몇 번씩이나 내게 "이 원소 어디서 샀어요? 또 사오세요!"라며 조른다.

하지만 나는 타오샹춘에서 똑같은 원소를 다시 사지는 못했다. 내년 정월대보름까지 기다려 욕구를 달래는 수밖에 없다.

50 쳰먼 바깥

쳰먼前門에 발걸음을 하지 않은 지 여러 해 되었다.

내가 말하는 쳰먼은 쳰먼 그 자체만이 아니라, 쳰먼 패루 남쪽의 다마창打磨廠을 포함한 주스커우珠市口 동쪽과 다자란낭방大柵欄廊房을 포함한 셴위커우鮮魚口 서쪽 일대를 일컫는 것으로, 흔히 '쳰먼 바깥'이라고 부른다. 쳰먼 바깥은 베이징에서 가장 번화한 곳으로, 베이징을 찾는 외지인이면 반드시 찾는 베이징의 자랑이자 풍수의 명당이다.

명나라 때에 경항대운하의 종점이 고루鼓樓 적수담積水潭에서 남쪽 대통교大通橋 아래로 옮기면서, 베이징의 상업 중심도 적수담 일대에서 쳰먼 바깥으로 옮아갔다. 옛 철인은 "만물은 물에서 생겨났다."고 하였는데, 그 말은 틀림없는 말이다. 물이 윤택하게 적셔주자 상업이 발달했고, 나아가 도시는 발전했다. 명나라와 청나라는 이吏·호戶·예禮·병兵·형刑·공工의 육조六曹가 쳰먼 안쪽의 동서쪽에 있었기 때문에, 도성을 찾은 지방 관리와 과거를 보러오는 수재秀才들은 황성에 바짝 붙은 이곳으로 모여들었다. 때문에 이 일대는 관료냄새가 가득했지만 문화적 분위기도 흘러넘쳤다. 정치·경제·문화의 꽃이 활짝 피면서 이 일대는 자연히 다채로운 면모를 갖게 되었는데, 그 면모는 베이징 외성外城의 그 어느 곳보다 훌륭했다. 당시 왕푸징王府井도 그 번화함을 쫓아가지 못했고, 지금은 화려한 옌사燕莎와 란다오蘭島는 당시에는 황무지였다. 쳰먼의 번화함은 전체 베이징성의 중심을 한쪽으로 치우치게 만들었는데, 마치 거대한 함선에 사람과 화물이 앞쪽 갑판을 누르는 것처럼 베이징을 한쪽으로 쏠리게 만들었다. 경자사변庚子事變[171])이 벌어진 1900년에 의화단義和團이 다자란에 있던 라오더지老德記 양약방에 불을 질러 하룻밤 사이에 4천 개가 넘는 점포가 불에 타버렸으니, 당시 첸먼 일대에 얼마나 많은 점포가 있었는지 알 수 있다.

첸먼은 수백 년 동안 베이징의 상징이었다. 광서光緖 27년인 1901년에는 첸먼에 기차역이 들어섰다. 기차역에 내려 고개를 들면 첸먼의 문루가 가장 먼저 눈에 들어와 첸먼은 베이징에서 눈길을 끄는 명함이 되었다. '다첸먼大前門'이라는 브랜드의 담배는 그 뒤에 나온 것이다. 어린 시절 「청춘의 노래靑春之歌」라는 영화에서 카메라가 잡은 첸먼의 문루를 보면서 자랑스러움을 느꼈는데, 첸먼은 너무도 우뚝하고 너무도 아름다웠다. 베이다황에서 지낼 적에는 손으로 베껴 쓴 「두 번째 악수第二次握手」라는 소설에서 첸먼의 문루를 묘사한 부분을 읽으면서 형언할 수 없이 마음이 고동쳤는데, 첸먼의 문루가 금세라도 눈앞에 펼쳐질 것만 같았다. 마치 우리 집 보물이라도 되는 기분이 들었다.

1948년부터 1968년까지 베이징을 떠나 베이다황에서 지낸 것을 제외하면, 나는 첸먼 근처 다마창에서 무려 20년을 살았다. 그 20년은 내 소년시절과 청년시절의 전부였다. 첸먼은 나의 청춘에 각인되었고, 나는 그것 때문에 알듯 모를 듯 감동하지 않을 수 없었다.

다마창은 명나라 초기에 형성된 오래된 거리다. 당시 팡산房山의 석공이 이곳으로 돌을 가져다 연마했다. 당초에는 거리 서쪽 어귀에 있던 한 무너진 사당에서 작업했다. 그런데

---

171) 청나라 말기인 1900년에 화베이(華北) 일대에서 일어난 배외적(排外的) 농민투쟁. 의화단운동(義和團運動).

첸먼 일대에 음식점·두부공장·양조장·회관會館이 우후죽순으로 생기면서 많은 석재가 필요하자, 팡산에서 석공들이 쏟아져 들어왔고 점차 퍼져 거리 절반을 차지하게 되었고, 마침내 '다마창'이라는 이름으로 불리게 되었다. 내가 그곳에 살던 무렵에는 석재가공공장은 한 곳도 없었고, 눈에 띄는 것은 죄다 식당으로, 술냄새와 음식냄새가 거리에 진동했다.

우리 집은 서쪽 어귀 가까이 있었다. 동쪽으로 가면 둥런탕同仁堂 제약공장이 있고, 동쪽으로 더 가면 라오얼여우탕老二酉堂과 바오원탕서국寶文堂書局이 있었다. 어린 시절 내가 다니던 제3중심소학小學은 집에서 멀지 않은 곳에 있었는데, 옛 사당을 개축한 것이었다. 다마창은 동서가 겨우 3리에 불과하지만, 내가 기억하는 것만 해도 이 사당 이외에 서쪽 어귀에는 석공들이 기거하던 무너진 사당 여러 곳이 있었다. 사당이 많고 향불이 끊이지 않았다는 것은 거리의 번영을 잘 보여준다. 당시 나는 서쪽 어귀 쪽에 주로 갔고 동쪽으로 가는 경우는 아주 드물었다. 후이원匯文 중학교에 입학한 뒤에야 비로소 동쪽 어귀를 빠져나가 충원문崇文門에서 차를 탔는데, 당시 바오원탕은 사라지고 없었고 부채가게와 궁등宮燈[172] 공장만 있었다. 장성한 뒤에는 헌책방에서 바오원탕에서 출판한 책을 만나면 무척 친근감을 느꼈는데, 호동에서 함께 성장한 어린 시절 친구를 다시 만난 것만 같았다. 하지만 내게 어린 시절 기억은 너무 적고, 또 노인들에게 묻지도 않아서, 그 옛터가 어디인지 확인할 기회를 놓친 것이 안타깝다.

다마창에는 '순싱커다오장順興刻刀張'이 있었다. 순싱커다오장은 도광 27년인 1847년에 처음 문을 열

---

[172] 명절이나 경축일에 추녀 끝에 걸어 두는 육각형이나 팔각형의 등롱(燈籠). 본래 궁중에서 사용하던 것이어서 '궁등'으로 불린다.

었지만, 광서 6년인 1880년에야 정식으로 '순싱커다오장'이라는 정식 간판을 내걸었다. 당시 조각도를 전문적으로 취급하던 이 작은 가게는 다마창뿐 아니라 베이징 전역, 나아가 전국적으로 대단히 유명했다. 그러나 1956년에 민관합작 경영을 하면서 공장은 순이順義로 옮겨갔다. 당시 초등학교 2학년이던 나는 전혀 몰랐고, 나중에야 그런 사실을 알게 되었다. 1930년대에는 치바이스齊白石[173])가 이 가게에서 조각도를 구입했는데, 아무리 돌을 새겨도 이가 빠지거나 휘어지지 않자, 믿음이 생긴 그는 그 후론 항상 그곳에서 조각도를 구입했고, 또 많은 서화가에게 추천했다. 치바이스는 업주에게 "당신은 대장장이고 나는 목공이니 우리 모두 장인匠人이오."라고 하였다. 장인의 기능을 가볍게 여기지 않는 태도와 마음을 엿볼 수 있다. 1934년에 치바이스는 업주에게 "그대는 망치질해 좋은 연장을 만들고, 나는 조각하여 멋진 솜씨를 보여주리다."(君有鉗錘成利器, 我有雕刻出神功.)라는 대련對聯을 써주었다. 또 손수 그린 중국화 3점을 선사했는데, 하나는 방게를 사의寫意[174])한 것이고, 하나는 잠자리를 공필工筆[175])한 것이고, 또 하나는 여치와 배추를 공필한 것이었다. 1936년에 치바이스는 남쪽으로 돌아가기 전에 '순싱커다오장'이라는 편액을 특별히 써주었다. 산은 높은 것이 중요한 것이 아니라 신선이 있으면 영험하고, 점포는 큰 것이 중요한 것이 아니라 명성이 있으면 알려지게 마련이다. 작은 점포가 다마창 전체에 치바이스를 비롯한 숱한 대가들, 예컨대 리화李樺, 류옌劉硯, 구위안古元 같은 유명한 전각

173) 1860~1957. 중국의 화가. 화초, 영모(翎毛), 초충(草蟲)의 대가이며, 전각(篆刻)에도 뛰어났다.
174) 중국화의 전통적 화법의 하나. 간단한 선이나 묵색으로 표정이나 모양을 스케치하는 기법.
175) 중국화의 전통적 화법의 하나. 세밀화의 화법.

가들이 발자취를 남기게 만들었다. 나중에 책에서 '순싱커다오쟝'이 다마창 96호에 있었다는 사실을 알게 되었다. 당시 우리 집은 다마창 179호에 있었으니, 서로 지척에 있었던 셈인데, 눈앞에서 볼 기회를 날렸고 치바이스의 친필 편액도 보지 못했다.

당시에는 나만 그런 것이 아니라 대원大院에 살던 어른들도 동쪽으로 드나드는 경우는 무척 드물고, 하나같이 서쪽으로만 발길을 옮겼다. 사람들은 동쪽에 이처럼 볼 만한 곳이 많다는 사실을 알지 못했고, 그저 쳰먼대가가 가장 번화하다고만 생각했다. 우리 대원에 살던 사람은 대학교수, 영어통역, 엔지니어, 삼륜자전거꾼, 미장이, 초등학교 교사 등 다양했지만, 그들은 무엇을 사더라도 쳰먼으로 갔다. 신발은 네이롄셩內聯升에서 사고, 모자는 마쥐위안馬聚源에서 사고, 옷감은 루이푸샹瑞蚨祥에서 사고, 장아찌는 류비쥐六必居에서 사고, 간식거리는 징밍자이正明齋에서 사고, 시계는 헝더리亨得利에서 사고, 추리가오秋梨膏[176]는 퉁산이通三益에서 사고, 과일이나 설탕은 라오다팡老大芳에서 샀다. 나의 아버지는 한 봉지에 5분分 하는 찻가루를 사려고 장이위안張一元을 찾았고, 초등학생들도 연필이나 공책을 사러 궁싱公興을 찾았는데, 모두 쳰먼대가에 있었다. 사람들은 쳰먼 이야기가 나오면 마치 이웃집에 가는 것처럼 친밀감을 느꼈다.

물론 우리 같은 대원에 사는 사람들은 그런 가게만 드나들 수 있을 뿐이었고, 좀 여유가 있더라도 랑팡2가廊坊二街에 있는 보석점을 기웃댈 처지는 못 되었지만, 그곳에서 파는 보석이 진품이고 비싸다는 사실은 알고 있었다. 더위안싱德源興의 비취, 룽싱자이榮興齋의 '량화梁貨'—주인의 성이

---

176) 배를 주원료로 전통 약재를 넣어 만든 기침약. 설리고(雪梨膏).

량씨로, 옛날 옥기玉器의 모조품만 만들었다.—는 대단히 유명했는데, 국민당國民黨 요원인 쿵씨孔氏와 쑹씨宋氏 두 가문 사람들[177]과 바이쑹시白崇禧[178]가 수시로 그곳을 찾았다. 나는 어려서부터 노인네들이 그곳의 골동품에 대해 이야기하는 것을 종종 들었는데, 득의양양하게 떠들어대는 그들의 모습은 마치 옥기와 비취가 자기 것이라도 되는 것 같았다.

사람들은 다자란을 즐겨 찾았다. '다자란'이라는 이름을 보면, 예전에 그곳에 울타리가 있었던 것임에 분명한데, 나중에 책을 보고서야 건륭乾隆 연간에 그곳에는 뾰족한 울타리가 동쪽과 서쪽의 거리입구를 막고 있었다는 사실을 알게 되었다. 그것은 허약한 조정에서 관리들의 핍박 때문에 백성들이 반란을 일으킬까 염려하여 만든 것으로, 당시 베이징에는 많은 호동에 그런 울타리가 있었다. 그런데 어째서 '다자란'이라는 이름만 남았는지는 알 수 없다. 명나라 당시에 만든 베이징지도에는 이곳을 '랑팡쓰탸오廊坊四條'라고 하였는데, 청나라 건륭 연간에 만든 지도에는 '다자란'이라고 했다. 대원에 사는 이웃사람의 말로는 다자란은 정월대보름의 화등花燈[179] 때가 가장 화려한데, 랑팡 제1조, 제2조, 제3조, 시허옌西河沿, 다마창의 점포에는 오색영롱한 화등을 내걸어 쳰먼대가는 그야말로 등불의 바다를 이루었다고 한다. 하지만 아쉽게도 나는 그런 장관을 본 적이 없다.

어린 시절 다자란은 내게 아주 인상적인 곳이었다. 퉁러러우同樂樓, 다

177) 쿵샹시(孔祥熙, 1881~1967)와 쑹쯔원 (1894~1971) 가문을 가리킨다. 쿵샹시는 쑨원 (孫文)의 혁명에 협력하고 중앙은행 총재를 지낸 관료자본가로 장제스(蔣介石) 정권의 지주 역할을 했으며, 금융재벌 쑹쯔원은 쑨원의 부인 쑹칭링(宋慶齡)의 동생이자 장제스의 부인 쑹메이링(宋美齡)의 오빠다.
178) 1893~1966. 중화민국의 장군, 정치가.
179) 2.[명사] 정월대보름의 관상용 꽃등. 3.[명사][예술] 정월대보름 등의 명절날 연출하는 일종의 민속춤.

관러우大觀樓는 수시로 영화를 보던 곳이었다. 언젠가 다관러우에서 전국 최초로 입체영화가 상영되었는데, 당시 표를 사려는 사람들이 다자란까지 길게 줄을 늘어섰다. 나는 남동생과 함께 이른 아침에 달려가 번갈아 줄을 서서, 우리 온가족은 서커스단의 멋진 묘기와 코믹한 입체영화를 보았는데, 그렇게도 신기할 수가 없었다. 또 첸먼소극장前門小劇場에서는 상성相聲을 들었다. 그곳은 아무 때나 드나들 수 있었고, 30분마다 1각角을 받았는데, 편리하고 저렴했다. 또 하나 인상적인 곳은 사람들이 코담배가게라고 부르던 톈후이자이天蕙齋인데, 계단이 가파르고 입구가 좁아서 마치 코담배 항아리와도 같았다. 내가 살던 대원에는 외국인에게 통역을 하는 늙은이가 살고 있었는데, 코담배를 즐기던 그는 걸핏하면 우리에게 코담배 심부름을 시켰다. 우리는 높은 계단을 걸어 올라가 화려한 코담배 항아리를 구경하고 약간은 코를 찌르는 '칭량淸凉'이라는 이름의 코담배 냄새를 슬쩍 맡아보고는 했다.

나는 또 위셴커우魚鮮口를 즐겨 찾았다. 위셴커우는 다자란 맞은편에 있는데, 명나라 때에 대운하의 종점을 남쪽으로 옮기면서 그곳에서 생선이 거래되었다고 한다. 노인들의 말로는 원래 나무다리가 있었다고 하여, 멀지 않은 곳으로 하천이 흘렀음을 알 수 있다. 나는 다리는 보지 못했지만, 동쪽으로 멀지 않은 곳을 지금도 산리허三里河, 수이다오쯔水道子라고 부르는 것으로 보아, 대운하의 지류가 그곳에서 멀지 않았음을 알 수 있다.

우리 집에서 긴 골목길을 빠져나가면 다중희원大衆戱院이 있었다. 당시에는 신펑샤新鳳霞와 샤오바이위샹小白玉霜이 그곳에서 평희評戱를 공연했다.[180] 서쪽으로 얼마쯤 가면 차오간炒肝[181]을 파는 톈싱쥐天興居가 있었고,

그 옆에는 칭화淸華 목욕탕이 있었고, 맞은편에는 롄여우聯友 사진관이 있었다. 또 서쪽 어귀에는 볜이팡便宜坊 훈제오리점, 톈청자이天成齋 신발점, 마쥐위안馬聚源 모자점이 있었다. 어린 시절에 볜이팡에서 훈제오리를 사먹을 형편은 되지 않았지만, 톈싱쥐의 차오간은 가끔씩 사먹었다. 일요일에 아버지는 우리 두 형제를 데리고 칭화목욕탕에서 목욕을 하고 나서 차오간을 사먹었다. 초등학교와 중학교 졸업사진은 모두 롄여우사진관에서 찍었다. 또 베이다황에서 생활하면서 귀에 동상이 걸린 나는 베이징에 돌아왔다가 마쥐위안에서 가죽 모자를 구입했는데, 당시 마쥐위안은 상호를 '둥성東升'으로 바꾸고 셴위커우에서 다자란으로 자리를 옮겼다.

어머니는 셴위커우를 '헤이허우黑猴'라고 불렀는데, 돌아가실 때까지 그곳에서 옷감 따위를 구입했다. 하지만 우리는 이사를 하면서 헤이허우와 아쉽게 헤어지고 말았다. 언젠가 어머니는 셴위커우에 얽힌 이야기를 해 주셨다. 예전에 셴위커우에 있는 한 점포 앞에 금원보金元寶를 손에 든 녹나무로 만든 검은 원숭이상이 있었다. 그 점포에는 낮에는 가게 일을 돕고 밤에는 가게를 지키던 검은 원숭이가 있었는데, 그 원숭이는 많은 손님을 끌어들였다. 원숭이가 죽자 주인은 원숭이에 대한 고마움을 표시하기 위해서 나무로 원숭이상을 만들었는데, 원숭이상이 가게를 보살펴 장사는 더욱 번창했다. 나중에 사람들은 그 가게를 점포이름 대신 '검은 원숭이', 즉 '헤이허우'로 부르게 되었다고 한다.

'검은 원숭이'든, 마쥐위안이든, 셴위커우든, 다자란이든, 다마창이

180) 신펑샤와 샤오바이위샹은 모두 평극(評劇)의 유명 여류 예술가로, 평극은 허베이성 동부 지역 농촌에서 유래한 전통지방극의 극종이다.
181) 돼지의 간과 대장을 주재료로 하여 녹말을 넣어 걸쭉하게 만든 베이징의 특색 요리.

든, 그 일대 모든 호동과 모든 점포에는 나의 유년 시절과 소년 시절 그리고 청년 시절의 꿈이 녹아 있다. 쳰먼 이야기를 하노라면 빛바랜 옛날 사진이 들어 있는 오래된 앨범을 펼치는 것과 같아서 지난날을 회상하게 된다. 그리고 그 추억의 정서는 독한 술처럼 진하다.

베이다황에서 지내다가 베이징으로 돌아온 뒤에 나는 다시 다마창에서 지냈다. 그 후 이사를 하면서 쳰먼에서 멀어졌고, 쳰먼도 내게서 멀어졌다.

몇 년 전에 베이징을 찾은 남쪽 지방에 사는 한 친구와 함께 쳰먼을 한 바퀴 둘러보았다. KFC에서부터 주스커우까지를 둘러보면서, 나는 오래된 점포의 역사를 일일이 친구에게 소개했다. 그는 연신 고개를 끄덕이면서도 쳰먼 바깥이 이런 모습일 줄은 상상하지 못했다며, 어느 것이 오래된 것인지 어느 것이 새로운 것인지 알 수 없다고 말했다. 그가 말한 것은 틀림없는 사실이지만, 당시 나는 받아들이기 어려웠다.

또 몇 년이 흘렀다. 쳰먼은 전혀 달라지지 않았고 오히려 점점 퇴락하는 것만 같다. 얼마 전에 나는 다시 쳰먼을 찾았다. 주스커우에서 북쪽으로 거슬러올라갔다. 량스뎬가, 차이자蔡家 호동, 메이스가, 다자란, 랑팡터우탸오, 다마창, 셴위커우는 하나하나 어린 시절 내게 익숙하던 호동이고 수시로 드나들던 점포였다. 하지만 궁싱公興은 유리로 새로 치장했고, 네이롄성內連升은 페인트를 새로 칠했고, 취안쥐더全聚德는 외관을 화려하게 꾸몄지만, 대다수 점포는 바짝 붙어서 더욱 작아보였고, 입구가 바뀌었거나 심지어 사라지고 없었다. 그리고 호동에는 주택이 마치 통조림처럼 빼곡하게 들어차 있었는데, 낮고 습한 집들은 적어도 쳰먼 바깥에 한 세기 넘게 서 있었고, 이제 늙어서 굼뜬 모습은 차마 볼 수 없었다. 마침 화등花

燈에 불이 들어오는 무렵이었는데, 고층빌딩의 화려한 불빛은 퇴락하는 주택들의 모습을 더욱 가련하게 만들었고, 땅바닥에 버려진 쓰레기와 오수에서는 지독한 악취가 풍겼다. 식어가는 재는 마지막 열기를 토하고, 타 버린 구멍탄은 마지막 불씨를 토하면서 별조차 보이지 않는 밤하늘을 핥고 있었다.

마음은 금세 가라앉았다. 이곳은 나의 '첸먼'이다. 나의 청춘과 생명은 대부분 이곳에서 하나가 되었다. 이곳의 역사는 베이징의 것이자 또한 나의 것이다. 나는 결코 이런 모습이어서는 아니 된다고 생각한다. 물론 옌사나 란타오처럼 유행을 좇아 화려하게 변신해야 한다는 것은 아니다. 그것은 애당초 유행과는 무관하고, 또 유행을 좇아야 하는 것도 아니지만, 적어도 자신의 특색을 지키고 찾아내야 한다. 특색이 없으면 쉽게 매몰된다. 나날이 새로워지는 변화 속에 매몰되고 만다.

가장 화려한 꽃이 가장 쉽게 지는 것인가? 명나라 때부터 이미 수백 년의 역사를 거친 첸먼은 이제 풍수風水가 돌고 돌아서 신흥 번화가에 자리를 내어준 것인가? 시류가 돌고 돌아서 역사가 도시와 균형을 이루는 것인가? 첸먼은 시든 표본만을 남기고 베이징의 현실 한가운데에 가로 누워 있거나, 추억의 노래를 도시의 민요 테이프에 녹음하여 남기도록 운명적으로 정해진 것은 아닌가?

정신을 차리고 활력을 회복할 수는 없는가? 수백 년의 역사를 밑천으로 삼는 것인가? 1백 년 혹은 수백 년 된 오랜 점포를 KFC나 맥도날드처럼 새로운 모습으로 바꿀 수는 없는가? 첸먼 바깥의 고색창연한 옛 상업가를 다시 펼칠 수는 없는가? 한 폭의 세세하게 묘사된 풍속도를 그려낼 수는 없는가? 우리는 솜씨가 있으니, 비용을 들인다면 평지에 새로운 송나라나 당나라의 도시 또는 옛 베이징의 축소된 모형을 만들 수 있지 않을까?

사실 나는 이런 발상은 받아들일 수 없다. 말은 쉽지만 수백 년 동안 먼지 덮인 그물로 두터운 역사를 밀봉한다는 것은 결코 쉬운 일이 아니다.

문화대혁명 당시에 '파사구破四舊'[182]가 첸먼대가를 파괴하면서 오래된 점포를 모두 혁명적인 새로운 이름으로 고치려고 하던 일이 또렷이 떠오른다. 많은 점포가 시뻘건 이름으로 바꾸었지만, 첸먼을 상징할 수 있는 오래된 점포들은 이름을 바꾸지 않았다. 압력 때문에 부득이 바꾸는 경우에도 예스러운 면모는 남아 있었고, 유행에 휩쓸리거나 바람에 흔들리지 않았다. 예를 들어 웨성자이粵盛齋는 '징웨이샹京味香'으로, 펜이팡은 '신루新魯'로, 퉁산이通三益는 '추장秋江'으로, 다베이大北는 '신베이징新北京'으로, 루비쥐는 '셴우장차이위안宣武醬菜園'으로, 헝더리는 '천중晨鐘'으로 바꾸었다. 이는 특이한 현상이었다고 할 수 있는데, 지금 보면 아무 것도 아니지만, 당시 상황에서는 대단히 지혜로운 것으로 아무나 할 수 있는 일이 아니었다. 첸먼 일대에는 분명 인재가 있었다. 나는 첸먼 바깥이 또 다시 그렇게 하려 하지 않으리라고 굳게 믿는다.

몇 년이 지난 뒤에 첸먼에 다시 가볼 생각이다.

---

[182] 문화대혁명 당시에 홍위병이 전개한 '낡은 사상, 낡은 문화, 낡은 풍속, 낡은 습관'의 네 가지 낡은 것을 제거하자는 정풍운동.

51 톈차오의 꿈

지금 베이징을 찾은 외지 관광객 가운데 일부러 톈차오天橋를 찾는 사람은 거의 없다. 베이징인조차도 머잖아 깨끗이 잊어버릴 것이고, 거기에는 단지 '톈차오'라는 버스정류장 이름만이 남을 것이다.

톈차오는 앞 세대의 것이자 옛 베이징의 것으로, 전성기는 청나라 말기부터 민국 초기까지일 것이다. 톈차오는 본래 민간예술가들이 모여들어 형성된 오락장소로, 희극·서커스·마술·무술 공연이 열렸고, 각종 주전부리 따위를 팔았다. 대부분 노천에 판을 벌였고, 설사 넓은 장소더라도 아주 초라한 가건물을 짓거나 아니면 천막을 두른 칸막이 따위에 지나지 않았다. 당시에는 주스커우를 벗어나면 몹시 황량했는데, 창안長安 극원이나 광허廣和 극원에서 공연할 수 없던 민간예술가들은 그 황량한 곳에서 판을 벌이고 자신들의 재주를 내보일 수밖에 없었다.

톈차오는 주스커우 남쪽, 융딩먼永正門 북쪽에 있었는데, 그 일대에 모여 사는 사람들은 대부분 가난뱅이들이었다. 하지만 가난뱅이들도 가난한 속에서 즐거움을 찾았기에, 톈차오는 자연스럽게 그들의 놀이터가 되었다. 상하이의 다스제大世界, 난징南京의 푸쯔먀오夫子廟, 톈진天津의 췐예창勸業場 같은 유원지에 비하면 톈차오는 확실히 서민적이었다. 지금 베이징에서 유원지를 찾는 사람들은 톈차오를 찾지 않는다. 톈차오는 간신히 명맥을 유지하지만 예전처럼 성황을 누리지 못하고, 찾는 이가 없는 것이 어쩌면 당연한 일이다.

어릴 적에 나는 톈차오를 즐겨 찾았다. 새로운 중국이 성립된 초기이던 당시에 나는 톈차오에서 2, 3리 정도 떨어진 곳에 살고 있었기 때문에 걸어서 10여 분이면 갈 수 있던 톈차오를 즐겨 찾았다. 톈차오에서 묘기를 뽐내는 사람들은 먼저 자신의 묘기를 보여준 다음에 돈을 요구했다.

"돈이 있는 사람은 돈을 내서 도와주시고, 돈이 없는 사람은 가지 마시고 사람을 도와주시오."

아이들은 언제나 그들을 도와주는 주인공이었기에 갖가지 기예를 공짜로 구경할 수 있었다. 집에 돌아오면 톈차오에서 본 것을 한바탕 따라했다. 중학교에 들어간 이후에 나는 내가 연기에 재능이 있다는 사실을 알았고, 고등학교를 졸업하자 중앙희극대학 연기학과에 들어갔는데, 그것은 톈차오의 민간 예인藝人 덕택이었다.

당시 많은 재주꾼들이 톈차오에서 판을 벌였다. 나중에 예술계 거장이 된 허우바오린侯寶林[183]은 본래 이곳에서 상성相聲[184]과 흰모래로 글자를 쓰는 것으로 생계를 꾸렸다. 또 청나라 말기에 대구상성(對口相聲 : 2인 만담)을 창시한 충부파窮不帕와 민국 초기에 윈리페이雲裏飛라는 예명으로 활약한 경극京劇 배우도 모두 톈차오가 배출한 인물이었는데, 안타깝게도 그들은 새로운 중국이 성립되는 것은 보지 못했다. 또 베이징의 협객 리산李三, 씨름 명수 바오산寶三도 톈차오 출신이고, 신펑샤新鳳霞도 톈차오에서 평희評戲를 부른 적이 있었다. 그러니 결코 톈차오를 깔보지 말라. 톈차오에서 경험을 쌓는 사람들은 최하층 백성들의 세례를 받고 아울러 건달에게도 단련이 되면서 세상만사를 실컷 경험했고, 뛰어난 기량을 닦았다. 그들은 열성적 팬들에 의지해 치켜세

---

183) 1917~1993. 저명 상성(相聲) 예술가, 상성 이론가. 상성계의 개산조로 불린다.
184) 만담이나 재담과 유사한 중국의 전통 설창(說唱) 문예.

워지거나 포장에 의지하는 요즘의 스타와는 비교할 수 없다.

텐차오 이야기가 나오면, 텐차오에서 활동한 유명 무명의 예인 한 사람 한 사람에 대한 존경과 사모의 마음이 흘러넘친다.

당시 나는 텐차오에서 씨름, 마술쇼, 요지경 같은 것을 가장 좋아했다.

베이징인은 씨름을 '랴오챠오撩跤'라고 한다. 두 사람이 웃통을 벗고 울룩불룩한 근육을 내보였는데, 상대를 내동댕이치기 전에 먼저 입씨름을 벌였다. 그들은 맞붙지는 않고, 마치 귀뚜라미가 싸우는 것처럼, 씨름판을 빙빙 돌면서 입씨름을 벌여 관중들의 흥미를 자아냈다. 그래서 베이징에는 "텐차오의 무술은 떠벌이기만 하고 맞붙지는 않는다."는 말이 생겨났다. 텐차오에 가보지 않은 사람은 이 말에 담긴 깊은 맛을 알지 못한다. 그들이 주거니 받거니 하는 말은 아주 재미있었는데, 저속하기는 해도 외설적이지는 않았다. 그들의 입씨름에서는 하층민들의 고달픈 삶이 배어났고, 고단한 가운데 즐거움을 찾는 관중들에게 마치 자신과 대화하는 것처럼 느끼게 만들어, 속을 시원하게 해 주었다.

나는 침을 튀겨가며 주고받는 그들의 입담보다는 마지막에 등장하는 바오산을 보려고 기다렸다. 돌이켜보면 당시 바오산은 이미 좀체 씨름판에 모습을 보이지 않았다. 설령 바오산은 등장하더라도 업어치거나 잡치거나 호미걸이로 상대를 넘어뜨리는 시늉만 했다. 그럼에도 바오산이 등장하기까지 기다리는 것은 우리에게는 승리와도 같았다. 바오산이 등장할 적에 터져 나오는 박수와 환호는 대통령의 등장에 못지않았다.

마술쇼는 뚱뚱한 남녀가 했다. 분장을 한 그들은 아무래도 늙은이 같았다. 여자가 날카롭고 허스키한 목소리로 분위기를 띄우면, 도포를 걸친 남자는 여자의 말을 받으면서 손을 빠르게 움직였다. 그러면 순식간에 소매에서는 부채가 나오고 도포에서는 비둘기가 나왔다. 도포에는 마치 무궁무진한 보물을 숨겨둔 것만 같았다. 가장 볼만한 것은 남자가 여자와 허투루한 몇 마디를 주고받으며 말을 탄 자세로 웅크렸다가 뒤로 물러나면서 도포를 걷어올리면, 바짓가랑이 아래에 금붕어가 유유히 헤엄을 치는 커다란 유리어항이 나타나던 것이었다. 매번 똑같은 레퍼토리였지만, 그래도 볼 적마다 마냥 신기했다.

마술쇼는 문화대혁명이 벌어지기 2년 전까지 볼 수 있었다. 문화대혁명이 터지면서 마술쇼는 자본주의적인 것으로 몰려 타도대상이 되었고, 톈차오는 몰락했기 때문에 풍풍보의 마술쇼는 더 이상 볼 수 없었다.

훗날 청나라 사람이 지은 「도문잡영都門雜詠」이라는 책을 보다가 「영희법영詠戲法」이라는 시를 보는 순간 문득 풍풍보 마술사가 떠올랐다. 그것은 마치 그들을 위해 지은 시처럼 느껴졌다.

내가 본 톈차오에서의 공연 가운데 요지경은 유일하게 돈을 받았다. 하지만 몇 푼에 불과했다. 요지경은 당시 '서양경西洋景'이라고도 불렀다. 앞에 구멍이 난 커다란 나무 상자 앞으로 기다란 걸상이 달려 있었는데, 걸상에 앉아서 구멍에 눈을 맞추고 들여다보았다. 요지경을 보여주는 사람은 걸상에 앉아서 한 손으로는 줄을 잡아당기고 다른 손으로는 징을 두드리며 노래를 불렀다. 노랫말은 상자 안에서 펼쳐지는 그림을 설명하는 것이었다. 사실 중국 전통 희곡이나 사진관의 배경 같은 그림에 지나지 않았지만, 한 폭 한 폭씩 바꿀 수가 있었으며, 서양 명승지 풍경을 담은 것이 특히 인기였다. 작은 구멍에는 물고기 비늘 같은 거울이 있어서 들여다보면, 마치 만화경처럼 한 가지 풍경이 십여 개로 굴절되고 한 사람이 십여 명으로 달라져서 아이들이 아주 좋아했다.

요지경을 보여주는 사람이 걸상에 앉아서 부르던 노랫말은 기억나지 않지만, 시작할 때 운을 떼던 말은 수십 년 세월이 흘렀어도 또렷이 기억난다.

"속을 들여다보시라. 대작大作이다."

정취가 그윽하고 유난히 콧소리가 강하던 이 노래는 지금도 귓전에 맴돈다. 그것은 정통 베이징의 소리였다. 요즘 유행가는 베이징의 다리를 노래하고, 베이징의 건물을 노래하고, 베이징의 대완차大碗茶를 노래하고, 베이징의 톈차오를 노래하지만, 아무리 구성지고 아무리 조화롭더라도, 그런 정통의 맛을 되찾지 못한다. 나는 베이징을 떠나 아주 멀리 가더라도, 요지경에서 듣던 그 노랫말 두 소절을 떠올리면, 이내 베이징의 맛을 느낀다. 거기에서는 구멍탄의 연기 냄새와 솥단지의 파 맛이 마음에 엄습해 취하게 만든다.

이 모두는 이제 지나간 것이 되었다. 씨름은 유도처럼 자극적이지 못하고, 마술쇼를 하던 사람들은 이제 레이저마술에 매달리고, 요지경은 DVD를 대적하지 못한다. 톈차오가 베이징인의 눈에서 잊혀져 버스정류장의 이름이 되고, 옛 베이징의 부호가 되어 버린 것도 이상할 것이 없는 일이다. 세월은 덧없이 흐르고, 시대의 발걸음은 빨라진다. 한 세대는 세상을 떠나고, 한 세대는 늙어가고, 한 세대는 새롭게 태어난다. 톈차오는 우리에게 옛 꿈을 보여주지만, 그것이 사라지는 것은 결국 긍정적인 것이다. 죽는 것이 나쁜 것만은 아니다. 오히려 세상 모든 것이 장생불로하는 것이 두려운 일이다.

TV 드라마 「톈차오의 꿈天橋夢」이 만들어졌고, 베이징과 홍콩이 합작으로 톈차오의 옛 모습을 복원하고 새로운 내용과 분위기를 더하여 국내외 관광객을 다시 끌어들일 계획이라고 한다. 모두 반가운 일이다. 그렇지만 드라마에서 아무리 근사하게 찍더라도, 옛 톈차오를 아무리 정교하게 복원하더라도, 본연의 맛을 되찾기는 어려울 것이다.

나는 복고를 좋아하고, 낡은 것을 새것처럼 고치는 것을 좋아하고, 지난 일을 회상하기를 좋아한다. 기왕지사 옛 꿈이니 그것을 잠들게 하고, 상상과 추억의 공간으로 남겨두어도 좋을 것이다.

52 광허러우

어린 시절 나는 광허러우廣和樓—나중에는 광허극장으로 이름을 바꾸었다.—에서 희곡이나 영화를 즐겨보았다.

광허러우는 명나라 초기에 황제의 친족인 사씨查氏가 자금을 대서 처음 세웠다고 한다. 명나라 초기에 정양먼正陽門에서 남쪽의 쳰먼대가까지는 도성에서 유일하게 청석靑石을 깐 널찍한 대로였다. 당시에는 동쪽의 러우스肉市 호동이나 서쪽의 메이스가와 량스뎬가는 없었다. 드넓은 평지는 황제가 고궁故宮을 나와 남쪽의 천단天壇에 가서 제사를 드리기 위한 것이었다. 나중에 상인들이 도로 양쪽에 가건물을 지었고, 또 가건물은 벽돌 건물로 바뀌었는데, 그것이 점점 늘어나면서 광허러우를 뒤로 감춰버렸다. 예전에 광허러우는 지금과는 달리, 좁은 호동에 감춰져서 보이지 않았던 것이 아니라, 번화한 대로를 마주하고 있었다. 당시에는 분명 당당한 모습이었을 것이다.

어린 시절에 본 광허러우는 이미 명나라 당시의 극장은 아니었다. 광허러우는 청나라 경자년에 화재로 불탔는데, 사씨의 후손이 비용을 들여 복원했다고 한다. 내가 본 광허러우는 숱한 풍상을 거친 뒤에, 새로운 중국이 건국된 이후에 다시 지은 것으로, 청나라 당시의 광허러우도 아니었을 것이다. 하지만 시멘트 건물, 매표소, 커다란 광고판, 널찍한 정원은 모두 여느 극장에서는 볼 수 없던 것으로, 당시 예사롭지 않은 위용이었음을 짐작케 하였다.

광허러우는 강희康熙 연간에 크게 명성을 떨쳤다. 강희황제는 미복微服

을 하고 광허러우에서 희곡을 구경한 적이 있고, 또 광허러우에 영련楹聯을 하사했다. 그러나 광허러우가 전성을 구가한 것은 건륭乾隆 연간에 강남에서 '삼경三慶, 사희四喜, 화춘和春, 춘대春臺'의 4대 휘반徽班이 베이징에서 공연을 펼친 이후의 일이다. 청나라 말기 민국 초기에는 시롄청喜連成 희반戱班과 푸롄청富連成 희반이 광허러우에서 공연을 펼쳤고, 메이란팡梅蘭芳, 저우신팡周信芳, 허우시루이侯喜瑞 같은 유명 배우들도 이곳에서 연기를 펼쳤다.

내가 광허러우를 즐겨 찾던 어린 시절에, 광허러우는 비좁은 러우스 안에 있었지만 위용은 여전했다. 그곳의 휴게실에는 유명 배우의 공연사진이 잔뜩 붙어 있었는데, 마치 배우들이 나를 에워싸고 있는 것 같은 기분이 들었다.

하지만 내가 그곳에서 희곡을 본 것은 딱 한번 뿐이었다. 그것도 유명 배우가 공연한 것이 아니라 초등학교 친구의 아버지가 주연을 맡은 「네 진사四進士」라는 작품이었다. 친구가 내게 입장권을 주기에 들어갔는데, 무대에는 아무런 배경도 없었고, 친구의 아버지는 혼자 흥얼흥얼 노래를 불렀다. 아무 재미가 없어서 절반쯤 듣다가 그만 잠이 들고 말았다.

아마도 당시 나는 경극의 오묘함을 이해하지 못해서 훌륭한 예술을 모독한 것이리라. 당시에 광화극장에는 가끔씩 마롄량馬連良이나 탄푸잉譚富英 같은 유명 배우들이 출연했는데, 그럴 적이면 입장권을 사려는 사람들이 구름처럼 몰려들었다. 특히 마롄량이 출연하는 날이면, 밤을 지새며 줄을 서서 입장권을 사는 사람도 있었다. 하지만 나는 그곳에서 영화를 보는 편이 훨씬 좋았다. 어린 시절에 본 영화는 모두 그곳에서 본 것이다. 광허러우는 대낮에는 영화를 상영하고 저녁에는 경극을 공연했다.

광허러우에는 강희황제가 하사한 영련 이외에도 아주 유명한 영련이 하나 더 있었다고 하는데, 아쉽게도 나는 본 기억이 없다. 어쩌면 그것이 세월에 씻겨나갔거나, 아니면 얼룩덜룩하게 더러워진 채로 남아 있었는데, 내가 관심을 두지 않았던 것인지도 모른다. 당시 나는 경극에는 관심이 없었다. 학교가 파하고 주머니에 돈이 좀 있으면 광허러우에 가서 영화를 보았다.

광허러우에 대한 마지막 기억은 문화대혁명이 한창이던 어느 겨울에 베이다황에서 베이징으로 돌아왔다가 효도를 해야겠다는 생각이 문득 들어, 저녁에 부모님을 모시고 희곡을 보러 갔던 일이다. 그날 공연한 작품은 혁명 양판희樣板戱[185]인 「홍등기紅燈記」로, 첸하오량錢浩亮, 위안스하이袁世海, 류창위劉長瑜가 모두 출연했다. 어머니는 보면서도 잘 이해가 되지 않았는지, 아버지는 연신 어머니에게 내용을 설명해 주었다. 나는 그제야 광화극장 지척에 살면서도 부모님은 이제껏 한 번도 광허러우에서 관람을 한 적이 없다는 사실을 문득 떠올렸다. 그날 관람은 부모님께는 처음이자 마지막이었다.

그날 큰 눈이 내렸다. 희곡 관람을 마치고 나는 부모님을 모시고 러우스호동을 지나서 첸먼대가에 있는 취안쥐더 훈제오리구이점에 들렀다. 호동의 불빛은 몹시 어두웠고 바닥에는 눈이 쌓여서 두 분은 서로를 부축하면서 조금 전에 본 희곡의 장면을 재미있게 이야기했다. 당시 아버지는 대낮이면 거리에서 방공호를 파는 힘든 육체노동을 하면서 이른바 '노동

[185] 문화대혁명 당시 혁명 모범극으로 지정된 경극 「지취위호산(智取威虎山)」, 「해항(海港)」, 「홍등기(紅燈記)」, 「사가빈(沙家濱)」, 「기습백호단(奇襲白虎團)」, 「용강송(龍江頌)」, 발레극 「홍색낭자군(紅色娘子軍)」, 「백모녀(白毛女)」의 8종의 극.

개조'를 하고 있었다. 하지만 당시 그 순간에는 영욕榮辱은 모두 잊혀지고, 사대四大[186)]는 모두 비어버리고, 어스름한 야경과 하얀 눈만 보였다. 아무튼 그날 광허러우는 부모님께 잠시나마 위로와 평안을 주었다.

부모님은 훈제오리를 무척 맛있게 드셨다. 그것은 내가 유일하게 부모님을 훈제오리점에 모시고 간 것이자, 또한 부모님이 평생 동안 유일하게 훈제오리를 드신 것이었다. 만약 광허러우에 희곡을 보러 가지 않았다면, 부모님을 모시고 훈제오리를 먹을 생각을 하였을까?

광허러우와 이별한 지도 벌써 오랜 세월이 지났다. 눈보라가 몰아치던 그 겨울밤에 부모님을 모시고 희곡을 본 뒤로 나는 다시 광허러우에 간 적이 없다. 듣자하니 주변 주택들을 철거하면서 담장 아래까지 철거가 진행되었고, 뒤쪽에는 주택들이 다닥다닥 들어서서 지난날 탁 트여 있던 모습은 사라졌다고 한다. 또 더 이상 희곡은 공연하지 않으며, 무술영화나 애정영화의 비디오테이프를 틀어서 외지 민공民工들을 끌어들일 뿐이라고 한다. "인생은 연극과도 같고, 연극은 인생과도 같다."던 지난날의 대련對聯은 이제 '남녀의 연정'이니 '총격전의 흥분'이니 '미성년자 관람 불가' 따위의 간판으로 대체되었고, 간판 글씨는 비뚤비뚤하여 지난날의 유창한 글씨는 다시 볼 수 없게 되었다. 밤에는 매표구의 등불만이 깜박거리고 러우스를 비롯한 부근 호동은 외지 사람들로 붐빈다. 이 일대에는 여관이 많아서 숙소를 찾는 외지인의 발길이 잦은데, 그들은 광허러우와 어깨를 스치면서도 눈길 한번 주지 않는다. 베이징인에게 여관이 어디에 있느냐고 물으면, 호동의 주민은 그를 친절하게 여관으로 안내하고는 수고비를

---

186) 불교에서 말하는 만물의 네 가지 근원인 '땅, 물, 불, 바람'.

달라며 불쑥 손을 내민다. 광허러우 밖에서 펼쳐지는 희곡은 안에서보다도 훨씬 생생하고 기발하다.

온갖 풍상을 거치며 수백 년 세월을 걸어온 광허러우는 이제 이처럼 암담한 빛깔이 되었다. 나의 부모님이 다시 살아오더라도, 뽀얀 옥 같은 눈이 내리더라도, 메이란팡·주신팡·마롄량·탄푸잉이나 시롄청과 푸롄청의 희반이 다시 분장하고 무대에 오른대도, 광허러우는 지난날 영광을 되찾기 어렵게 되었다.

어쩌면 이것이 바로 역사일 것이다. 아무리 멋지고 아무리 긴 연극이라도 언젠가는 막이 내리는 법이다.

53 대원에서의 추억

베이징의 첸먼 바깥에 있는 다마창打馬廠은 제법 유명하던 곳이다. 그 일대는 황성皇城에 바짝 붙어 있어서 엄숙하고 번화하고 비범했으며, 특히 점포와 회관會館이 많았다. '회관'이라는 말은 성냥갑 같은 아파트에서 생활하는 요즘 젊은이에게는 좀 낯설 것이다. 회관은 도도한 역사를 지닌 것이다. 수나라 양제煬帝가 진사과進士科를 만들면서부터 명나라와 청나라에 이르기까지, 회시會試가 열리는 진년辰年 · 술년戌年 · 축년丑年 · 미년未年이 되면, 각지에서 문무文武의 거자擧子들이 경성으로 모여들었다. 그들은 먹고 잘 곳이 필요했다. 당초에는 방을 세내어 머물렀는데, 부유한 사람은 '장원길우壯元吉寓' 같은 곳에 머물렀고, 가난한 사람은 누추한 방을 얻어서 기거했다. 그런데 도성에 시험을 치러 온 동향 출신의 거자들은 함께 머무르며 서로 도움을 주고받는 것이 필요하다는 생각을 하게 되었고, 그래서 비용을 모아서 건물을 짓게 되었는데, 그것이 바로 '회관'이었다.

베이징에서 최초의 회관은 명나라 가정嘉靖 연간에 사국史局에 근무하던 관리가 세웠다고 한다. 청나라 말기에 이르면, 첸먼 바깥에 있던 회관에는 많은 변화가 있었고, 오랜 세월을 지내면서, 특히 새로운 중국이 성립된 이후에는 본래의 모습을 더욱 찾아볼 수 없게 되었다. 하지만 썩어도 준치라고 지난날 위풍은 아직도 남아서, 라오서老舍가 묘사한 대잡원大雜院과는 다르다. 언제 어떤 문병門屛을 두드리고, 어떤 고목을 어루만지더라도, 시작과 끝이 있는 역사의 이야기를 어루만질 수 있다.

나는 본래 광동회관으로 불리던 건물에서 살았다. 태어난 지 한 달 만에 그곳에 들어가서 베이다황으로 가기까지, 무려 20년을 살았다.

광둥회관은 가정 45년에 광둥 출신의 동향인들이 비용을 모아 지었다고 한다. 공사의 규모와 열기는 근자에 광둥인과 홍콩인이 들어와서 호텔을 짓거나 요리점을 열고 그들의 패션과 신선한 해산물을 파는 것과 비슷했을 것이다. 당초 광둥회관은 광취먼廣渠門 안에 세웠는데, '링난회관嶺南會館'이라고 불렀다. 그곳은 첸먼에서 5km 남짓 떨어진 곳으로, 다마창 일대의 번화함에는 크게 뒤떨어졌다. 다마창의 서쪽 어귀를 벗어나면, 취안쥐더에서 먹고, 주바오스에서 머물고, 다자란에서 구경하고, 광허희원과 퉁러희원에서 희곡을 구경할 수 있었다. 또 화류가에 있는 바다호동이 지척에 있었다. 그런데 가난한 수재들이 만든 회관은 그들의 주머니 사정이 빤했기 때문에 퇴락한 사찰처럼 작아서 점점 사람들이 외면했고, 과거가 폐지되기 얼마 전부터는 상인들이 몰려들어 회관을 재건축하거나 점포로 개조했다. 링난회관은 상인들이 자금을 모아, 광취먼에서 다마창으로 이전하고, 이름을 '광둥회관'으로 바꾸었다. 회관을 지으면서 거대한 가림벽 곁에 비석 하나를 세웠는데, 동치同治 황제가 직접 쓴 것이라고 전하지만 진위는 알 수 없다. 하지만 아무튼 그 덕분에 광둥회관은 널리 알려졌다. 첸먼 바깥에 있는 다른 회관들, 셴위커우의 난캉南康 회관, 창샹터우탸오長巷頭條의 딩저우汀洲 회관, 차오창스탸오草廠十條의 샹탄湘潭 회관, 신카이로新開路의 창산常山 회관, 구먀오古廟 호동의 우후蕪湖 회관, 라오차오위안蘆草園의 징장京江 회관, 롼칭鸞慶 호동의 웨시粵西 회관, 창펑牆縫 호동의 루시瀘溪 회관, 다장자大蔣家 호동의 구이저우貴州 회관, 주스대가猪市大街의 난캉南康 회관 가운데 그 어떤 것도 광둥회관에 비견되지는 못했다.

광둥회관은 보통 회관이 아니었다. 그곳에는 예사롭지 않은 풍운아들이 머무른 적이 있었다. 명나라 금주총병錦州總兵 원숭환袁崇煥은 무고를 당해서 참수되었는데, 누군가 원숭환의 머리를 광취면에 있던 본래의 광둥회관에 몰래 묻었다고 한다. 또 청나라 말기에 유신파維新派 인물인 량치차오梁啓超, 캉여우웨이康有爲, 탄쓰퉁譚嗣同 등도 이곳에 머무른 적이 있었고, 민국 원년에는 대총통 쑨원孫文이 베이징에 왔다가 역시 광둥회관에서 잠시 머물렀다. 이런 이야기는 모두 광둥회관에 오랫동안 거주한 어른들 사이에 전해오는 이야기다. 나는 이런 이야기에 상당히 회의적인데, 아마도 와전된 이야기로, 광둥회관의 체면을 살려주는 것일 뿐이라고 생각한다. 아무튼 집주인은 이런 까닭으로 사람들에게 더 비싼 방세를 요구했다. 그렇지만 광둥회관이 첸먼 일대에서 오랜 역사를 지녔다는 사실은 아무도 부정하지 못한다.

그런 사실은 회관의 입구, 앞마당의 공터, 가운데 마당의 가림벽, 뒷마당의 대추나무에서 구체적으로 찾아볼 수 있다.

어린 시절에 나는 너무 작았는지도 모른다. 대문은 그 무엇보다도 컸다. 검은 문짝은 영원히 닫혀 있었고, 사람들은 곁문으로 드나들었는데, 대문의 검은 칠은 여기저기 벗겨나가 검버섯이 가득한 노인네의 얼굴과 같았다. 대문 앞의 높은 계단은 지난날 당당하던 모습을 말해 주었다. 내화벽돌 대신 돌덩이를 쌓아 반들반들 윤기가 나는 계단은 그것을 밟고 회관으로 올라가는 사람에게 뜨거운 지기地氣를 느끼게 만들었다. 다만 오랜 세월이 지나면서 마모되고 밟힌 자리는 우묵하게 패어서 비만 내리면 빗물이 고였고 햇볕을 받아서 반짝였다.

대문은 범속한 사람처럼 좀스럽지 않고, 위엄이 있었다. 그 앞에는 그 일대에서 가장 큰 화강암 벽체에 시멘트벽돌을 깐 타이펑泰豐 곡물 창고가 마주하고 있었고, 그 오른쪽은 그 일대에서 가장 붐비던 궁싱公興 백화점으로, 지금 시단西單에 있는 쇼핑센터에는 견줄 수 없지만, 당시 다마창 일대에서는 독보적이었다. 의복과 가방에서부터 바느질 도구까지 없는 것이 없었기 때문에 자연스럽게 광둥회관에 머무르는 이들에게 편의를 제공했다. 누군가 궁싱백화점을 찾으면 사람들은 항상 광둥회관 옆에 있다고 대답했다. 기실 광둥회관이 먼저 생겼고 궁싱백화점은 나중에 들어섰기도 하다. 광둥회관이 하찮은 것만 필요로 했다면 궁싱백화점이 그토록 호황을 누리기는 어려웠을 것이다. 그 왼쪽은 그 일대에서 가장 유명한 의사 둥더마오董德懋의 개인병원이었다. 양복을 입고 구두를 신은 한의사 둥더마오의 의술은 첸먼을 비롯한 베이징 전역에서 명성을 떨쳤을 뿐만이 아니어서, 광둥회관과 그의 병원은 서로를 돋보이게 만들었다. 우리 세대가 만든 "다마창의 병원— 둥더마오!"라는 말은 기실 다마창에 있던 둥더마오의 병원과 광둥회관에 대한 자부심을 담은 말이었다.

광둥회관 앞마당의 공터는 보통의 회관과는 사뭇 달랐다. 보통 회관에는 그렇게 넓은 마당이 없었다. 네모벽돌로 바닥을 깔아놓은 탁 트인 공터는 아주 넓었다. 정면에는 안마당으로 들어가는 담장과 문이 있는데, 문에는 꽃을 조각했고, 담장에는 기와지붕과 처마가 있었다. 정교하게 만든 문과 담장은 넓은 공터와 서로 조화를 이루었는데, 마치 가난한 집 고운 딸이 장사壯士와 함께 있는 것처럼, 강함과 부드러움이 서로 조화를 이루어서, 보는 이의 마음을 명랑하게 만들었다. 공터 양쪽은 두 자 남짓한 오목

한 모래땅이었는데, 옛날 거인舉人과 수재들이 과거를 치르러 도성에 들어오고, 상인들이 드나들며 장사를 할 적에 말과 수레를 매어두던 곳이었다. 말에게는 마음껏 놀고 발굽을 비비고 데굴데굴 구를 수 있는 에덴동산이었다. 구석에는 우물이 있어서 말에게 물을 먹이기에 편리했다. 교통수단이 발달하면서 수레와 말은 인력거와 자동차로 바뀌었지만, 공터는 그대로 남아 있었다. 추억을 위한 것이 아니라 기백과 체면을 내보이려는 것이었다. 하지만 우물은 메워지고 그 아래에 수도관이 묻히고 전체 회관의 수도계량기가 설치되었다.

가운데 마당으로 들어가는 가림벽은 광둥회관에서 볼 만한 것인데, 가림벽 그 자체 때문이 아니라 가림벽 옆의 비석 때문이었다. 비석의 글씨가 동치황제의 어필이어서 몸값이 갑절이 되었다고 전한다. 사실 나는 그것을 글자를 처음 배울 때부터 보았지만 글자가 흐릿해서 한 글자도 알아볼 수가 없었다. 그러니 그것을 누가 썼는지 어떻게 알겠는가? 하지만 그곳 사람들은 누구나 그것을 신주단지처럼 모셨다. 아이가 없는 부인이 그것을 쓰다듬으면 아이를 갖게 되고, 병에 걸린 아이를 둔 어머니가 쓰다듬으면 병이 낫고, 남편이 외지로 보낸 아내가 그것을 쓰다듬으면 여행길의 안녕을 지킬 수 있다고 하였다. 비석은 음陰의 기운을 지닌 것이어서 특히 여성에게 마음을 주었다. 남자가 만져서는 안 된다는 말은 없었지만 남자가 그것을 쓰다듬으면 무슨 효능이 있다는 말은 들어본 적이 없다.

장구한 세월을 광둥회관에 우뚝 서 있는 비석은 우리에게는 숨바꼭질을 하기에 안성맞춤인 장소였다. 어두운 밤에는 가림벽과 비석 사이로 박쥐가 날거나 개똥벌레가 반짝여서 동화 같은 분위기를 자아냈다. 문화대혁명 당시에 하룻밤 사이에 잿더미가 되리라고 누가 상상이나 했겠는가!

내가 광둥회관에 대해서 특별한 감정을 갖는 것은 가림벽이 아니라 뒷마당에 있는 세 그루 대추나무이다. 그것은 회관의 상징이라는 생각이 드는데, 혹자는 대추나무가 있어서 회관이 평범하지 않고 또 재앙을 막고 복을 가져온다고 말했다. 광둥은 정통 남방이고 대추나무는 북방에 해당하는 나무이기 때문에, 남북이 어울리고 음양이 조화를 이룬 셈이었다. 회관에는 대추나무가 숱하게 있었지만 그 세 그루는 유난히 굵었는데, 수령은 얼마나 되었는지 알 수 없었다. 혹자는 회관을 지을 적에 심었다고 하고, 혹자는 회관을 짓기 이전부터 있었으며 회관은 그것을 중심으로 설계되었다고 하는데, 아무튼 그것이 오래된 것만은 분명했다. 가로로 비스듬히 뻗은 듬성듬성한 가지에는 가물던 장마가 지던, 추석 무렵이면 크고 붉은 대추가 햇볕 아래에서 붉은 등불처럼 눈부시게 가득 열렸다. 그 무렵은 대원에 사는 모든 이들에게는 축제일이었다. 사람들은 선뜻 대추를 따지 않았지만, 우리 같은 먹보들은 참지 못하고 몰래 나무에 올라가 대추를 따먹었다. 어른들에게 들키면 우리는 집안을 망치는 구제불능의 자식이라도 되는 것처럼 꾸지람을 들었다. 세 그루 대추나무는 제왕의 자손이라도 되고 금지옥엽이라도 되는 것처럼 함부로 건들 수 없었다. 추석이 되기 전까지는 누구도 대나무 장대를 갖다댈 수 없었다. 어른과 아이들이 환호하며 장대를 들고 출동할 때가 되면, 아이들과 노인들은 세숫대야·대광주리·대야를 들고서 바닥에서 대추를 받았고, 어른들은 장대를 들고 죽어라고 가지를 두드렸다. 그리고 우리처럼 어중간한 아이들은 나무를 타고 흔들리는 가지에 올라가 가지 끝에 붙은 대추를 땄다. 대추를 모두 따면, 대원에

산더미처럼 쌓아놓고, 어른들은 세숫대야로 대추를 나누고, 아이들은 받은 대추를 집으로 들고 갔다. 아직 귀가하지 않은 이웃에게도 그들 몫을 챙겨두었다. 세 그루 대추나무는 광둥회관에 평온함과 달콤함을 선사했다. 달콤한 대추 맛은 양력 설날과 음력 설날까지 이어졌다. 어떤 집에서는 한꺼번에 먹지 않고, 말리거나 술에 담아두었다가 이듬해 초봄에 먹었다.

한 동급생 여학우는 내게 세 그루 대추나무를 거론하면서 대수롭지 않다고 말했다. 광둥 토박이인 그 여학우는 성이 마이麥로, 차오창터우탸오에 있는 광둥회관에 살았는데, 그 광둥회관은 우리와는 비교가 되지 않았다. 물론 가본 적은 없고 어른들에게 그렇게 들었을 뿐이었다.

마이는 코를 실룩이며 자기네 대원에도 대추나무 세 그루가 있는데, 우리 것보다 대추가 훨씬 크고 많이 열린다고 했다. 나는 승복할 수 없었다. 어떻게 그럴 수 있는가? 당시 나는 그 아이가 사는 대원으로 달려가 확인하고 싶었지만 혼자서는 갈 엄두가 나지 않았다. 그때 나는 초등학교 5, 6학년 무렵이었다. 마이는 껍질을 벗긴 삶은 달걀처럼 뽀얀 피부를 가진 아이였다. 나는 마이를 좋아했는지 가끔씩 까닭 없이 마이가 보고싶어져 마이가 사는 대원으로 달려가고 싶은 충동이 들었다. 알 수 없는 감정은 불현듯 솟구쳤지만, 나는 차마 찾아가지 못했다. 그런데 다른 이유로도 가보고 싶은 생각이 들었다. 대추나무 때문이었다.

하루는 마이가 병이 나서 결석을 했다. 선생님은 내게 마이에게 과제 노트를 전해 주라고 심부름을 보냈다. 나는 뜻밖에 마이가 떠벌인 대추나무를 보게 되었다. 차오창터우탸오는 다마창과 거리 하나를 사이에 두고 있었다. 마이가 사는 광둥회관에 들어서자 한 눈에 대추나무 세 그루가 보였다. 대원은 크지 않았지만 대추나무는 분명 우리 대원에 있는 것보다 훨씬 컸다. 마침 석양 무렵이었는데, 저녁노을 아래에서 붉은 대추는 붉은 마노瑪瑙처럼 보였다. 마이의 말은 사실이었다. 나는 쌈닭처럼 치켜들었던 날개깃과 벼슬을 슬그머니 내리고 말았다.

아이의 마음은 때로는 바늘 귀처럼 좁다. 초등학교 졸업이 다가왔을 때, 마이는 장제張杰라는 남자 동급생과 함께 「소방우小放牛」를 공연했다. 나는 무대 아래에서 마이가 다른 친구와 바람에 일렁이는 보리 물결처럼 노래하고 춤추는 모습을 지켜보았다. 나는 갑자기 형언할 수 없는 야릇한 기분이 들었고, 나도 춤추고 노래할 줄 알고 또 연기도 장제에 못지않은데, 왜 나는 마이와 함께 「소방우」를 공연하지 못할까 하는 의문이 들었다.

그 해 여름 대추나무에 꽃이 피던 무렵에 거센 바람이 불어서 대추꽃이 모조리 떨어지고 말았다. 마이가 사는 대원에 있는 대추나무는 가을에 거의 수확을 하지 못했지만, 우리 광둥회관의 대추나무에는 변함없이 큰 대추가 가득 열렸다. 기적은 아니었을까? 나는 의기양양했다. 바로 대추나무 때문이었다.

나는 광둥회관의 세 그루 대추나무는 분명 온갖 풍상을 모두 거쳤을 것이라고 생각했다. 그렇지 않다면 어떻게 하루아침에 가림벽이 무너졌음에도 화를 피했고, 또 가지 가득 열매를 맺었겠는가? 하늘의 보살핌이자 대원에 사는 모든 이들의 기도 때문이었을 것이다. 내가 베이징을 떠나 베이다황으로 떠날 때까지도 세 그루 대추나무는 생기가 넘쳤고, 온갖 세파를 겪은 노인처럼 마른 가지를 흔들며 북쪽 멀리 떠나는 나를 전송했다. 광둥회관에서의 마지막 인상은 바로 대추나무의 그림자였다. 대추나무는 사실상 광둥회관의 상징이었다. 하늘 끝을 방랑하면서도 꿈속에서 가끔씩 듬성듬성한 대추나무의 가지에 대추가 가득 매달려 흔들리는 모습이 보였다.

눈 깜짝할 사이에 세월은 물처럼 흘러갔고, 청춘은 날아 가버린 새처럼 훌쩍 떠나더니 다시 돌아오지 않는다. 이 짧지 않은 세월 동안 광둥회관에 돌아가 본 적은 아주 드물었다. 가고싶지 않은 것이 아니라 가기가 두려웠다. 사람들은 모두 떠나고 대원은 텅 비어 버렸을까 두려웠다. 마치 마이의 대원에서 대추는 수확하지 못하고 낙엽만 가득하던 모습과 같을까 두려웠다. 그곳은 나의 유년과 소년 시절 그리고 청춘이 시작된 소중한 시간을 간직하고 있다. 나는 현악기의 예민한 줄을 건드려 슬픈 론도가 울려 퍼질까 두려웠다.

만약 쑨다오린孫道臨[187] 감독이 영화촬영 때문에 내가 살던 광둥회관에 가보려 하지 않았다면, 나는 가고싶지 않았을지도 모른다. 그 영화는 내가 극본을 썼는데, 광둥회관에서 있었던 나와 어머니의 실화를 담은 것이다. 쑨 감독은 이 평범한 이야기에 예술가로서 진정한 눈물을 흘렸다. 그는 그처럼 남의 마음을 잘 헤아렸고, 극본에 나오는 세 그루 대추나무를 단번에 마음에 들어했다. 영화가 크랭크인 할 적에 그는 내게 말하기를, 카메라를 잘 운용하여 대추나무를 강조하고, 대추나무를 투과해서 대원을 로우앵글로 잡고, 하늘을 하이앵글로 잡고, 어머니의 젊은 시절 모습을 봄눈이 채 녹지 않은 마른 대추나무 가지와 함께 부각시키고, 어머니가 세상을 떠나는 순간은 대추나무에 붉은 대추가 가득 열렸을 무렵으로 설정하겠다고 했다. 그의 이야기에 나는 감정이 복받쳤다. 그는 내 마음을 이해했다.

[187] 1921~2007. 본명은 쑨이량(孫以亮). 중국의 유명 영화배우, 감독, 성우.

그는 이 대추나무가 평범하지 않으며, 대원의 마음이자 나의 마음이고 세월의 표지이자 역사의 증인이며 운명의 상징이라는 사실을 이해했다. 쑨 감독은 베이징의 대원을 숱하게 돌아보았지만 여기처럼 마음에 쏙 드는 대추나무는 찾을 수 없었다며, 광둥회관에 희망을 걸었다.

광둥회관의 세 그루 대추나무는 이미 사라졌다.

튀어나온 가건물과 주방이 마치 우후죽순처럼 대원의 빈 공간을 잠식했다. 대추나무가 아무리 우뚝하고 해마다 대추를 선사한대도, 생존공간보다 중요할 수는 없었다. 대원에 식구가 늘어나면서 사람들은 부득이 아픔을 삭이며 세 그루 대추나무를 베어냈다.

가림벽은 사라졌고 대추나무도 사라졌다. 앞마당의 빈자리에는 작은 집들이 빼곡하게 들어차, 겨울철에는 얼음을 지치지 못하고, 봄에는 침대 시트를 무대삼아 경극을 공연할 수도 없게 되었으며, 겨우 자전거 한 대가 지나갈 수 있을 뿐이다. 광둥회관은 이제 명맥을 다했다. 1백년이 넘는 역사를 지닌 광둥회관은 자신의 책무를 다했다. 하늘이 준 수명을 다했기에 이제 잠드는 것이 마땅하지만, 아직도 무거운 짐을 진 황소처럼 힘겹게 서 있다. 나는 형언할 수 없는 처량함과 비장함을 느낀다.

커다란 입구는 남았지만 그 또한 예전 그대로는 아니다. 어쩌면 내가 어른이 되었기에 그것이 그렇게 커 보이지 않는 것인지도 모른다. 곁문은 폐쇄되고 대문은 활짝 열렸지만, 정원은 전혀 트여 보이지 않는다. 대문의 전후좌우에 잡동사니들이 잔뜩 쌓여 있기 때문이다. 지나다니는 자전거로 입구는 마치 정어리 통조림처럼 붐빈다. 그것을 냉정하게 책망할 수 있겠는가? 짧지 않은 세월이 흐르는 동안 노인들은 잇달아 세상을 떠났고, 나도 귀밑에 흰머리가 나는데, 그것인들 노쇠하지 않을 수 있겠는가?

유일하게 당시 모습을 찾아볼 수 있는 것은 곁문 옆에 있는 작은 칠판에 남은 지난날 써놓은 글씨의 흔적들이다. 나와 친구들이 벽에 석회를 바르고 먹물로 마오 주석의 어록을 적어놓은 것이다. 그 위쪽에는 어른의 말씀을 반듯하게 적어놓은 것이 있는데, 모두 내가 쓴 것이다. 오랜 세월이 지났지만 어렴풋하게나마 판독할 수 있는데, 마치 오래된 상처와도 같고, 낙담한 웃음과 환한 눈빛을 대원과 나 자신에게 남긴 것만 같다.

중국알기시리즈 1

베이징의 사람과 문화 읽기

초판 1쇄 인쇄 | 2011년 11월 5일
초판 1쇄 발행 | 2011년 11월 10일
지은이 | 肯復興
옮긴이 | 남종진
발행인 | 강희일 · 박은자
발행처 | 다산미디어
디자인 | 민하디지털아트 (02)3274-1333

주소 | 서울시 마포구 용강동 494-85 다산빌딩 402호
전화 | 717-3661
팩스 | 716-9945
이메일 | dasanpub@hanmail.net
홈페이지 | www.dasanbooks.co.kr
등록일 | 2005년 7월 14일
등록번호 | 제313-2005-151호
도서유통 | 다산출판사

이 책의 판권은 다산미디어에 있습니다.
잘못된 책은 구입하신 서점에서 바꾸어 드립니다.

ISBN 978-89-86316-25-4 04910
ISBN 978-89-86316-24-7(세트)
정가 9,000원